VILLE DE SAINT-CHAMOND
(LOIRE)

CATALOGUE

ALPHABÉTIQUE

DE LA BIBLIOTHÈQUE DE LA VILLE

PUBLIÉ SOUS L'ADMINISTRATION

DE

M. BENOIT ORIOL

Chevalier de la Légion d'honneur

MAIRE DE SAINT-CHAMOND

Partie DUGAS-MONTBEL

SAINT-CHAMOND
IMPRIMERIE ET LITHOGRAPHIE A. POMÉON

1885

VILLE DE SAINT-CHAMOND
(LOIRE)

CATALOGUE
ALPHABÉTIQUE
DE LA BIBLIOTHÈQUE DE LA VILLE

PUBLIÉ SOUS L'ADMINISTRATION
DE
M. BENOIT ORIOL
Chevalier de la Légion d'honneur
MAIRE DE SAINT-CHAMOND

Partie **DUGAS-MONTBEL**

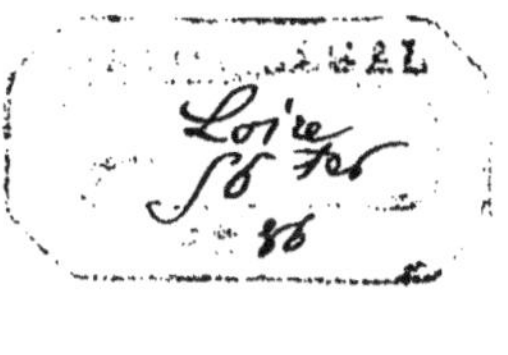

SAINT-CHAMOND
IMPRIMERIE ET LITHOGRAPHIE A. POMÉON

1885

NOTICE

SUR LA

BIBLIOTHÈQUE DE LA VILLE DE SAINT-CHAMOND

La Bibliothèque de la ville de Saint-Chamond contient, d'après la note que nous avons envoyée au ministère de l'instruction publique, il y a quelques mois, près de dix mille volumes. Nous n'avons fait entrer dans ce nombre que les ouvrages sérieux, traitant de matières graves ou qui font partie de quelque belle collection. Si l'on y ajoute les volumes de la Bibliothèque populaire, les Revues *(Politique et littéraire, Scientifique)* etc., les journaux (*Moniteur universel, Mémorial, Officiel* et autres), on aura un chiffre un peu plus élevé.

Elle est formée de quatre parties distinctes : le fonds de M. Dugas-Montbel, la partie proprement dite de la ville, la bibliothèque populaire et les livres envoyés par le gouvernement, que nous classerons dorénavant à part.

La Bibliothèque est présentement installée dans l'ancienne chapelle du collège des Pères Maristes, attenant aux bâtiments de la mairie. Mais avant d'être organisée dans ce local, qui est, nous aimons à le croire, définitif, elle a subi bien des transformations, elle a fait bien des pérégrinations qui n'ont pas peu contribué à sa détérioration et à la perte de différents ouvrages.

Le riche dépôt confié à nos soins a une origine toute fortuite, et bien peu s'en est fallu que notre localité n'eût pas une belle collection de livres comme elle en possède une aujourd'hui. En 1830, il n'y avait pas un ouvrage dont la ville fût propriétaire, et, partant, pas de bibliothèque communale. Quatre ans plus tard, elle possédait déjà sept mille volumes. Comment expliquer l'accroissement subit ou plutôt la création même d'un dépôt qui semblait ne devoir jamais exister dans une ville industrielle comme la nôtre ? Qu'on nous permette de rappeler, et cela le plus sommairement possible, les circonstances qui ont amené sa fondation.

Tout le monde sait que M. Ardaillon était maire de Saint-Chamond en 1830, et que M. Dugas-Montbel fut, cette année même, élu député du Rhône. Ce dernier avait à Lyon un ami, doublement uni à lui par le cœur et par les lettres, qui fut, probablement grâce à son intermédiaire, appelé au secrétariat de la mairie de notre ville. Nous avons nommé M. Coignet (1), mort en 1866, et dont peu de personnes n'ont pas été dans l'occasion de connaître la bonté et le mérite.

---

(1) Liste des bibliothécaires :

1831 à 1866 Coignet, secrétaire de la mairie.
1866 à 1871 Clavier, id. id.
1871 à 1877 H. Canel, en ce moment à la bibliothèque de Saint-Etienne.
1877 à 1882 Berthault, secrétaire de l'état civil.
En 1882 MM. Treille et Paret, de la mairie.
La Bibliothèque fut fermée en 1883 et de janvier à octobre 1884.

Par ses nombreux entretiens, M. Dugas-Montbel l'avait bien souvent convaincu de l'affection profonde qu'il avait vouée à son pays natal. Plus d'une fois, en lui parlant de ses livres dont la belle collection avait été l'œuvre de toute sa vie, il lui avait manifesté le désir que cette collection ne fût pas dispersée, mais qu'elle fût recueillie et conservée par la ville de Saint-Chamond. Une difficulté arrêtait notre savant compatriote dans ses dispositions si favorables : l'absence d'une bibliothèque publique dans cette ville lui faisait craindre que, n'appréciant point à sa juste valeur une libéralité si nouvelle pour ses habitants, la ville ne reculât devant les embarras de la création d'un semblable établissement, de la nomination d'un bibliothécaire et de l'organisation des services qu'entraîne à sa suite l'érection d'une bibliothèque publique. Ces appréhensions assez fondées le faisaient pencher alors en faveur de Lyon sa seconde patrie, où il eût été sûr de trouver pour ses livres asile et protection.

Or, les bâtiments de l'Hôtel-de-Ville étaient occupés à cette époque par une société de professeurs laïques (1) sous la direction de M. l'abbé X..... Là, on pouvait faire des études assez complètes : on y apprenait les langues mortes et vivantes, les sciences et les beaux arts. Dans une telle institution, il devait y avoir nécessairement une collection de livres classiques qui permît aux maîtres de se fortifier dans leurs connaissances acquises, et aux élèves d'apprendre et d'étudier les chefs-d'œuvre principaux des littératures tant anciennes que modernes.

M. Coignet fit cette hypothèse et il eut raison. Après son arrivée à Saint-Chamond, vers le commencement de 1831, il découvrit dans une des salles du collège un dépôt de livres qui, il faut bien l'avouer, étaient mal installés, mal entretenus et surtout fort maltraités.... Aussitôt il fait part de sa découverte au sous-préfet d'alors, « homme de goût, littérateur éclairé, administrateur habile » (2), et il lui montre la possibilité de créer une bibliothèque publique avec ce premier appoint de livres. Le magistrat le charge immédiatement d'en conférer avec les administrateurs de la ville. Or, sans connaître les motifs particuliers pour lesquels il ajoutait tant d'importance à l'érection de cet établissement et bien qu'ils n'y vissent aucune utilité pour une population industrielle comme la nôtre, MM. les administrateurs s'empressèrent néanmoins de donner leur adhésion à ce projet et de le soumettre au conseil municipal dont il reçut l'approbation. Nous sommes heureux de rendre cet hommage, en passant, à leur esprit libéral, de même que nous aimons à constater que la population de Saint-Chamond, si réfractaire d'abord à l'amour de l'étude et à la recherche des bons livres, a, depuis, appris à connaître et pris fréquemment le chemin qui conduit à la salle de lecture.

La Bibliothèque fut donc fondée.

M. Dugas-Montbel, informé aussitôt par son ami, lui écrivit à ce sujet et vint, aux vacances suivantes, visiter le nouvel établissement. Il félicita avec

---

(1) M. Boudet, encore à Saint-Chamond, en faisait partie.

(2) Note de M. Coignet.

effusion la municipalité qui venait de faire un premier pas dans la voie de l'instruction publique et du progrès. Il promit, en faveur de la Bibliothèque naissante, son appui auprès du gouvernement, et il se montra heureux de pouvoir trancher ses irrésolutions en donnant la formelle assurance que ses livres appartiendraient, après sa mort, à la ville de Saint-Chamond. En effet, quelques semaines plus tard, le 26 novembre 1832, il consacrait ces dispositions par le testament écrit de sa main et qui devait trop tôt, hélas! recevoir son exécution.....

Ce serait manquer à notre devoir et encourir un reproche d'ingratitude si nous ne consacrions pas quelques lignes à ce généreux donateur :

M. Dugas-Montbel était né à Saint-Chamond en 1776 (11 mars), dans la rue qui porte son nom. Ses parents s'étaient acquis dans le commerce une réputation des plus honorables. Il fit d'assez médiocres études chez les Prêtres de l'Oratoire, à Lyon. Durant toute sa jeunesse, il montra un dégoût marqué pour les langues mortes, surtout pour le grec qui devait être pourtant plus tard la passion de toute sa vie. Il servit la France dans les armées de la République et la défendit contre la coalition européenne. A vingt ans, il eut le courage de recommencer son instruction manquée; puis, tout en cultivant les lettres, il put continuer le commerce de sa famille. Dès 1810 il fut pris de l'amour du grec et il abandonna toutes les occupations matérielles pour ne s'adonner qu'aux travaux de l'esprit : « Puisqu'il faut être quelque chose, dit-il, je veux être helléniste. » Il l'a été, en effet, et l'un des plus célèbres que la France puisse opposer aux autres nations. Plusieurs éditions de sa traduction d'Homère (1) le mirent au grand jour et lui ouvrirent les portes de l'Institut. En 1830, il fut élu député du Rhône. A partir de 1832 sa santé déclina de jour en jour, ce qui ne l'empêchait pas de travailler avec autant d'ardeur, sinon plus. Il entreprit bientôt une traduction d'Eschyle, qu'une fin prématurée ne lui laissa pas le temps de terminer. Il mourut, en effet, le 30 novembre 1834 (2).

Pour être juste, nous ne saurions manquer de citer, à la suite de notre illustre compatriote, les gens de lettres de notre ville qui, par leurs dons ou par leurs soins, ont contribué à l'agrandissement ou à la bonne conservation de notre Bibliothèque.

---

(1) Autres ouvrages : Réflexions sur la comédie et sur les causes de sa décadence (Mercure du 7 novembre 1812). — Lettre à M. Beuchot sur un poète du XVIe siècle (Magasin encyclopédique, décembre 1812). — Examen de quelques observations publiées par M. de Rochefort, pour prouver que le récit de la blessure d'Ulysse, au XIXe livre de l'Odyssée, est un passage interpolé (Annales encyclopédiques, 1817). — Du digamma dans les poésies homériques (Bulletin des sciences historiques, janvier 1825). — Des épithètes dans les poésies homériques (Bulletin des sciences historiques, mars 1825). — Ulysse-Homère ou le véritable auteur de l'Iliade, par Constantin Koliadès (Revue française 1829). — Observations sur la traduction de Théocrite, de M. Servan de Sugny (Bulletin universel des sciences, mars 1829). — De l'époque où l'écriture fut introduite dans la Grèce (France littéraire 1832). — Sur la traduction des noces de Thétis et de Pélée de Catulle, par M. Servan de Sugny (Scènes historiques, 1829). — Sur l'Octavius de Minucius Félix, traduction de A. Péricaud (novembre 1829). — Manière dont on doit prononcer la langue grecque (France littéraire, tome VIII).

(2) Ces détails sur la vie de M. Dugas-Montbel ont été puisés dans le dictionnaire Larousse.

M. Coignet (1) mérite le premier rang dans cette liste. On a vu de quelle utilité il fut lors de l'installation de la Bibliothèque, et il serait inutile de répéter ce que nous avons donné en détail. Disons seulement qu'il est l'auteur d'un poème dithyrambique sur le siège de Lyon en 1793, couronné en 1823 par l'Académie de cette ville, et que, esprit charmant et gracieux, il conservait quelque chose de la bonne foi et de la simplicité de M. Dugas-Montbel, son ami et son conseiller.

M. l'abbé James Condamin, professeur à la Faculté catholique des lettres de Lyon, docteur ès lettres et docteur en théologie, et membre de plusieurs sociétés savantes, mérite à tous points de vue une place des plus honorables. La renommée parle assez haut, et nous ne pouvons que nous taire. Un mot d'éloge seulement pour les croquis artistiques et littéraires, et pour l'histoire de Saint-Bonnet-le-Château ; un mot de remerciement pour ce savant littérateur qui nous offre et ses avis et ses ouvrages.

Si notre ville peut se glorifier de ses poètes et de ses littérateurs (car il y en a plusieurs en chaque genre), elle n'a pas à rougir de n'avoir pas eu d'historien, bien au contraire. Qui ne connaît ou n'a point entendu parler de M. Ennemond Richard, pour qu'il soit nécessaire de le nommer? Qui n'a point apprécié en lui et l'homme et l'écrivain? Il y a une excellente preuve de la valeur de son livre : c'est que plus on va, plus l'histoire de Saint-Chamond devient rare et plus chacun veut en posséder un exemplaire. Nous-même nous craignons beaucoup de ne pouvoir réparer une perte qu'il ne faut que trop regretter.

Parlerons-nous ici de l'œuvre de M. Boudet, sur l'histoire de Saint-Chamond, et qui n'est point encore parue. Tout montre qu'elle était faite sur des bases solides ; d'ailleurs, vingt-quatre années de recherches et un talent exceptionnel de paléographe devaient produire quelque fruit. Nous ne désespérons pas de voir M. Boudet continuer ses travaux et les mener à bonne fin.

Pour couronner avantageusement cette liste, bien courte, il est vrai, mais dont la valeur de ceux qui la composent ne peut être contestée, nous citerons M. Louis Satre, « à qui l'on doit des poésies élégantes et pleines de sentiment qui en feront » toujours « espérer d'autres. » (2).

Digression faite, revenons à notre sujet.

Outre ses nombreux livres, M. Dugas-Montbel laissa encore à notre ville la somme de 8,000 fr. pour l'établissement de la Bibliothèque. On discuta assez longtemps, au conseil municipal, si ces 8,000 fr. devaient être employés à la construction d'un bâtiment particulier ou seulement à l'arrangement intérieur. Le conseil répondit négativement sur la première de ces deux questions et déclara qu'elle était contraire aux dispositions du testament. On installa donc tous ces volumes, jusqu'alors restés dans des caisses, dans la salle occupée aujourd'hui par la Caisse d'épargne, à la mairie.

---

(1) Coignet (François-Etienne), né le 31 mars 1798, mort le 5 octobre 1866.

(2) Voyage au Mont-Pilat (Mulsant).

En 1850, le bail, contracté par la Société de professeurs dont nous avons parlé, prit fin. La ville ne voulut pas le renouveler. Elle loua les bâtiments qu'ils occupaient aux Pères Maristes qui venaient de Valbenotte. L'institution érigée en collège prit chaque année des proportions grandissantes, et l'on eut bientôt besoin de la salle de la Bibliothèque pour y établir des classes en y pratiquant des divisions. La mairie quitta à cette époque la maison Jayet et s'installa dans la maison Thomas. La Bibliothèque suivit; on transporta de nouveau les livres dans des caisses, et nous ignorons si, malgré tous les soins du bibliothécaire d'alors, ils n'eurent pas beaucoup à souffrir de ces déménagements successifs. En 1878, cet amas de volumes (c'en était un alors) entassés sur des rayons faute de place, reçut enfin son véritable local (1); on leur fit subir un nouveau déménagement et on les transporta dans l'ancienne chapelle des Pères Maristes, transformée en bibliothèque publique.

Cette salle mesure trente et un mètres de long en comptant le cabinet de lecture, sur dix mètres de large et quatorze mètres de haut. Elle n'a pour rivale que le local du musée et de la bibliothèque de Grenoble. Elle présente, autant qu'il est possible, une orientation et un système d'aération tels que les exigent les bibliophiles anciens et modernes; elle est exposée au nord et à l'orient. Le plafond de la salle, peint en bleu clair, forme une voûte supportée par des arcades. De magnifiques vitraux rendent le coup d'œil splendide. Au fond, dans l'ancienne abside qu'occupait l'autel des cérémonies, est placé, sur un piédestal qui contient ses ouvrages annotés, le buste de M. Dugas-Montbel. Les volumes sont rangés dans de belles vitrines à pilastres et chapiteaux placées tout autour de la salle; les rayons à crémaillères en sont vastes et leur capacité permet d'y installer ou d'en sortir les volumes sans presse, sans efforts et sans frottements. Enfin, si nous pouvons en croire l'appréciation générale des visiteurs, le local et l'organisation de notre Bibliothèque se trouvent être supérieurs, pour l'emplacement et la coquetterie ! à ceux de la plupart des autres villes.

Nous ajouterons que les ouvrages qu'elle renferme ne méritaient pas moins d'honneur. Personne n'ignore, en effet, que la collection laissée par M. Dugas-Montbel a une valeur extrême, non-seulement intrinsèque, mais aussi extrinsèque, c'est-à-dire que les livres dont elle se compose sont de bon choix, quant au contenu, et qu'ils offrent tous quelque curiosité au bibliophile. Les volumes trouvés au collège et dont la ville s'est emparé, avec ceux que dans la suite elle a achetés à ses frais et qui forment un ensemble de près de cinq mille volumes, ne sont pas dépourvus d'éditions intéressantes, quoique cependant en assez petit nombre.

En définitive, la ville est maintenant propriétaire de tous les livres qu'elle nous a chargé d'entretenir, et la distinction de fonds n'est faite qu'à titre de souvenir et parce que nous tenons pour sacrées les dernières volontés de notre illustre donateur.

Qu'on nous permette, en terminant cette courte notice, de montrer au

---

(1) Dans la maison Thomas, la Bibliothèque occupait la moitié du deuxième étage.

public les perles de notre Bibliothèque communale; le lecteur, en parcourant les catalogues, verra par lui-même à quelle partie elles se rattachent.

Signalons tout d'abord la première édition (1) d'Homère, de Démétrius Chalcondyle, imprimée à Florence en 1488, exemplaire non rogné de Cotte, avec une belle reliure en cuir vert, à filets dorés. A sa suite se placent toutes les éditions de l'Iliade, de l'Odyssée ou de la Batrachomyomachie, parues après 1488; nous n'en comptons pas moins de soixante. Il faut ajouter que nous possédons presque toutes les traductions d'Homère et que leur nombre atteint un chiffre remarquable. Il serait trop long d'énumérer un à un tous les livres rares; contentons-nous de dire que notre collection grecque est complète et des meilleurs éditeurs. Tous les princes de la typographie figurent sur les rayons : les Alde Manuce, de Venise, les Blaen, d'Anvers, les Elsevier, les Plantin, les Junte, les Estienne, les Barbou, les Nourse, les Valpy, les Didot; enfin les plus illustres imprimeurs de France, d'Angleterre et des villes universitaires de l'Allemagne y étalent leurs plus célèbres productions. Nous avons, pour le latin, tous les classiques et les fameuses collections Valpy et Lemaire. Tous les écrivains classiques français depuis le XVe siècle, à peu d'exceptions près, exposent leurs chefs-d'œuvre à l'admiration de tous; ajoutons à cette énumération une grande partie des mémoires de l'Académie des inscriptions et belles-lettres, le *Mercure de France*, le *Moniteur* ancien (réimpres.), les documents inédits sur l'histoire de France, etc..., qu'il suffit de nommer pour qu'on sache les apprécier.

La Bibliothèque possède si peu de manuscrits qu'il serait inutile d'en parler. Elle conserve ce qu'a laissé M. Dugas-Montbel : ses éditions de traductions chargées de notes, une traduction de Koppën, non éditée, et le commencement et la fin d'un voyage au mont Athos; notons encore une poésie de Lamartine et les précieux cahiers de M. Boudet sur l'histoire de Saint-Chamond.

Encore un mot sur la composition du catalogue.

Nous affirmerons d'abord qu'il en fallait un à Saint-Chamond, comme partout ailleurs. Qu'est-ce, en effet, qu'une bibliothèque sans catalogue? Un labyrinthe dont le bibliothécaire seul a le secret, quand il ne s'égare pas lui-même. Il est vrai de dire qu'il en existait un, manuscrit et assez méthodique, mais il était nécessaire de lui donner un complément, c'est-à-dire un catalogue alphabétique (2).

Pour le faire, nous avions le choix entre deux procédés différents. Valait-il mieux suivre les noms des auteurs ou signaler les titres des ouvrages? Pour la partie de la ville, la seconde manière a paru la meilleure quoiqu'elle eût moins d'avantages que l'autre. Quand à ce qui regarde le dépôt de M. Dugas-Montbel, nous avons consulté des personnes compétentes : elles ont été de notre avis qui consistait à rédiger ce catalogue par ordre alphabétique des noms d'auteurs; il a l'avantage de grouper en un même corps tous les ouvrages du même écrivain,

(1) M. Dugas-Montbel l'a acheté 3,601 fr.

(2) Nous ne saurions manquer de féliciter M. le Maire de l'heureuse idée qu'il a eue en proposant l'impression de ce catalogue.

de sorte qu'au premier coup d'œil on peut se rendre compte des genres divers dans lesquels cet écrivain s'est exercé.

Dans le premier catalogue, il n'a été pris, le plus souvent, du titre de l'ouvrage, que ce qui est strictement nécessaire à en faire connaître le contenu. On y a ajouté le lieu de l'édition, sa date, le nom de l'éditeur, et cela le plus scrupuleusement possible. Le second, composé en grande partie de livres précieux, nous a semblé mériter plus d'attention et d'exactitude. Nous avons relevé textuellement, selon la valeur des livres, sans doute, la première page ou frontispice en conservant avec soin l'orthographe de l'époque.

Malgré toutes nos recherches, malgré le dictionnaire des anonymes de Barbier, il nous a été impossible de trouver les noms d'auteurs de tous les ouvrages non signés. Pour éviter un enchevêtrement dans la nomenclature, ceux-ci sont classés à part sous le titre de : « Ouvrages sans noms d'auteurs ». Les ouvrages non signés, mais dont nous avons découvert les auteurs, sont précédés d'un astérisque; ceux dont les noms d'auteurs sont douteux sont suivis d'un point d'interrogation.

Nous ne prétendons point maintenant avoir fait une œuvre sans défaut, loin de là; il eut même été presque impossible de n'y pas laisser glisser quelques erreurs. Nous souhaitons seulement qu'elle aide à faire connaître, à vulgariser notre Bibliothèque et qu'elle permette à tous d'en apprécier la valeur. Pour nous, nous nous estimerons assez récompensé de notre travail s'il est utile aux gens de lettres et s'ils nous savent quelque gré de leur avoir fourni un guide, quelque imparfait qu'il soit.

Il faut dire ici que nous avons été fortement encouragé; aussi, tenons-nous à remercier publiquement la municipalité et particulièrement notre commission (1) de tout l'intérêt qu'elle porte à la Bibliothèque et qui nous comble nous-même de joie. Assurément il y a de grandes lacunes à remplir : le temps, en apportant à la longue, nous l'espérons, quelque augmentation dans le crédit affecté à la Bibliothèque, nous aidera peu à peu à les combler.

Qu'en terminant, on nous laisse adresser, au nom de la municipalité et au nôtre, nos hommages aux personnes généreuses qui ont bien voulu et qui voudront bien encore, nous en avons la confiance, contribuer par leurs dons à enrichir notre collection de livres. Nous ne désespérons pas de voir leurs noms figurer un jour sur une liste d'honneur qui les signalera à l'attention publique comme autant de bienfaiteurs de notre intéressante cité.

Gustave LEFEBVRE,
Bibliothécaire.

---

(1) Elle se compose de cinq membres : MM. Benoît Oriol, Bethenod, Fabreguettes, Ferraton, Jayet et Jury.

SIGNIFICATION DES LETTRES

INDIQUANT LES GENRES D'OUVRAGES

A désigne la théologie.
E — la jurisprudence.
I — les sciences, la philosophie, les beaux-arts.
O — les belles-lettres : poésie, éloquence, art dramatique, romans, etc.
U — l'histoire, la géographie, les voyages, les antiquités et la bibliographie.

ABRÉVIATIONS

bas. — basane.
bl. — bleu.
br. — brun.
cod. et codd. — codex et codices.
dem. — demi.
dor. — doré.
écail. — écaillé (dessin).
f. — fort.
fig. — avec figures.
fil. — filets.
Imp. roy. — Imprimerie royale.
maroq. — maroquin.
ms. et mss. — manuscrit et manuscrits.
racin. — raciné.
réimp. — réimpression.
rel. — reliure.
s. — sur.
s. d., n. d. — sans date, ni date.
s. l. — sans lieu.
tr. — tranches.
v. — veau.

SIGNES CONVENTIONNELS

L'astérisque (*) indique les ouvrages dont les noms d'auteurs ne sont pas portés sur les volumes.

Le point d'interrogation (?) indique les dates indéterminées ou douteuses et les noms d'auteurs incertains.

La parenthèse ( ), dans le corps d'un titre, indique ce qui est étranger au titre exact de l'ouvrage.

Les chiffres entre parenthèses à la fin de la désignation du titre de certains ouvrages, renvoient aux notes placées à la fin du catalogue.

BIBLIOTHÈQUES DE SAINT-CHAMOND

(PARTIE DUGAS-MONTBEL)

CATALOGUE

ALPHABÉTIQUE

Lettre du genre de l'ouvrage	Numéros des volumes	A	Nombre total des volumes
A	14	* **Abbadie.** Traité de la vérité de la religion chrétienne. — Rotterdam, Reimer Leers, 1701, 3 vol. in-12, bas. br.	3
«	«	**Abbadie.** L'art de se connoître soy-mesme ou la recherche des sources de la morale. — Rotterdam, Reimer Leers, 1710, 1 vol. in-12, bas. br. N. B. Cet ouvrage forme le 4me volume du traité ci-dessus.	1
O	784	**Abreschii** (Frédérici Ludovici) animadversionum ad Æschylum libri tres. — Halis Saxonum, in bibliopolio Gebauerio, 1832, 1 vol. in-8, dem. rel. v. f.	1
U	209	**Achard-James** (J.-M.). Histoire de l'hospice de l'Antiquaille de Lyon. — Lyon, Louis Perrin, 1834, 1 vol. in-8, broché.	1
O	873	**Achilles Tatius.** Les amours de Clitophon et de Leucippe, traduction libre par le sieur D*** D*** (Mohenaut d'Egly ?) — Paris, François le Breton, 1784, 1 vol. in-12, bas. f.	1
«	874	**Achillis Tatii** de Clitophontis et Leucippis amoribus libri VIII, varietate lectionis notisque C. Salmasii, J. B. Carpzovii, T. B. Bergeri ac suis illustrati a Beniam. Gottlib Laur. Boden P. P. O. — Lipsiæ, sumtibus Io. Frederici Junii, 1776, 1 vol. in-8, v. f. marbr. (1)	1
«	606	**Adam** (menuisier de Nevers). Les chevilles, seconde édition augmentée par l'autheur. — Rouen, Jacques Cailloué et Jean Viret, 1654, 1 vol. in-12, v. f. fil. (2)	1
«	607	**Adam** (menuisier de Nevers). Le villebrequin, contenant toutes sortes de poésies gallantes, tant en sonnets, épistres, épigrammes, élégies, madrigaux que stances et autres pièces, autant curieuses que divertissantes, sur toutes sortes de sujets (dédié à Mgr le Prince). — Paris, Guillaume de Luyne, 1663, 1 vol. in-12, v. f. (3)	1
I	21	**Æliani** de naturâ animalium libri XVII, cum animadversionibus Conradi Gessneri et Danielis Wilhelmi Trilleri ; curante Abrahamo Gronovio qui et suas adnotationes adjecit. — Londini, excudit Gulyelmus Bowyer, 1744, 2 vol. in-4, v. f. fil.	2
O	146	**Æliani** sophistæ varia historia cum notis integris Conradi Gessneri, Joh. Schefferi, Tanaquilli Fabri, Joachim Kuhnii, Jac. Perizonii et interpretatione latinâ Justi Vultegi innumeris in locis emendata curante Abrahamo Gronovio qui et suas adnotationes adjecit. — Lugduni Batavorum., apud S. Luchtmanns et J. A. Langerak, 1731, 1 vol. in-4, rel. vélin. (4)	1

Lettre du genre de l'ouvrage	Numéros des volumes	A	Nombre total des volumes
I	25	**Æneæ** (Tactici) commentarius de tolerandâ obsidione, græcè, ad codices mss. parisienses et mediceum recensuit versionem latinam et commentarium Is. Casauboni, notas Jac. Gronovii, G. H. C. Kæsii, Caspari Orellii aliorumque et suas adjecit Io. Conradus Orellius. Cum tabulâ aeri incisâ. — Lipsiæ, in librariâ Weidmanniâ, 1818, 1 vol. in-8, v. vert. fil.	1
O	1055	**Æschinis** Socratici dialogi tres græcè et latinè, ad quos accessit quarti latinum fragmentum ; vertit et notis illustravit Joannes Clericus, cujus et ad calcem additæ sunt Sylvæ philologicæ cum omnium indicibus necessariis. — Amstelodami, apud Petrum de Coup bibliopolam, 1711, 1 vol. in-8, v. f. fil.	1
«	789	**Æschyli** dramata quæ supersunt et deperditorum fragmenta, græcè et latinè; recensuit et brevi annotatione illustravit Fridericus Henricus Bothe Magdeburgensis. — Lipsiæ, in librariâ Weidmanniâ, 1805, 1 vol. in-8, broché.	1
«	39	**Æschyli** tragædiæ septem cum scholiis græcis omnibus, deperditorum dramatum fragmentis, versione et commentario Thomæ Stanleii. — Londini, typis Jacobi Flescher, 1663, 1 vol. in-folio, rel. vélin. (5)	1
«	786	**Æschyli** tragædiæ Prometheus, Persæ et Septem ad Thebas; Sophoclis Antigone; Euripidis Medea, ex optimis exemplaribus amendatæ. — Argentorati, ex officinâ Johannis Henrici Heitz, 1779, 1 vol. in-12, bas. br.	1
«	788	**Æschyli** tragædiæ quæ supersunt ac deperditarum fragmenta, recensuit et commentario illustravit Chr. Godofr. Schütz. — Halæ, apud Jo. Jac. Gebauer, 1809, 3 vol. in-8, dem. rel. v. f.	3
«	790	**Æschyli** tragædiæ ad optimorum librorum fidem recensuit, integram lectionis varietatem notasque adjecit Augustus Wellauer. — Lipsiæ, sumptibus Frid. Vogelii, 1823, 2 vol. in-8, dem. rel., bas. vert.	2
		— Lexicon Æschyleum (formant les vol. 3 et 4), composuit Augustus Wellauer. — Lipsiæ, sumptibus Frid. Vogelii, 1830, 2 vol. in-8, dem. rel., bas. vert.	2
«	791	**Æschyli** tragædiæ ex editione Stanleii latinè redditæ et ad editionem græcam Schutzii accommodatæ. — Oxonii, impensis D. A. Talboys; et G. Wittaker Londini, 1819-23, 4 vol. in-8, brochés.	4
«	«	**Æschyli** tragædiæ quæ supersunt ac deperditarum fragmenta recensuit et commentario illustravit Chr. Godofr. Schütz. — Halæ, in bibliopolio Gebaueriano, 1821, 2 vol. (formant les tomes 4 et 5 de la précédente édition), brochés.	2
«	787	**Æschyli** tragædiarum reliquiæ, quas, ad Londinensis quidem editionis fidem, sed exhibatarum in cæteris editionibus, nec non in quibusdam manuscriptis exemplaribus, lectionum varietate diligenter ponderatâ, recensuit, notis illustravit ac denuò edidit Fr. Joa. Ga. de la Porte du Theil. — Parisiis, typis reipublicæ, anno III, 2 vol. in-8, dem. rel., v. br.	2
«	785	**Æschyli, Sophoclis, Euripidis** tragædiæ selectæ græcè cum interpretatione latinâ. — Paris, H. Estienne, 1567, 3 vol. in-12, dem. rel., maroq. violet. (6)	3
«	792	**Æschylus,** curante Jo. Fr. Boissonnade. — Parisiis, apud Lefebvre bibliopolam, 1825, 2 vol. in-32, dem. rel., maroq. violet.	2
«	792 bis	Le même, 2 vol. in-32, brochés.	2

Lettre du genre de l'ouvrage	Numéros des volumes	A	Nombre total des volumes
«	793	**Æschylus's** Prometheus, with english notes critical and explanatory, original and selected ; and examination questions. For the use of schools and colleges. — London, Longman and Co, 1831, 1 vol. in-8, cartonné.	1
I	57	**Æsopicæ** fabulæ, quales antè Planudem ferebantur et vetusto codice abbatiæ Florent, nunc primùm erutæ unà cum aliis, partim hinc indè collectis, partim ex codd. depromptis, notis exornatæ, curâ ac studio Francisci de Furia. — Lipsiæ, Weigel, 1810, 1 vol. in-8, dem. rel., v. br.	1
«	56	**Æsopicarum** fabularum collectio, quotquot græcè reperiuntur ; accedit interpretatio latina. Exemplar Oxonisiense de anno 1718 emendavit ; vitam Æsopi latinitate donatam adjecit ; ac præfatus est Io. Gottfr. Hauptmann. — Lipsiæ, impensis Joannis Christiani Martini, 1741, 1 vol. in-8, v. f., rac. fil.	1
«	58	**Æsopicarum** fabularum sylloge, græcè, edidit Coray. — Paris, Eberhart, 1801, 1 vol. in-8, v. f. fil.	1
O	1056	**Aignan.** Bibliothèque étrangère d'histoire et de littérature ancienne et moderne, ou choix d'ouvrages remarquables et curieux, traduits ou extraits de diverses langues, avec des notices et des remarques. — Paris, Ladvocat, 1823, 3 vol. in 8, dem. re , v. br.	3
A	16	**Albi** (Henri, de la compagnie de Jésus). L'art abrégé d'aimer Dieu. — Avignon, Jean Piot, 1654, 1 vol. in-12, bas. br.	1
O	362	**Alcæus, Sapho, Simonides, Synesius,** lyrici græci, græcè, curante J. Fr. Boissonade. — Parisiis, Lefebvre, 1825, 1 vol. in-32, dem. rel., maroq. violet.	1
«	1057	**Alciphronis** rhetoris epistolæ ex fide aliquot codicum recensitæ, cum Stephani Bergleri commentario integro, cui aliorum criticorum et suas notationes, versionem emendatam indiculumque adjecit Joannes Augustinus Wagner. — Lipsiæ, sumptibus officinæ librariæ Muellerianæ, 1798, 2 vol. en un in-8, bas. f.	1
«	1126	* **Alembert** (d'). Mélanges de littérature, d'histoire et de philosophie. — Amsterdam, Zacharie Chatelain, 1766, 5 vol. in-12, bas. br.	5
«	159	**Alexandre.** Dictionnaire grec-français, composé sur un nouveau plan, où sont réunis et coordonnés les travaux de H. Estienne, Schneider, Passow, etc..... — Paris, Hachette, 1830, 1 vol. in-8, bas. br.	1
«	158	**Alexandre.** Abrégé du dictionnaire grec-français. — Paris, Hachette, 1830, 1 vol. in-8, bas. f.	1
I	26	**Alibert.** Physiologie des passions ou nouvelle doctrine des sentiments moraux. — Paris, Béchet, 1825, 2 vol. in-8, dem. rel., bas. vert.	2
O	947	* **Allainvalliana** ou bigarrures calotines par l'abbé d'Allainval. — Paris, 1732, 1 vol. in-12, bas. br. N. B. Cet ouvrage porte le simple titre d'*Ana*.	1
U	371	**Allard** (Guy). Les vies de François de Beaumont, baron des Adrets, de Charles Dupuy, seigneur de Montbrun et de Soffrey de Calignon, chancelier de Navarre. — Grenoble, Jean Nicolas, 1676, 1 vol. in-12, v. f.	1

Lettre du genre de l'ouvrage	Numéros des volumes	A	Nombre total des volumes
O	617	* **Allard** (Marcellin). Ballet, en langage forésien, de trois bergers et trois bergères, se gaussant des amoureux qui nomment leurs maistresses, leur doux souvenir, leur belle pensée, leur lis, leur rose, leur œillet, etc.... — S. n... . s. l..... s. d. (vers 1600), sans frontispice, 1 vol. petit in-8, v. f. fil.	1
U	372	**Allatii** Leonis apes urbanæ sive de viris illustribus qui, ab anno 1630 per totum 1632, Romæ adfuerunt ac typis aliquid evulgârunt, et Joannis Imp. Phil. et Medici Vicentini museum historicum, virorum litteris illustrium elogia, vitas eorumdem et mores notantia complexum, præmissa præfatione Jo. Alberti Fabricii. — Hamburgi, apud Christ. Liebezeit, 1711, 1 vol. in-8, dem. rel., v. vert.	1
O	430	**Allatii** Leonis de patriâ Homeri. — Lugduni, sumptibus Laurentii Durand, 1640, 1 vol. in-12, parchemin.	1
U	210	**Alléon-Dulac.** Mémoires pour servir à l'histoire naturelle des provinces de Lyonnais, Forez et Beaujolais. — Lyon, Claude Cizeron, 1765, 2 vol. in-12, v. f.	2
O	1100	* **Alletz.** L'esprit des journalistes de Hollande les plus célèbres, ou morceaux précieux de littérature, tirés de l'oubli et recueillis dans les journaux de ce nom, etc.... — (Paris), Ve Duchesne, 1777, 2 vol. in-12, bas. f.	2
«	572	* **Allut** (Scipion), de Montpellier. Nouveaux mélanges de poésies grecques auxquels on a joint deux morceaux de littérature anglaise. — Amsterdam, Ve Merkus, 1779, 1 vol. in-8, bas. f. (Ce volume renferme entr'autres pièces : une traduction de la batrachomiomachie d'Homère, de l'enlèvement d'Hélène par Coluthus, de la prise de Troye par Tryphiodore.)	1
U	359	**Amanton.** Lettres bourguignonnes ou correspondance sur divers points d'histoire littéraire, de biographie, de bibliographie, etc..... — Dijon, Victor Lagier, 1823. *(Recueil.)*	
O	160	**Ammonius.** De affinium vocabulorum differentiâ, cum selectis Walkenarii notis atque animadversionibus edidit suasque observationes adjecit Christoph. Frid. Amm. Baruthinus. — Erlangæ, sumptibus Palmii, 1787, 1 vol. in-8, dem. rel., bas. vert.	1
O	211	**Ammonius.** Traité des synonymes de la langue grecque et homonymes grecs, traduit du grec par Al. Pillon. — Paris, Maze, 1824. — (No à double emploi, voir Minoïde-Mynas.)	1
I	27	**Ampère** (André-Marie). Essai sur la philosophie des sciences ou exposition analytique d'une classification naturelle de toutes les connaissances humaines. — Paris, Bachelier, 1834, 1 vol. in-8, broché.	1
O	1058	**Ampère** (Jean-Jacques). Littérature et voyages. (Allemagne et Scandinavie.) — Paris, Paulin, 1833, 1 vol. in-8, dem. rel., v. br.	1
«	1153	**Ampère** (J. J.). De l'histoire de la poésie. — Marseille, Feissat, 1830 *(Recueil.)*	
«	«	**Ampère** (J. J.). Discours sur l'ancienne littérature Scandinave. (Ibid.)	
«	«	**Ampère** (J. J.). Sigurd. (Ibid.)	
I	152	**Ampère** (J. J.). Lettre à M. le comte Berthollet, sur la détermination des proportions dans lesquelles les corps se combinent. 1814. *(Recueil.)*	

Lettre du genre de l'ouvrage	Numéros des volumes	A	Nombre total des volumes
O	899	**Amuley**. Féradin et Rozeïde, conte moral, politique et militaire. Gaznach, Fidele, 1765, 3 vol. in 12, bas. f.	3
O	299	**Anacréon** et **Sapho.** Poésies traduites du grec en français avec des remarques par Mlle Lefèvre. — Paris, Denis Thierry et Claude Barbin, 1681, 1 vol. in-12, bas. br.	1
«	300	**Anacréon** et **Sapho.** Œuvres contenant leurs poésies et les galanteries de l'ancienne Grèce, traduites du grec en vers français, par M. de Longepierre. — Paris, Charles Clouzier, 1692, 1 vol. in-12, v. br.	1
«	303	**Anacréon.** Odes traduites en vers (avec le texte grec de Brunck), par J. B. de Saint-Victor. — Paris, Nicolle, 1810, 1 vol. in-8, dem. rel., v. br. (7)	1
«	301	**Anacréon, Sapho, Bion, Moschus, Théocrite, Musée,** etc., traduits par M. Moutonnet de Clairfons. — Paris, Leboucher, 1779, 2 vol. in-12, v. écail.	2
«	297	**Anacreon** Teius, poeta lyricus, summâ curâ et diligentiâ ad fidem etiam vet. ms. emendatus, pristino nitori numerisque suis restitutus, dimidiâ ferè parte auctus, aliquot nempè justis poematiis et fragmentis plurimis ab undiquaque conquisitis; item Anacreontis vita, tractatus de lyricâ poesi, etc.; accessêre ornamenti loco tres eleganter sculptæ effigies auctoris Anacreontis, patroni D. ducis de Malborough, editoris Josue Barnesii; operâ et studio Josue Barnes (editio tertia.) — Londini, impensis Jac. Knapton, 1734, 1 vol. in-12, v. f. fil.	1
«	302	**Anacreonte**. Odi græco-latinè colla parafrasi in verso toscano scelte e castigate. — Siena, 1805, Nella Stamp. di Onorato Porri, 1 vol. petit in-12, bas br.	1
«	355	**Anacreonte.** Le odi tradotte in versi italiani da cristico Pilenejo. (imprimerie de Rodoni ?) s. l. n. d. le titre manque. 1 vol. petit in-8, cartonné.	1
«	298	**Anacreontis** reliquiæ; Basilii Juliani, Pauli Silentiarii anacreontica, curante Jo. Fr. Boissonade. — Parisiis, apud Lefebvre bibliopolam, 1823, 1 vol. in-32, dem. rel., maroquin violet.	1
«	78	**Anacreontis** Teii odæ et fragmenta, græcè et latinè, cum notis Joannis Cornelii de Pauw. — Trajecti ad Rhenum, apud Gulielmum Kroon, 1732, 1 vol. petit in-4, v. f. fil.	1
«	995	**Ancillon.** Mélange critique de littérature recueilli des conversations de feu M. Ancillon, avec un discours sur sa vie et ses dernières heures. — Basle, E. et J. Konig, 1698, 3 vol. in-12, bas. br.	3
I	19	**Andelle** (A.). Considérations sur l'essor à donner en France aux chemins de fer. *Recueil.*)	
O	876	**Andreopuli** de Syntipa et Cyri filio narratio edita græcè è codd. pæriss. a Jo. Fr. Boissonade. — Parisiis, ex typis G. Doyen, 1828, 1 vol. in-12, dem. rel., v. br.	1
I	28	**Andronici** Rhodii Ethicorum, Nichomacheorum paraphrasis, cum interpretatione Danielis Heinsii, cui subjungitur ejusdem libellus de animi affectionibus. — Cantabrigiæ, excudebat Johannes Hayes, 1679, 1 vol. in-8, v. f. (8)	1
O	982	**Anglès.** Almanach critique et littéraire de Paris, pour 1817. — Paris, Plancher, 1817 (n° à double emploi, voy. Cousin-d'Avallon).	1

Lettre du genre de l'ouvrage	Numéros des volumes	A	Nombre total des volumes
U	212	**Anquetil**. L'intrigue du cabinet sous Henri IV et Louis XIII. Paris, 1780, 4 vol.	4
		— Œuvres historiques. (Vie du maréchal de Villars), 1791, 4 vol.	4
		— Esprit de la Ligue, 1791, 3 vol.	3
		— Louis XIV, sa cour et le régent. 1791, 4 vol.	4
		— Esprit de la Fronde ou histoire politique et militaire des troubles de la France pendant la minorité de Louis XIV. Paris, Moutard, 1772, 5 vol.	5
		En tout : 20 vol. in-12, bas. f., racin. fil.	
«	79	**Anville** (d'). Géographie ancienne abrégée. — Paris, Merlin, 1768, 3 vol. in-12 (avec cartes), bas. f.	3
«	116	**Apollodore** l'Athénien. Bibliothèque, traduction nouvelle avec le texte grec revu et corrigé par E. Clavier. — Paris, Delance et Lesueur, 1805, 2 vol. in-8, bas. f.	2
«	115	**Apollodori** Atheniensis bibliothecæ libri tres, græcè, ad codd. mss. fidem rocensiti à Chr. G. Heyne. — Gœttingæ, Dieterich, 1782, 1 vol. in-12, dem. rel., bas. rouge. (Nº à double emploi, voy. Heyne.) (Ce volume forme le tome IV des notes de Heyne sur Apollodore.)	1
«	145	**Apollodorus, Conon, Ptolemæus, Parthenius, Ant. Liberalis,** historiæ poeticæ scriptores antiqui, græcè et latinè; accessère breves notæ et indices necessarii. — Parisiis, Muguet, 1675, 1 vol. in-8, bas. br.	1
O	51	**Apollonii** Alexandrini de syntaxi seu constructione orationis libri IV, a Fr. Porto antè aliquot annos è manuscripto codice passim et correcti et suppleti ; tùm latinè redditi et notationibus illustrati ; nunc denuò a Frid. Sylburgio cum bonis exemplaribus collati et notationibus aucti ; addita è Procli Chrestomathia grammatica, etc...., etc..... — Francofurti, apud Andreæ Wecheli heredes, 1590, 1 vol. in-4, v. f. fil. (9)	1
U	117	**Apollonii** Dyscoli Alexandrini grammatici historiæ commentitiæ liber, sive historiæ mirabiles græcè et latinè cum notis Gulielmi Xylandri et Joannis Meursii emendavit suasque notas adjecit Lud. H. Teucherus. — Lipsiæ, Gleditsch, 1792, 1 vol. in-8, v. rouge, écail, fil. tr. dor.	1
O	307	**Apollonii** Rhodii Argonauticorum libri quatuor, cum notis variorum edidit, novâ ferè interpretatione suisque nonnullis annotationibus illustravit, indices tres addidit Joannes Schaw. Oxonii, Clarendon, 1779, 1 vol. in-8, bas. br. fil. (10)	1
«	308	**Apollonii** Rhodii Argonautica è scriptis octo veteribus libris quorum plerique nondùm collati fuerant, nunc primùm emendatè edidit Rich. Fr. Phil. Brunck. — Argentorati, Bauer et Treuttel, 1780, 1 vol. in-8, v. vert, fil. tr. dor.	1
«	96	**Apollonii** sophistæ lexicon græcum Iliadis et Odysseæ, edidit, notis atque animadversionibus perpetuis illustravit et versionem latinam adjecit Jo. Bapt. Casparus d'Ansse de Villoison...., etc...., accedit, præter multa, hùc usque inedita, Philemonis grammatici fragmenta, tertii Iliadis libri prosaica metaphrasis græca, etc..... — Lutetiæ Parisiorum, sumptibus J. C. Molini, 1773, 2 vol. in-4, v. f. fil.	2

Lettre du genre de l'ouvrage	Numéros des volumes	A	Nombre total des volumes
«	432	**Apollonii** sophistæ lexicon græcum Iliadis et Odysseæ, ex editione Parisiensi repetiit, recensuit et illustravit Hermannus Tollius. — Lugduni Batavorum, Luchtmans, 1788, 1 vol. in-8, v. f. (11)	1
«	309	**Apollonius** de Rhodes. Expédition des Argonautes ou la Conquête de la Toison d'Or, poëme en quatre chants, traduit du grec par J. J. A. Caussin. Paris, Laveaux, an v, 1 vol. in-8, v. viol. fil.	1
I	29	**Appert** (B.). Journal des prisons, hospices, écoles primaires et autres établissements de bienfaisance.— Paris, Baudoin, 1825, 1 vol. in-8, dem. rel., v. br.	1
«	104	**Appert** (B.). Observations sur les prisons, hospices, écoles des départements et des pays étrangers. — Paris, 1827. *(Recueil.)*	
U	118	**Appiani** Alexandrini romanarum historiarum quæ supersunt novo studio conquisivit, digessit, ad fidem codicum mss. recensuit, supplevit, emaculavit, varietatem lectionum adjecit, latinam versionem emendavit, adnotationibus variorum suisque illustravit, commodis indicibus instruxit Johannes Schweighœuser. — Lipsiæ, Weidmann, 1785, 3 vol. in-8 en 6 parties, dem. rel., v. br. (12)	6
O	877	**Apulée.** Les Métamorphoses ou l'âne d'or ; édition ornée de figures en taille douce. — Paris, Bastien, 1787, 2 vol. in-8, bas. f. racin. (13)	2
«	1063	**Apuleii** opera omnia, cum notis variorum ex editione Oudendorpianâ — Londini, Valpy, 1825, 5 vol. in-8, dem. rel., maroq. rouge, non rogné.	5
U	322	**Arago.** Sur l'écriture hiéroglyphique égyptienne, fragment de l'éloge historique de T. H. Young. *(Recueil.)*	
O	79	**Arati** phenomena et prognostica ; Theonis scholia et Leontii mechanica, græcè. — Parisiis, Guil. Morel. 1559, 1 vol. in-4, rel. parchemin (le titre est fait à la main). (14)	1
«	310	**Aratus,** cum scholiis, græcè, recognovit J. Bekkerus. — Berolini, Reimer, 1828, 1 vol. in-8, broché.	1
«	161	**Arcadius.** De accentibus è codd. parisinis primum edidit Edm. Henr. Barkerus. — Lipsiæ, Fleischer, 1820, 1 vol. in-8, dem. rel., v. rose.	1
«	161 bis	Id. dem. rel., v. f.	1
«	97	**Aretini** Karoli epistola in batrachomiomachiam Homeri poetæ ad Marassium Siculum fœlicit icipit. — 1 vol. petit in-4, dem. rel., v. br. (Il n'y a point de frontispice. Sans date et sans nom d'auteur. Il y a deux notes mss. assez anciennes. Imprimé au commencement du XVIe siècle.)	1
«	612	**Ariosto** (Ludovico). L'Orlando furioso. Edizione formata sopra quella del 1532. — Milano, Giovani Silvestri, 1819, 3 vol. in-12, dem. rel., v. br.	3
«	1065	**Aristæneti** epistolæ ad fidem cod. vindob. recensuit, variorum notis suisque instruxit Boissonade. — Lutetiæ, 1822, 1 vol. in-8, dem. rel., v. br., non rogné.	1
U	327	**Aristeæ** historiæ LXXII interpretum accessère veterum testimonia de eorum versione, græcè et latinè. — Oxonii, Schelden, 1692, 1 vol. in-8, rel. vélin (titre fait à la main), n° à double emploi, voy. Luciani).	1

Lettre du genre de l'ouvrage	Numéros des volumes	A	Nombre total des volumes
O	259	**Aristidis** (Ælii) Adrianensis, oratoris clarissimi, orationum tomi III interprete Gulielmo Cantero, græcè et latinè ; adjunximus varias ejusdem Gul Canteri et aliorum lectiones, lectoris indicio examinandas....., etc..... — (Ex Pauli Stephani typographiâ), 1604, 3 parties en 2 volumes, in-8, bas. f.	2
«	800	**Aristophane.** Comédies traduites du grec par M. Artaud. — Paris, Brissot-Thivars, 1830, 6 vol. in-32, dem. rel., v. bleu.	6
«	797	**Aristophane.** Théâtre traduit en français, partie en vers, partie en prose, avec les fragments de Ménandre et de Philémon, par M. Poinsinet de Sivry. — Paris, 1784, 4 vol. in-8, dem. rel., v. f.	4
«	799	**Aristophanes** græcè, curante Jo. Fr. Boissonade. — Parisiis, Lefebvre, 1826, 4 vol. in-32, dem. rel., maroq. violet.	4
«	796	**Aristophanis** Aves, græcè, recensuit et perpetuâ adnotatione illustravit Christianus Daniel Beck. — Lipsiæ, sumptu Siegfr. Crusii, 1782, 1 vol. in-8, dem. rel., vélin, non rogné.	1
«	40	**Aristophanis** comœdiæ undecim, græcè et latinè, ex codd. mss. emendatæ, cum scholiis antiquis ; accedunt notæ virorum doctorum in omnes comœdias inter quas nunc primùm eduntur Is. Casauboni in Equites, illustr. Ez. Spanhemii in tres priores, et Richardi Bentleii in duas priores comœdias observationes, omnia collegit et recensuit, notasque in novem comœdias et quatuor indices in fine adjecit Ludolphus Kusterus. — Amstelodami, Thomas Fritsch, 1710, 1 vol. in-folio, v. f., fil.	1
«	798	**Aristophanis** comœdiæ ex optimis exemplaribus emendatæ cum versione latinâ, variis lectionibus, notis, et emendationibus, accedunt deperditarum comœdiarum fragmenta, etc..... à Phil. Brunck. — Oxonii, Bliss, 1810, 4 vol. in-8, cartonnés.	4
«	795	**Aristophanis.** Nubes cum scholiis antiquis è recens. L. Kusteri in usum lectionum, cum præfatione Io. Augusti Ernesti in quâ scholia pluribus locis emendantur, illustrantur. — Lipsiæ, apud Joann. Wendlerum, 1753, 1 vol. in-8, dem. rel., maroq. rouge.	1
«	135	**Aristophanis,** poetæ comici, Plutus, jàm nunc per Carolum Girardum Bituricum et latinus factus et commentariis insuper sanè quàm utiliss. recens. illustratus (editio prima.) — Parisiis, apud Mathurinum Dupuys, 1549, 1 vol. petit in-4, dem. rel., v. br.	1
I	22	**Aristote.** Histoire des animaux, avec la traduction française, par M. Camus. — Paris, Desaint, 1783, 2 vol. in-4, v. f., fil., dor. s. tr.	2
O	157	**Aristote.** Hymne à la Vertu. — Paris, F. Didot, 1832. *(Recueil.)*	
I	36	**Aristote.** La morale et la politique traduites du grec par Thurot. — Paris, Firm. Didot, 1823-24, 2 vol. in-8, v. br.	2
O	312	**Aristote.** La Poétique, traduite en français avec des remarques critiques sur tout l'ouvrage, par Dacier. — Amsterdam, Covens et Mortier, 1733, 1 vol. in-12, rel. vélin (titre fait à la main.)	1
«	260	**Aristote.** La rhétorique, traduicte en françois par le sieur Robert Estienne (les deux premiers livres.) — Paris, Rob. Estienne, 1624, 1 vol. in-8, v. br. fil. (reliure en mauvais état.)	1

Lettre du genre de l'ouvrage	Numéros des volumes	A	Nombre total des volumes
«	261	**Aristote.** La Rhétorique, traduite en français par M. Cassandre. — Amsterdam, Covens et Mortier, 1733, 1 vol. in-12, bas. f. (Il y a une note ms. de Dugas-Montbel, p. 245.)	1
I	12	**Aristoteles** græcè ex recensione Immanuelis Bekkeri edidit academia regia Borussica. — Berolini, apud Georgium Reimerum, 1831, 2 vol. in-4.	2
		— latinè, interpretibus variis edidit acad. reg. Boruss, 1831, 1 vol. in-4.	1
		— Scholia in Aristotelem, collegit Chr. Aug. Brandis, edidit acad. reg. Boruss. — 1831, 1 vol. in-4.	1
		En tout : 4 vol. in-4, dem. maroq. noir.	
«	31	**Aristotelis** de animâ libri tres, græcè et latinè, J. Pacio a Beriga interprete ; accesserunt ejusdem Pacii in eosdem libros commentarius analyticus, triplex index : primus librorum, tractatuum et capitum ; alter græcorum verborum ; postremus rerum memorabilium. — Francofurti, apud Andreæ Wecheli heredes, 1596, 1 vol. in-8, parchemin.	1
O	311	**Aristotelis** de poeticâ liber, græcè et latinè, ex versione Theodori Gowlstoni, perpetuis notis analyticis illustrata ; accedunt integræ notæ Fr. Sylburgii et Dan. Heinsii necnon selectæ aliorum. — Cantabrigiæ, Hayes, 1696, 1 vol. petit in-8, rel. parchemin (titre fait à la main.)	1
I	33	**Aristotelis** Ethicorum, Nichomacheiorum libri græcè edidit Coray. — Parisiis, Eberhart, 1812, 1 vol. in-8, v. violet, fil.	1
«	32	**Aristotelis** et **Xenophontis** Ethica, Politica, et Œconomica, cum aliis aliquot ex Plutarcho, Proclo et Alexandro Aphrodisiensi commentationibus. — Basileæ, apud Joan. Vualder. (s. d.), 1 vol. in-8, v. br.	1
«	1	**Aristotelis** opera omnia quæ exstant, græcè et latinè, veterum ac recensiorum interpretum ut Adriani Turnebi, I. Casauboni, J. Pacii studio emendatissima, cum Kyriacistrozæ patritii Florentini libris duobus græco-latinis de Republicâ in supplementum Politicorum Aristotelis ;..... accessit brevis ac perpetuus in omnes Aristotelis libros commentarius authore Guillelmo Duval...., etc..... — Lutetiæ Parisiorum, typis regiis, 1619, 2 vol. in-folio, dem. rel., bas. br. (15)	2
I	35	**Aristotelis** opera omnia græcè ad optimorum exemplarium fidem recensuit, annotationem criticam, librorum argumenta et novam versionem latinam adjecit Io. Theophilus Buhle. — Biponti, 1791-1800, 5 vol. in-8, v. corinth. fil.	5
«	34	**Aristotelis** Politica græcè edidit Coray. — Paris, Eberhart, 1811, 1 vol. in-8, v. br. fil.	1
U	74	**Arnauld d'Andilly.** Les vies des SS. Pères des déserts et de quelques saintes, écrites par des Pères de l'Eglise et autres anciens auteurs ecclésiastiques, traduites en français. — Bruxelles, Henry Fix, 1694, 1 vol. in-4, bas. br.	1
I	73	* **Arnauld et Nicole** (P.). La logique ou l'art de penser, contenant, outre les règles communes, plusieurs observations nouvelles propres à former le jugement. — Paris, Jean Guignard, 1668, 1 vol. petit in-8, parchemin.	1
		(Le titre est refait à la main en ces termes ; *Logique de Port-Royal.*)	
O	1154	**Arnault.** Veillées des Muses. — Paris, an VIII. *(Recueil.)*	

Lettre du genre de l'ouvrage	Numéros des volumes	A	Nombre total des volumes
U	80	**Arriani** historia Indica cum Bonav. Vulcanii interpretatione latinâ permultis locis emendatiore, recensuit et illustravit Frid. Schmieder. — Halis Magdeburgicis, Gebauer, 1798, 1 vol. in-8, bas. f. racin.	1
«	119	**Arriani** Nicomedensis expeditionis Alexandri libri septem et historia. Indica græcè et latinè cum adnotationibus et indice græco locupletissimo Georgii Raphelii; accedunt eclogæ Photii ad Arrianum pertinentes, etc..... — Amstelædami, Wetsten, 1757, 1 vol. in-8, dem. rel., v. br. (16)	1
«	120	**Arriani** Nicomedensis expeditionis Alexandri libri septem, recensiti et notis illustrati a Frid. Schmieder. — Lipsiæ, sumtu Schwickertii, 1798, 1 vol. in-8, bas. f. racin.	1
O	1066	**Arsenii** violetum ex codd. mss. nunc primùm edidit, animadversionibus instruxit et alia quædam inedita adjecit Christianus Walz. — Stuttgartiæ, Laflund. 1832, 1 vol. in-8, dem. rel. v. f.	1
«	1150	**Artaud.** Des grecs et de leur situation actuelle. — Paris, Treuttel, 1825. *(Recueil.)*	
U	373	**Artaud** (A. F.). Machiavel, son génie et ses erreurs. — Paris, Firmin Didot, 1833, 2 vol. in-8. dem. rel., v. vert.	2
«	292	**Artaud.** Mémoires sur quelques découvertes d'antiquités faites à Lyon en 1811. — Lyon, Sajou, 1811. *(Recueil.)*	
«	281	**Artaud.** Notice des antiquités et tableaux du musée de Lyon. — Lyon, 1808. *(Recueil.)*	
O	42	**Athenæi** deipnosophistarum libri quindecim, cum Jacobi Dalechampii cadomensis latinâ interpretatione, ultimùm ab autore recognitâ, et notis ejusdem ad calcem remissis; editio postrema in quâ ultrà ea quæ antè Is. Casaubonus recensuit...., adjectæ sunt margini ex ejusdem Casauboni in auctorem animadversionum libris XV variæ lectiones et conjecturæ. accesserunt in textu notæ ad singulas voces et ipsius authoris loca, quæ in iis libris tractantur et examinantur. — Lugduni, apud viduam Antonii de Harsy, 1612, 2 vol. in-folio en un, v. br.	1
«	996	**Athenæi** naucratitæ deipnosophistarum libri quindecim ex optimis codd. nunc primùm collatis emendavit ac supplevit novâ latinâ versione et animadversionibus, cum Is. Casauboni aliorumque tùm suis illustravit commodisque indicibus instruxit Johannes Schweighæuser. — Argentorati, Societas Bipontina, 1801-07, 14 vol. in-8, v. f. fil. (17)	14
«	142	**Athénée.** Banquet des savants, traduit par Lefebvre de Villebrune. — Paris, Lamy, 1789-91, 5 vol. in-4, dem. rel., maroq. rouge, non rogné.	5
«	801	**Aubignac** (l'abbé d'). La pratique du théâtre; ouvrage très-nécessaire à ceux qui veulent s'appliquer à la composition des poëmes dramatiques, qui les récitent en public ou qui prennent plaisir d'en voir les représentations. — Amsterdam, Bernard, 1715, 2 vol. in-8, v. br.	2
«	875	* **Aucassin** et **Nicolette.** Les amours du bon vieux tems (on n'aime plus comme on aimoit jadis), romance publiée par de la Curne de Sainte-Palaye. — Paris, Duchesne, 1756, 1 vol. in-12, dem. rel., v. f., non rogné.	1
«	846	**Aude.** L'Héloïse anglaise, drame. — Paris, 1783. *(Recueil.)*	
U	408	**Auger.** Eloge de Boileau-Despréaux. — Paris, 1805. *(Recueil.)*	

Lettre du genre de l'ouvrage	Numéros des volumes	A	Nombre total des volumes
«	409	**Auger.** Eloge de Boileau-Despréaux. — Paris, 1805. (*Recueil.*)	
O	997	**Auli-Gellii** noctes atticæ cum selectis novisque commentariis et accuratâ recensione Antonii Thysi et Jacobi Oiseli. — Lugduni Batavorum, Leffen. 1666, 1 vol. in-8, bas. br. (18)	1
«	998	**Auli-Gellii** noctes atticæ ex editione J. Gronovii cum notis variorum. — Londini, Valpy, 1824, 2 vol. in-8, dem. rel., maroq. rouge, non rogné.	2
«	999	**Aulu-Gelle.** Les nuits attiques traduites en français avec le texte en regard et accompagnées de remarques par Victor Verger. — Paris, Fournier, 1820, 3 vol. in-8, bas. f. racin.	3
U	121	**Aurelii Victoris** (Sexti) historia romana ex editione Chr. Harlesii cum notis et interpretatione, variis lectionibus, notis variorum, etc... — Londini, Valpy, 1829, 2 vol. in-8, dem. rel., maroq. rouge, non rogné.	2
O	313	**Ausonii** (Burdigalensis) opera ex editione Bipontinâ cum notis variorum. — Londini, Valpy, 1823, 2 vol. in-8, dem. rel., maroq. rouge, non rogné.	2
«	314	**Aviani** (Flavii) fabulæ cum commentariis selectis Albini Scholiastæ veteris, notisque integris..... (variorum) quibus animadversiones suas adjecit Henr. Cannegieter, accedit ejusdem dissertatio de ætate et stilo Flavii Aviani. — Amstelodami, apud M. Schagen, 1731, 1 vol. in-8, rel. vélin.	1
«	487	**Aviénus.** Fables, dédiées à l'empereur Théodose, traduites du latin. — Besançon, Ve Métoyer, 1813. (No à double emploi, voy. Homère.)	
I	101	**Avril** (A. L.). De la conservation des propriétés foncières. 1830. (*Recueil.*)	
«	152	**Azaïs.** La raison vengée de l'inconséquence. — 1817. (*Recueil.*)	

Lettre du genre de l'ouvrage	Numéros des volumes	B	Nombre total des volumes
U	363	* **Bachaumont** (de), **Pidanzat de Mairobert, Mouffle d'Angerville,** etc.... Mémoires secrets pour servir à l'histoire de la République des lettres en France depuis 1762 jusqu'à nos jours, ou journal d'un observateur. — Londres, John Adamson, 1780-89, 36 vol in-12, bas. br.	36
O	1059	**Bachmannus** (Ludovicus) edidit et descripsit, è codd. mss. bibl. reg. Parisin., anecdota grœca. — Lipsiæ, Hinrichs, 1828, 2 vol. in-8, dem. rel., v. bl.	2
«	106	**Backmann.** Homerus comparans sive similitudines ex Iliade et Odysseâ. — Hernosandiæ, 1806. (*Recueil.*)	
«	119	**Backmann.** Homerus comparans sive similitudines ex Iliade et Odysseâ. — Hernosandiæ, 1806, 1 vol. pet. in-4, dem. rel., v. br.	1
«	614	**Baïf** (Jean-Antoine de). Les amours; à Mgr le duc d'Anjou, fils et frère du roy. — Paris, pour Lucas Breyer, 1572, 1 vol. in-8, v. f., fil., tr. dor.	1
«	615	**Baïf** (Jean-Antoine de). Œuvres en rimes. — Paris, Breyer, 1573, 1 vol. in-8, v. f., fil., tr. dor. (19)	1
«	879	**Ballanche.** Antigone. — Paris, P. Didot, 1814, 1 vol. in-8, gros papier, rel. maroq. vert foncé, fil., tr. dor.	1
«	879bis	**Ballanche.** Antigone — Ibid., 1814, 1 vol. in-8, dem. rel., v. f.	1
«	880	**Ballanche.** Antigone, nouvelle édition avec figures. — Paris, Simier, 1819, 1 vol. in-8, gros papier, rel. maroq. bleu, fil., tr. dor., avec étui en maroq. rouge. (20)	1
«	881	**Ballanche.** Antigone (édition sans titre en 5 livres.) — 1 vol. in-8, v. br., fil.	1
«	162	**Ballanche.** Du sentiment considéré dans ses rapports avec la littérature et les arts. — Lyon, Ballanche, 1801, 1 vol. in-8, v. br., fil., tr. dor.	1
I	37	**Ballanche.** Essai sur les institutions sociales dans leur rapport avec les idées nouvelles. — Paris, P. Didot, 1818. 1 vol. in-8, v. f., fil., tr. dor.	1
«	37 bis	**Ballanche.** Essai sur les institutions sociales dans leur rapport avec les idées nouvelles. — Paris, P. Didot, 1818, 1 vol. in-8, v. violet, fil., tr. marbrées.	1
«	38	**Ballanche.** Essais de palingénésie sociale. — Paris, J. Didot, 1827, 2 vol. in-8, dem. rel., v. f.	2
O	1146	**Ballanche.** La ville des expiations; trois épisodes — 1832. (On y a joint des extraits de quelques journaux français sur l'Antigone de M. Ballanche.) (*Recueil.*)	
«	882	* **Ballanche.** L'homme sans nom. — Paris, P. Didot, 1820, 1 vol. in-8, papier vélin, cuir de Russie, fil., tr. dor.	1
«	883	**Ballanche.** L'homme sans nom, épisode de 1793. — Paris, Lenormant 1832, 1 vol. in-12, dem. rel., v. br.	1
«	884	**Ballanche.** Le vieillard et le jeune homme. — Paris, P. Didot, 1819, 1 vol. in-8, v. br., fil.	1
«	1067	**Ballanche.** Œuvres. — Paris, Barbezat, 1830, 4 vol. in-8, dem. rel., v. vert.	4
«	1068	**Ballanche.** Œuvres. — Paris, 1833, 6 vol. in-18, dem. rel., v. vert.	6

Lettre du genre de l'ouvrage	Numéros des volumes	B	Nombre total des volumes
O	885	**Ballanche.** Vision d'Hébal, chef d'un clan écossais. (Episode tiré de la Ville des expiations.) — Paris, Didot, 1831, 1 vol in-8, dem. rel., v. br.	1
«	1069	**Balzac.** Entretiens. — Leyde, Jean Elzévir, 1659, 1 vol. petit in-12, bas. br.	1
«	1144	**Bamberger** (F.). De carminibus Æschyleis dissertatio affert. — Marburgi Cattorum, 1832. (*Recueil.*)	1
U	361	***Barante** (de). De la littérature française pendant le XVIIIe siècle. — Paris, Colin, 1809, 1 vol. in-8, cartonné, non rogné. (Il y a de nombreuses notes manuscrites de Dugas-Montbel.)	1
O	682	***Barbazan.** Fabliaux et contes des poètes français des XIIe, XIIIe, XIVe et XVe siècles, tirés des meilleurs auteurs. — Amsterdam, Arkstee et Merkus, 1756, 3 vol. petits in-12, v. f.	3
«	640	***Barbazan.** Le castoiement ou instruction du père à son fils; ouvrage moral en vers, composé dans le treizième siècle, suivi de quelques pièces historiques et morales, aussi en vers et du même siècle, le tout précédé d'une dissertation sur la langue des Celtes. — Paris, Chaubert, 1760, 1 vol. petit in-8, v. f. fil. tr. dor.	1
U	81	**Barbié du Bocage** (A.-F.). Dictionnaire géographique de la Bible. — Paris, Crapelet, 1834, 1 vol. in-8, broché.	1
«	328	**Barbier.** Dictionnaire des ouvrages anonymes et pseudonymes (2me édition.) — Paris, 1822-27, 4 vol. in-8, dem. rel. v. br. (Ce volume contient quelques notes mss. de Dugas-Montbel.)	4
O	436	**Barjaud** (J.-B.). Homère ou l'origine de l'Iliade et de l'Odyssée, poëme suivi de fragments d'un poëme intitulé : Charlemagne. — Paris, Blanchard, 1811, 1 vol. in-18, v. vert. fil. tr. dor.	1
«	987	***Barral** (abbé). Sevigniana ou recueil de pensées ingénieuses, d'anecdotes littéraires, historiques et morales tirées des lettres de Mme de Sévigné. — Paris, Desaint, 1768, 1 vol. in-12, v. f.	1
«	1155	**Barry.** Vicissitudes et transformations du cycle populaire de Robin Hood. — Paris, 1832. (*Recueil.*)	
«	618	**Bartas** (du). Les œuvres poétiques et chrestiennes. — Lyon, Th. Ancelin, 1 vol. in-18, dem. rel. bas. f. (Le titre est en partie déchiré.) Impr. au commencement du XVIIe siècle.	1
«	847	**Barthe.** Les fausses infidélités, comédie en un acte. — Paris, Prault, 1768. (*Recueil.*)	
U	315	**Barthélemy** (abbé). Voyage du jeune Anacharsis en Grèce, dans le milieu du quatrième siècle avant l'ère vulgaire. — Paris, Debure, 1789. 7 vol. in-8, bas. br. écaillé.	7
		— Recueil de cartes géographiques, plans, vues et médailles de l'ancienne Grèce, relatifs aux voyages du jeune Anacharsis. — Paris, Debure, 1789, 1 vol. in-4, dem. rel. bas. verte.	1
O	619	**Basselin** (Olivier), poëte normand de la fin du XIVe siècle : Vaux de Vire, suivis d'un choix d'anciens vaux de vire, de bacchanales et de chansons, poésies normandes; publiés avec des dissertations et des notes par Louis Dubois. — Caen, Poisson, 1821, 1 vol. in-8, cartonné, non rogné.	1
«	1000	**Bast** (F.-J.). Lettre critique à M. Boissonade sur Antoninus Libéralis, Parthénius et Aristénète. — Paris, Henrichs, 1805, 1 vol. in-8, bas. f.	1

Lettre du genre de l'ouvrage	Numéros des volumes	B	Nombre total des volumes
O	1144	**Bast** (F.-J.). Specimen editionis novæ epistolarum Aristœnetis. — Vindobonæ, 1796. *(Recueil.)*	
«	1001	**Bastii** (F.-J.) epistola critica ad virum clarissimum J. Fr. Boissonade super Antonino Liberali, Parthenio et Aristœneto, cum auctoris emendationibus et additamentis manuscriptis è linguâ gallicâ in latinam versa a C. A. Wiedeburg. — Lipsiæ, Weidmann, 1809, 1 vol. in-8, dem. rel. bas. f.	1
«	805	***Batteux.** Chefs-d'œuvre d'éloquence poétique à l'usage des jeunes orateurs, ou discours français, tiré des auteurs tragiques les plus célèbres. — Paris, Duprat-Duverger, 1811, 1 vol. in-8, petit. bas. f.	1
«	620	**Batteux.** Les quatre poétiques d'Aristote, d'Horace, de Vida, de Despréaux, avec les traductions et des remarques. — Paris, Saillant et Nyon, 1771, 2 vol. in-12, dem. bas. vert.	2
«	163	**Batteux.** Principes de la littérature. — Lyon, Leroy, 1800, 6 vol. in-12, bas. f. fil.	6
I	103	**Baude** (J.-J.). De l'enquête sur les fers. — Paris, Mesnier, 1829. *(Recueil.)*	
U	374	**Bayle** (Pierre). Dictionnaire historique et critique publié par M. Beuchot. — Paris, Desser, 1820, 16 vol. in-8, v. br.	16
O	1070	**Bayle** (Pierre). Lettres publiées sur les originaux avec des remarques par M. Desmaizeaux. — Amsterdam, 1729, 3 vol. in-12, bas. br.	3
«	155	**Bazin** (A.). Eloge historique de Ch. G. Lamoignon de Malesherbes. — Paris, Didot, 1831. *(Recueil).*	
«	136	**Beauchamps** (de). Recherches sur les théâtres de France depuis l'année 1161 jusques à présent. — Paris, Prault, 1735, 1 vol. in-4, v. f.	1
U	122	**Beaujour** (Félix de). De l'expédition d'Annibal en Italie et de la meilleure manière d'attaquer et de défendre la péninsule italienne. — Paris, Didot, 1832, 1 vol. in-4, avec carte, dem. rel. v. f.	1
«	82	**Beaujour** (Félix de). Voyage militaire dans l'empire othoman ou description de ses frontières et de ses principales défenses, soit naturelles, soit artificielles. — Paris, F. Didot, 1829, 2 vol. in-8, dem. rel. v. br.	2
O	802	**Beaumarchais** (de). La folle journée ou le mariage de Figaro, comédie en 5 actes, en prose, représentée pour la première fois le mardi 27 avril 1784. — Paris, Ruault, 1785, 1 vol. in-8, dem. rel. v. violet.	1
«	1145	**Beaumarchais** (de). Les deux amis ou le négociant de Lyon, drame, Paris, 1770. *(Recueil.)*	
U	215	**Beaumelle** (de la). Mémoires pour servir à l'histoire de Mme de Maintenon et à celle du siècle passé. — Maestricht, Dufour et Roux, 1789, 8 vol. in-12, v. violet, fil. tr. dor.	8
I	151	**Beaumont** (baron de). Mémoire sur la formation et la contagion apparente des athmosphères cholériques. — 1833. *(Recueil.)*	
O	803	**Beer** (Michael). Struensée, tragédie en 5 actes, traduite de l'allemand par M. Ferguson. — Paris, 1834, 1 vol. in-8, broché.	1

Lettre du genre de l'ouvrage	Numéros des volumes	B	Nombre total des volumes
O	262	**Belin de Ballu.** Histoire critique de l'éloquence chez les Grecs, contenant la vie des orateurs, rhéteurs, sophistes et grammairiens grecs qui ont fleuri depuis l'origine de l'Art jusques au 3me siècle après J.-C. — Paris, Belin, 1813, 2 vol. en un in-8, v. violet. fil.	1
«	621	**Bellay** (Joachim du). Les œuvres françoises revues et de nouveau augmentées de plusieurs poésies non encore auparavant imprimées. — Paris, F. Morel, 1584, 1 vol. in-12, bas. f.	1
«	622	**Belleau** (Rémy). Œuvres poétiques, rédigées en deux tomes, revues et corrigées en cette dernière impression. — Rouen, Daré, 1604, 2 vol. petits in-12 reliés en un, v. f. fil. tr. dor. (Le second volume contient la traduction des odes d'Anacréon.)	1
«	1018	***Bellenger** (abbé). Essais de critique sur les écrits de Rollin, sur les traductions d'Hérodote, sur le dictionnaire géographique et critique de M. Bruzen de la Martinière. — Amsterdam, L'Honoré, 1740-41, 2 vol. in-12, v. f. fil.	2
U	285	**Bénaben.** Procès de l'oligarchie contre la monarchie. — Paris, Brasseur, 1817. (*Recueil.*)	
O	894	***Bénard** (?) Eloge de l'enfer, ouvrage critique, historique et moral. — La Haye, Pierre Gosse, 1759, 2 vol. petits in-8, bas. f. racin.	2
«	623	**Bensserade** (de). Œuvres. — Paris, De Sercy, 1697, 2 vol. in-12, bas. br. (Il y a des notes mss. Ce volume provient de la bibliothèque de Leclerc de la Colombière, de l'Acad. des Sciences de Paris.)	2
«	1002	**Bentleii** (Richardi) opuscula philologica dissertationem in Phalaridis epistolas et epistolam ad Joannem Millium continentia. — Lipsiæ, Schwickert, 1781, 1 vol. in-8, bas. f. racin. fil.	1
«	689	***Berchoux.** La Gastronomie ou l'homme des champs à table, pour servir de suite à l' « Homme des champs », par J. Delille. — Paris, Michaud, 1803, 1 vol. in-18, v. viol.	1
U	281	**Bérenger** (P.-L.). Compte-rendu des travaux de l'Académie de Lyon en 1809. — Lyon, Leroy. (*Recueil.*)	
«	370	**Bérenger** (P.-L.). Discours pour l'ouverture de l'examen des 200 élèves de Lyon, prononcé le 15 avril 1806. — s. l. n. d. (*Recueil.*)	
O	1071	**Bérenger** (P.-L.). Les soirées provençales ou lettres écrites à ses amis pendant ses voyages dans sa patrie. — Paris, Nyon, 1786, 3 vol. petits in-12, v. f. racin.	3
«	749	**Bérenger** (L.-P.). Poésies de société et de circonstance. — Lyon, Brunet, 1817. (*Recueil.*)	
«	753	**Bérenger** (P.-L.) Poésies de société et de circonstance. — Lyon, Brunet, 1817. (*Recueil.*)	
«	1148	***Bergasse.** Réfutation des faux principes, etc...... des Jacobins. — Lyon, Bettend, 1816, (*Recueil.*) — Essai sur la propriété ou considérations morales et politiques. — Paris, Egron, 1821. (*Recueil.*)	
«	165	**Bergier.** Les élémens primitifs des langues découverts par la comparaison des racines de l'hébreu avec celles du grec, du latin et du français. — Paris, Brocas et Humblot, 1764, 1 vol. in-12, v. f. racin.	1

Lettre du genre de l'ouvrage	Numéros des volumes	B	Nombre total des volumes
«	315	**Bergier.** L'origine des dieux du paganisme et le sens des fables découvert par une explication suivie des poésies d'Hésiode. — Paris, Humblot, 1767, 2 vol. in-12, v. f. racin.	2
«	1092	**Bernard** (F.), abbé de Charte-Livry. Dialogues critiques et philosophiques. — Amsterdam, J.-Fr. Bernard, 1730, 1 vol. in-12, v. f.	1
«	624	**Bernard...** Œuvres, ornées d'une gravure d'après Prudhon. — Paris, Janet et Cotelle, 1823, 1 vol. in-8, dem. rel. v. f.	1
«	437	**Bernatii** (Joannis Georgii lexicon Homericum seu index copiosissimus vocabulorum plerumque omnium, formularumque dicendi complurum, quæ in totâ Iliade Homeri occurrunt, adjectâ subindè interpretatione germanicâ. — Stendaliæ, sumptibus Joh. Chr. Grossii, 1795, 1 vol. in-8, dem. rel. v. vert.	1
«	950	***Bernier.** Anti-menagiana où l'on cherche ces bons mots, cette morale, ces pensées judicieuses et tout ce que l'affiche du Ménagiana nous a promis. — Paris, D'Houry, 1693, 1 vol. in-12, bas. br.	1
«	625	**Bernis** (cardinal de). Œuvres. — Paris, Ménard et Desenne, 1822, 2 vol. in-18, bas. f. racin.	2
«	925	***Béroalde de Verville.** Le moyen de parvenir. — Paris, 1773, 2 vol. en un petit in-12, v. fauve.	1
«	52	**Béronie** (Nicolas). Dictionnaire du patois du bas-Limousin et plus particulièrement des environs de Tulle ; ouvrage posthume publié par J.-A. Vialle. — Tulle, Drappeau, 18??, 1 vol. in-4, dem. rel. v. br.	1
«	626	**Bertin.** Œuvres complètes avec notes et variantes, précédées d'une notice historique sur sa vie. — Paris, Roux-Dufort, 1824, 1 vol. in-8, fig. v. br.	1
I	156	**Bertin** (Th.-P.). Système universel et complet de sténographie, inventé par S. Taylor et adapté à la langue française. — Paris, an IV, 1 vol. in-8, dem. rel. v. br.	1
U	329	**Beuchot.** Bibliographie de la France depuis 1811 jusqu'en 1832, — 35 vol. in-8, dem. rel. bas. br.	35
«	290	**Beuchot.** Dictionnaire des immobiles. — Paris, 1815. (*Recueil.*)	
«	403	**Beuchot.** Éloge de Fénelon. — Lyon, Rusand, 1829. (*Recueil.*)	
«	404	**Beuchot.** Éloge de Pommereul. (*Recueil*).	
«	296	**Beuchot.** Oraison funèbre de Buonaparte. — Paris, 1814. (*Recueil.*)	
		— id. 5me édition. — 1814. (*Recueil.*)	
		— Liberté de la presse. — Paris, 1814. (*Recueil.*)	
I	131	**Bezout.** Cours d'arithmétique ; élémens de géométrie ; algèbre. — Paris, Courcier, 1775-1813, 3 vol. in-8, dem. rel. bas. f.	3
O	316	**Bezæ** (Theodori Vezelii) poemata. — Lugduni Batavorum, 1757, 1 vol. in-12, v. f. écaillé, fil. tr. dor.	1
«	627	**Bignan** (A.). Napoléon ou le glaive, le trône et le tombeau, poëme suivi du siège de Lyon et de plusieurs autres poëmes et de la traduction en vers du premier chant de l'Iliade. — Paris, Galliot, 1825, 1 vol. in-8, dem. rel. v. br.	1
«	747	**Bignan** (A.). Epître à M. Mély-Janin à l'occasion de sa pièce de Louis XI. — Paris, Lecaudet, 1827. (*Recueil.*)	

Lettre du genre de l'ouvrage	Numéros des volumes	B	Nombre total des volumes
O	155	**Bignan** (A.). Epître à un jeune romantique. — 9 août 1831. (*Recueil.*)	
«	849	**Bignan** (A.). Isaure et Olivier, poême. — Paris, 1822. (*Recueil.*) — La Grèce libre, ode. — Paris, 1821. (*Recueil.*)	
«	747	**Bignan** (A.). L'avènement de Charles X, poême lyrique. — Paris, Trouvé, 1825. (*Recueil.*)	
«	628	**Bignan** (A.). Poésies. — Paris, Janet, 1828, 1 vol. in-18, v. br. tr. dor.	1
«	438	**Bignan** (A.). Trois chants de l'Iliade traduits en vers français suivis de quelques fragmens. — Paris, Hubert, 1819, 1 vol. in-18, bas. f. racin.	1
«	317	**Bionis** et **Moschi** quæ supersunt græco-latinè cum notis Johannis Heskin, ex ede Christi. — Oxonii, Clarendon, 1748, 1 vol. in-8, v. f. marbr. (21) N.-B. Edition estimée et peu commune, voy. Brunet.	1
«	164	**Bistac**. Les rudimens de la langue latine, avec des règles pour apprendre facilement et en peu de temps à bien décliner et conjuguer. — Lyon, Rusand, 1801, 1 vol. in-8, bas. f.	1
«	836	**Bitaubé**. Joseph, poème en neuf chants et en prose. — Paris, Hardoin, 1773, 1 vol. in-12, v. br.	1
«	439	**Blackwell** (Thomas). Recherches sur la vie et les écrits d'Homère, traduites de l'anglais par Quatremère-Rossy. — Paris, Nicolle, an VII, 1 vol. in-8, dem. rel. v. noir.	1
«	263	**Blair** (Hugh). Leçons de rhétorique et belles-lettres, traduites de l'anglais par Cantwell. — Paris, Gide, 1797, 4 vol. in-8, bas. f.	4
«	817	***Blanchet**. La Farce de maistre Pathelin (Pierre) avec son testament, à quatre personnages. — Paris, Coustelier, 1723, 1 vol. petit in-8, bas. br.	1
I	40	**Boethii** (Anicii Manlii Torquati Severini). De consolatione philosophiæ libri quinque ex editione Vulpianâ, cum notis et interpretatione, variis lectionibus et notis variorum, etc.... — Londini, Valpy, 1823, 1 vol. in-8, dem. rel. maroq. rouge, non rogné.	1
O	556	**Bogan** (Z.). Homerus hebraïsans sive comparatio Homeri cum scriptoribus sacris quoad normam loquendi, subnectitur Hesiodus homerisans. — Oxoniæ, excudebat H. Hall, 1658, 1 vol. in-12, v. noir.	1
«	630	**Boileau-Despréaux**. Œuvres diverses, avec le traité du sublime ou du merveilleux dans le discours traduit du grec de Longin. — Rotterdam, Estienne Leers, 1697, 2 vol. in-12, bas. br.	2
«	631	**Boileau-Despréaux**. Œuvres, avec des éclaircissements historiques donés par lui-même et rédigés par Brossette, et des remarques et dissertations critiques par M. de Saint-Marc. — Paris, David, 1747, 5 vol. in-8. v. f. racin. (22)	5
«	632	**Boileau-Despréaux**. Œuvres poétiques avec des notes par P.-D. Lebrun. — Paris, Buisson, 1808, 1 vol. in-8, bas. vert.	1
«	633	**Boileau-Despréaux** Œuvres complètes. — Paris, Herhan, 1809, 3 vol. in-12, bas. f. racin. (23)	3

Lettre du genre de l'ouvrage	Numéros des volumes	B	Nombre total des volumes
O	634	**Boileau-Despréaux.** Œuvres, avec un commentaire par M. de Saint-Surin, ornées de douze figures. — Paris, Blaise, 1821, 4 vol. in-8, dem. rel. v. br.	4
«	38	**Boileau-Despréaux.** Œuvres, avec des éclaircissemens historiques donnez par lui-même, édition enrichie de figures gravées par Bernard Picart le Romain. — La Haye, Gosse et Neaulme, 1729, 2 vol. in-folio, v. f. racin.	2
«	1073	**Boisgelin** (card. de). Œuvres, précédées d'une notice sur sa vie et ses écrits. — Paris, Guitel, 1818, 1 vol. in-8, v. f. racin.	1
U	404	**Boissieu** (J.-J. de). Eloge de Servan de Sugny. — Lyon, Barret, 1832. (*Recueil.*)	
O	1060	**Boissonade** (J.-Fr.) Anecdota græca è codd. regiis descripsit, annotatione illustravit. — Parisiis, in regio typographeô, 1829-33, 5 vol. in-8, dem. rel. v. rouge.	5
«	53	**Boiste** (C.-V.). Dictionnaire universel de la langue française, avec le latin et les étymologies, etc..... — Paris, Verdière, 1829, 1 fort vol. in-4, dem. rel. v. f. (Exemplaire interfolié de notes mss. par Dugas-Montbel.)	1
«	433	***Boivin.** Apologie d'Homère et bouclier d'Achille. — Paris, Jouenne, 1715, 1 vol. in-12, bas. br.	1
«	952	**Bolæana,** ou bons mots de M. Boileau, avec les poésies de Sanlecque. — Amsterdam, L'Honoré, 1742, 1 vol. in-12, bas. f. (24)	1
U	404	**Bolo.** Notice sur le maréchal Suchet, duc d'Albuféra. — Lyon, Perrin, 1826, (*Recueil.*)	
«	378	**Bolo** (J.-D.). Petite galerie historique. — Lyon, 1829, 2 vol. in-12, brochés.	2
«	370	**Bolo.** Rapport sur l'état actuel de l'instruction primaire dans le canton de Limonest. — Lyon, Brunet, 1832. (*Recueil.*)	
«	296	**Bonald** (de). Opinion sur le budget de 1816. (*Recueil.*)	
O	1074	**Bonald** (de). Pensées sur divers sujets et discours politiques. — Paris, 1817, Leclerc, 1 vol. in-8, dem. rel. v. br.	1
«	635	**Bonnard** (de). Poésies diverses. — Paris, Desenne, 1791, 1 vol. in-8, v. f. fil. tr. dor.	1
«	155	**Bonnechose** (E.). Mort de Bailly, pièce de vers. — 9 août 1833. (*Recueil.*)	
U	370	**Bonnevie** (abbé de). Discours pour la bénédiction du mariage de M. Courbon de Saint-Genest. — Lyon, Durand et Perrin, 1824. (*Recueil.*)	
O	1150	**Bonnevie** (l'abbé de). Sur Louis XIV et son siècle. — Lyon, Durand et Perrin, 1825. (*Recueil.*)	
I	150	**Bonstetten** (V. de). La Scandinavie et les Alpes, 1826. (*Recueil.*)	
O	1072	**Bordelou.** Bigarures ingénieuses ou diversitez curieuses. — (Paris?) 1695, 1 vol. in-12, bas. br. (Le titre manque).	1
«	54	**Borel** (P.). Trésor des recherches et antiquitez gauloises et françaises, réduites en ordre alphabétique et enrichies de beaucoup d'origines, épitaphes et autres choses rares et curieuses comme aussi de beaucoup de mots de la langue Thyoise ou Theuthsranque. — Paris, Augustin Courbé, 1655, 1 vol, in-4, bas. br. fil. (25)	1

Lettre du genre de l'ouvrage	Numéros des volumes	B	Nombre total des volumes
O	166	**Bos** (Lamberti) ellipses græcæ, cum priorum editorum suisque observationibus edidit Godofr. Henr. Schœfer. — Lipsiæ, Weidmann, 1808, 1 vol. in-8, dem. rel. bas. f. (26)	1
«	955	***Boscheron.** Carpenteriana ou recueil des pensées historiques, critiques, morale et de bons mots de M. Charpentier. — Paris, Morisset, 1741, 1 vol. in-12, v. br.	1
«	992	**Boscheron.** Varillasiana ou ce que l'on a entendu dire à M. Varillas, historiographe de France. — Amsterdam, Zacharie Chastelain, 1734, 1 vol. in-12, v. violet.	1
I	151	**Bosquillon.** Rapport sur un ouvrage intitulé : Antipanacée. 1811. (*Recueil.*)	
O	290	**Bossuet, Fléchier** et autres orateurs. Oraisons funèbres, avec un discours préliminaire et des notices par Dussault. — Paris, Janet, 1820, 4 vol. in-8, fig. dem. rel. v. br.	4
A	10	**Bossuet** (Jacobus Bénignus). Defensio declarationis conventûs cleri gallicani anno 1682 de ecclesiasticâ potestate. — Coloniæ, De Tournes, 1776, 2 tomes en 1 vol. in-4, dem. rel. v. f.	1
U	33	**Bossuet.** Discours sur l'histoire universelle. — Paris, Cramoisy, 1681, 1 vol. in-4, maroq. rouge, fil. tr. dor. (27)	1
O	147	**Bossuet.** Œuvres. — Paris, Ant. Boudet et Coignard, 1748-49, 12 vol. in-4, v. f.	12
A	9	**Bossuet** (Messire J. Bénigne). Sermons. — Paris, Boudet, 1772, 3 vol. in-4, v. f. racin.	3
		— Défense de la déclaration de l'assemblée du clergé de France de 1682, touchant la puissance ecclésiastique. — Amsterdam, 1745, 3 vol. in-4, v. f.	3
		— Œuvres posthumes. — Amsterdam, 1753, 3 vol. in-4, v. f.	3
O	636	**Boton** (P. Masconnois). La Camille, ensemble les rueseries d'un amant désespéré. — Paris, J. Ruelle, 1573, 1 vol. petit in-8, dem. rel. v. f. (Manque.)	0
«	747	**Boucharlat** (J.-L.) Epître à Mathon de la Cour. — Lyon, Barret, 1827. (*Recueil.*)	
«	637	**Boucharlat** (J.-L.). Le jugement dernier, poème en trois chants, imité de Young. — Paris, Lenormant, 1806, 1 vol. petit in-8, dem. rel. v. br.	1
«	318	**Bouchaud.** Antiquités poétiques ou dissertations sur les poètes cycliques et sur la poésie rhythmique. — Paris, Pougens, an VII, 1 vol. in-8. broché.	1
«	777	***Bouchet** (Jean). Les triumphes de la noble et amoureuse dame et l'art de honnestement aymer, composé par le traverseur des voyes périlleuses. — Nouvellement imprimé à Paris, Galliot du Pré, 1545. 1 vol. petit in-8, v. f. fil. (28)	1
«	887	**Bouchet** (G.), juge et consul des marchands à Poictiers. Sérées (livre premier et deuxième.) — Roven, Loudet, 1635, 1 vol. in-8, bas. br. (29)	1
I	86	***Boudier de Villemert.** Pensées philosophiques sur la nature, l'homme et la religion. — Paris, Royez, 1784, 4 vol. in-18, v. écail. fil. tr. dor.	4
O	64	***Bouhours** (le Père). La manière de bien penser dans les ouvrages d'esprit, (dialogues). — Paris, Veuve Mabre-Cramoisy, 1687, 1 vol. in-4, v. br. fil. tr. dor.	1

Lettre du genre de l'ouvrage	Numéros des volumes	B	Nombre total des volumes
U	216	**Boulay** (de la Meurthe). Tableau politique des règnes de Charles II et de Jacques II, derniers rois de la maison de Stuart. — Paris, 1822, 2 vol. in-8, dem. rel. v. f.	2
O	1144	**Boullée** (A.). Note pour servir à l'interprétation d'un distique grec, gravé au bas de la statue de Démosthènes. — Bourg, 1833. (*Recueil.*)	
U	419	**Boullée** (A.). Vie de Démosthènes, avec des notes historiques et critiques et un choix de jugements portés sur son caractère et ses ouvrages. — Paris, Pouilleux, 1834, 1 vol. in-8, broché. N. B. Le titre intérieur est celui-ci mal à propos substitué : Chefs-d'œuvre de Démosthènes et d'Eschine, nouvelle traduction française par l'abbé Jager.	1
A	19	**Bourdaloue**. Sermons pour l'Avent (nouvelle édition). — Paris, Rigaud, 1716, 1 vol.	1
		— Retraite spirituelle. — Paris, Anisson, 1747, 1 vol.	1
		— Sermons pour les festes des Saints, etc..... — Paris, Rigaud, 1723, 2 vol.	2
		— Pensées sur divers sujets de religion et de morale. — Paris, Rollin, 1746, 3 vol.	3
		— Sermons pour les dimanches. — Paris, Rigaud, 1726, 4 vol.	4
		— Sermons sur les mystères. — Paris, Rigaud, 1726, 2 vol.	2
		— Sermons pour le caresme. — Paris, Rigaud, 1716, 3 vol.	3
		— Exhortations et instructions chrétiennes. — Paris, Rigaud, 1721, 2 vol. (En tout : 18 vol. in-12, rel. v. f. dor. s. tr.)	2
O	638	**Bourdigné** (Charles). La légende de maistre Pierre Faifeu, mise en vers. — Paris, Coustelier, 1723, 1 vol. petit in-8, v. f. fil. tr. dor.	1
«	816	***Boursault.** Les fables d'Esope, comédie. — Paris, Th. Girard, 1690, 1 vol. in-12, parchemin.	1
I	105	**Boutard.** Discours sur la profession d'avocat. — 1804. (*Recueil.*)	
O	842	**Boutard, Fontenelle** et **Desfougerets**. Pannard, clerc de procureur, comédie-vaudeville en un acte et en prose. — Paris, Desenne, 1802. (*Recueil.*)	
«	749	**Boutard, Fontenelle** et **Desfougerets.** Pannard, clerc de procureur, comédie-vaudeville. — Paris, Desenne, 1800. (*Recueil.*	
U	217	**Boùtmy** (E.). Une veillée au corps de garde du Palais-Royal, ou Louis-Philippe, roi des Français. — Paris, Everat, 1831, 1 vol. in-12, dem. rel. v. violet.	1
O	55	**Boyer.** Dictionnaire français-anglais et anglais-français tiré des meilleurs auteurs qui ont écrit dans ces deux langues. — Lyon, Bruyset, 1792, 2 vol. in-4, bas. f. racin.	2
«	1075	**Brantôme**. Œuvres, avec des remarques historiques et critiques. — La Haye, 1740, 15 vol. petits in-12, bas. f. racin. (30)	15
U	379	**Brantôme**. Vies des dames illustres. — Leyde, 1722, 1 vol. petit in-12, bas. f. (Manque.)	0
O	1156	**Bréghot du Lut** et **A. Péricaud**. Notice bibliographique sur les éditions et sur les traductions françaises des œuvres de Cicéron. — s. l. n. d. (*Recueil.*)	
U	404	***Bréghot du Lut.** Éloge de J.-B. Poidebard. — Lyon, Barret, 1826. (*Recueil.*)	
		— Notice sur l'abbé Sudan (J.-N.) (*Recueil.*)	

Lettre du genre de l'ouvrage	Numéros des volumes	B	Nombre total des volumes
O	1156	**Bréghot du Lut.** Imitation de Martial. (*Recueil.*)	
U	292	**Bréghot du Lut.** Lettres lyonnaises ou correspondance sur divers points d'histoire et de littérature. — Lyon, Barret, 1826. (*Recueil.*)	
«	218	***Bréghot du Lut.** Mélanges biographiques et littéraires pour servir à l'histoire de Lyon. — Lyon, Barret, 1828, 1 vol. in-8, dem. rel. v. brun.	1
«	219	**Bréghot du Lut.** Nouveaux mélanges biographiques et littéraires pour servir à l'histoire de la ville de Lyon. — Lyon, Barret, 1829-31, 1 vol. in-8, dem. rel. v. br.	1
O	167	**Brerewood.** Recherches curieuses sur la diversité des langues et religions par toutes les principales parties du monde et mises en français par J. de la Montagne. — Paris, Olivier de Varennes, 1640, 1 vol. in-12, bas. br.	1
«	872	**Bretog** (Jean), de Saint-Sauveur de Dyve. Tragédie française à huict personnages; traictant de l'amour d'un serviteur envers sa maistresse et de tout ce qui en advint. (Réimpression faite à Chartres en 1831.) — Lyon, par Noël Grandon, 1571, 1 vol. petit in-8, papier vélin. cart.	1
U	108	**Breton** (J.-B.-J.). Voyage en Piémont. — Paris, Brion, 1803. (*Recueil.*)	
«	21	**Brial, Naudet** et **Daunou.** Recueil des histoires des Gaules et de la France (depuis l'an 1180 jusqu'en 1226.) Tome XIXe. — Paris, Impr. royale, 1833, 1 vol. in-f. dem. rel. bas. f.	1
«	220	**Brienne** (comte de). Mémoires inédits publiés sur les manuscrits autographes, avec un essai sur les mœurs et sur les usages du XVIIe siècle, par F. Barrière. — Paris, Ponthieu, 1828, 2 vol. in-8, dem. rel. v. br.	2
O	4	***Brillant?** (abbé). Dictionnaire universel français et latin contenant la signification et la définition tant des mots de l'une et de l'autre langue, avec leurs différents usages, que des termes propres de chaque état et de chaque profession ; la description de toutes les choses naturelles et artificielles ; leurs figures, leurs espèces, leurs propriétés; l'explication de tout ce que renferment les sciences et les arts, soit libéraux, soit méchaniques, avec des remarques d'érudition et de critique. etc..... — Paris, Libraires associés, 1752, 7 vol. in-folio, v. f. racin.	7
«	929	**Brillat-Savarin.** Physiologie du goût ou méditations de gastronomie transcendante ; ouvrage théorique, historique et à l'ordre du jour. — Paris, Sautelet, 1826, 2 vol. in-8, dem. rel. v. f.	2
«	843	**Brooke.** Rosina, a comic opera in two acts. — London, Cadell, 1788. (*Recueil.*)	
U	45	***Brossette.** Eloge historique ou histoire abrégée de la ville de Lyon ancienne et moderne. — Lyon, Girin, 1711, 1 vol. in-4, bas. br.	1
«	46	***Brossette.** Histoire abrégée ou éloge historique de la ville de Lyon. — Lyon, Girin, 1711, 1 vol. in-4, bas. br. fil.	1
O	440	**Bruce** (William). The state of society in the age of Homer. — Belfast, Hunter, 1827, 1 vol. in-8, cartonné.	1
«	869	**Brumoy** (le Père). Théâtre des Grecs, nouvelle édition enrichie de belles gravures, avec des remarques nouvelles par MM. de Rochefort et du Theil. — Paris, Cussac, 1785-89, 13 vol. in-8, bas. f. racin. fil.	13

Lettre du genre de l'ouvrage	Numéros des volumes	B	Nombre total des volumes
O	1127	***Brune** (M. de la). Mélanges historiques, recueillis et commentez. — Amsterdam, 1718, 1 vol. in-12, bas. br.	1
U	347	**Brunet**. Catalogue des livres rares du cabinet de M***. — Paris, 1811, 1 vol. in-8, dem. rel. maroq. rouge.	1
«	330	**Brunet** (J.-C.). Manuel du libraire et de l'amateur de livres. — Paris, Brunet, 1810, 3 vol. in-8, dem. rel. maroq. rouge.	3
«	331	**Brunet** (J.-C.). Manuel du libraire et de l'amateur de livres. — Paris, 1820, 4 vol. in-8, dem. rel. v. f.	4
«	332	**Brunet** (J.-C.). Nouvelles recherches bibliographiques pour servir de supplément au Manuel du libraire et de l'amateur de livres. — Paris, 1834, 3 vol. in-8. dem. rel. v. br.	3
O	441	**Bruttmann** (Philippe). Lexilogus oder beitrage zur griechischen Worte-Ertlarung hauptsachlich fur Homer und Hesiod. — Berlin, 1825, 1 vol. petit in-8, dem. rel. v. br.	1
«	1004	**Bruys**. Mémoires historiques, critiques et littéraires, avec la vie de l'auteur. — Paris, Hérissant, 1751, 2 vol. in-12, v. f.	2
«	98	**Bryant** (Jacob). A dissertation concerning the war of Troy and the expedition of the Grecians as described by Homer shewing that no such expedition was ever undertaken and that no such city of Phrygia existed. — London, 1799, 1 vol. in-4, dem. rel. v. bl.	1
«	11	**Budæi, Tusani, Constantini** omniumque aliorum, de quibus in postremi authoris et typographi epistolis, Lexicon sive dictionnarium græco-latinum. — Arras, apud Joannem Crispinum, 1562, 1 vol. in-folio, bas. br. (Le frontispice est refait à la plume; il y a de nombreuses notes manuscrites.)	1
I	132	**Buffon**. Histoire naturelle, générale et particulière. — Théorie de la terre. — Histoire de l'homme, des quadrupèdes, des oiseaux, avec supplémens. — Paris, Impr. royale, 1769-89, 45 vol. in-12 avec figures.	45
		— Histoires des minéraux. — Paris, Impr. royale, 9 vol. in-12, 1783-88. En tout : 54 vol. in-12, bas. br. fil. (N° à double emploi, voy. Lacépède.)	9
U	333	**Bure** (G.-F. de). Bibliographie instructive du traité de la connaissance des livres rares et singuliers. — Paris, Debure, 1763-68, 7 vol. in-8, v. écail.	7
I	69	***Burigny** (de). Histoire de la philosophie payenne ou sentimens des philosophes et des peuples payens les plus célèbres, sur Dieu, sur l'âme, et sur les devoirs de l'homme. — La Haye, P. Gosse, 1724, 2 vol. in-12, v. f. (Il y a sur le premier feuillet, une note manuscrite de Dugas-Montbel.)	2
U	288	**Burke** (Edmond). Lettres sur les négociations de la paix ouvertes avec le Directoire. — Paris, (*Recueil*.)	
O	1153	**Burnouf** (E.). De la langue et de la littérature sanscrite. — 1833. (*Recueil*.)	
«	168	**Burnouf** (J.-L.). Méthode pour étudier la langue grecque. — Paris, Delalain, 1813, 1 vol. in-8 rel. parchemin.	1
«	639	**Byron** (Lord). Œuvres complètes, traduites de l'anglais par A.-E. de Chastopalli. — Paris, Ladvocat, 1820, 4 vol. in-8, dem. rel. v. br.	4

Lettre du genre de l'ouvrage	Numéros des volumes	C	Nombre total des volumes
O	1077	**Cabanis.** Œuvres complètes, accompagnées d'une notice sur sa vie et ses ouvrages. — Paris, Bossange, 1823-25, 5 vol. in-8, dem. rel. v. bl. (Dans le 5e volume, on trouve : 1o Lettre sur les poëmes d'Homère ; 2o Fragment de la traduction de l'Iliade.)	5
U	123	**Cæsaris** (Caii Julii) opera omnia ex editione Oberlinianâ cum notis et interpretatione, variis lectionibus, notis variorum, J. Celsi commentariis, etc..... — Londini, Valpy, 1819, 3 vol. in-8, dem. rel. maroq. rouge, non rogné.	3
O	319	**Callimachi** hymni, epigrammata et fragmenta cum notis integris H. Stephani, B. Vulcanii, etc...... quibus accedunt Ezechielis Spanhemii commentarius, et notæ nunc primùm editæ Tib. Hemsterhusii et Dav. Ruhnkenii, edidit atque notas suas adjecit Jo. Aug. Ernesti. — Lugduni Batavorum, Luchtmans, 1761, 2 vol, in-8, v. f. racin. (31)	2
«	320	**Callimachus, Cleanthes, Proclus,** curante Jo. Fr. Boissonade. — Parisiis, Lefebvre, 1824, 1 vol. in-32, dem. rel. maroq. violet.	1
«	321	**Callimaque.** Hymnes ; nouvelle édition avec une version française et des notes par (Laporte du Theil.) — Paris, Imprimerie royale, 1775, 1 vol. in-8, v. viol. fil.	1
«	322	**Callimaque.** Hymnes; nouvelle édition avec une version française et des notes par Laporte du Theil. — Paris, Gail, an III, 1 vol. in-18, v. viol. fil.	1
U	289	**Cannel.** Réponse à un écrit intitulé : Lyon en 1817. — Paris, 1818. (*Recueil.*)	
«	75	**Capicius-Latro** (Josephus), senior Tarentinorum pontifex hoc opus publici juris feci anno ætatis meæ 86, reparatæ verò salutis 1830, de antiquitate et variâ Capiciorum fortunâ. — Neapoli, ex typographiâ et chartariâ Fibreni officinâ, 1830, 1 vol. in-4, v. br. fil. (Note autographe de l'auteur en envoyant cet exemplaire à Dugas-Montbel.)	1
O	804	**Caravellæ** (Joannis) Epirotæ index Aristophanicus ex codice Bodleiano, olim Askeviano, nunc primùm editus. — Oxonii, Clarendon, 1822, 1 vol. in-8, dem. rel. cuir de Russie, non rogné.	1
I	99	**Carlet** (A.). Recueil de maximes et de réflexions morales qui peuvent contribuer à la rectitude de nos actions. — Paris, Baudoin, 1823, 1 vol. in-12 broché.	1
O	511	**Carlet de Marivaux.** Homère travesti ou l'Iliade en vers burlesques, ornée de figures en tailles-douces. — Paris, Prault, 1716, 2 vol. in-12, fig. v. f. fil. tr. dor.	2
U	290	**Carnot.** Mémoire adressé au roi en juillet 1814. (*Recueil.*)	
O	956	**Casauboniana** sive Isaaci Casauboni varia de scriptoribus librisque judicia, observationes sacræ, in utriusque Fæderis loca; animadversiones in annales Baronii ecclesiasticos ineditæ, nunc primùm erutæ a Chr. Wolfio, accedunt duæ Casauboni epistolæ ineditæ, etc..... — Hamburgi, Libezeit, 1710, 1 vol. petit in-8, bas. br.	1
U	46	**Casauboni** (Isaaci) epistolæ insertis ad easdem responsionibus, quotquot hactenùs reperiri potuerunt;.... accedunt huic tertiæ editioni, præter trecentas ineditas epistolas, Isaaci Casauboni vita, ejusdem dedicationes, præfationes, etc..... item,	

Lettre du genre de l'ouvrage	Numéros des volumes	C	Nombre total des volumes
		Merici Casauboni epistolæ, dedicationes præfationes, prolegomena et tractatus quidam rariores, curante Theodoro Janson, ab Almeloveen. — Roterodami, typis Casparis Fritsch et Mich. Bohm, 1709, 1 vol. in-folio, bas. br.	1
O	323	**Catonis** (Dyonisii) disticha de moribus ad filium, cum notis integris Scaligeri, Barthii, Daumii; scholiis atque animadversionibus selectis Erasmi, etc..... quibus accedunt Boxhornii dissertatio,..... recensuit suasque adnotationes addidit Otto Arntzenius, — Amstelædami, Schouten, 1754, 1 vol. in-8, rel. vélin.	1
«	328	**Catulle.** Les noces de Pélée et de Thétis, traduites en vers français par Servan de Sugny. — Paris, Blosse, 1829.	
		— Id. (Second tirage avec des corrections.) — 1 vol. in-8, dem. rel. v. br.	1
«	1156	**Catulle.** Noces de Pélée et de Thétis, poëme, traduit en vers français par Servan de Sugny. — Paris, Blosse, 1829. (*Recueil*).	
«	326	**Catulle.** Poésies traduites en français, suivies des poésies de Gallus et de la Veillée des fêtes de Vénus, avec des notes grammaticales, critiques et littéraires, etc....., par F. Noël. — Paris, Crapelet, 1803, 2 vol. in-8, bas. f.	2
«	327	**Catulle,** traduction (en vers) de Ch.-L. Mollevaut. — Paris, Louis. 1812. 1 vol. in-12, dem. rel. maroq. rouge.	1
«	325	**Catulli** opera omnia ex editione Doeringii in usum Delphini, cum notis variorum. — Londini, Valpy, 1822, 1 vol. in-8, dem. rel. maroq. rouge, non rogné.	1
«	21	**Catulli** Valerii, **Tibulli** Albii, **Propertii** opera omnia quæ exstant, cum variorum doctorum virorum commentariis, notis. observationibus, emendationibus et paraphrasibus; cum indice rerum et verborum copiosissimo, — Lutetiæ, ex officinâ typographicâ Claudii Morelli, 1604, 1 vol. in-folio, rel. parchemin.	1
«	324	**Catullus, Tibullus** et **Propertius,** ex recensione Johannis Georgii Grævii, cum notis integris Jos. Scaligeri, M. Mureti et cum necnon selectis aliorum. — Trajecti ad Rhenum, sumptibus Rudolphi a Zill, 1680, 1 vol. in-8, rel. vélin. (32)	1
U	316	**Caumont** (M. de). Cours d'antiquités monumentales professé à Caen en 1830; (quatrième partie : moyen-âge, architecture religieuse). — Paris, 1831, 1 vol. in-8, broché et atlas in-4, oblong.	2
O	1159	**Caumont** (M. de). Revue normande, publiée sous sa direction. — Caen, 1830-33, 2 vol. in-8, en 6 cahiers brochés.	6
«	593	***Caylus** (comte de). Tableaux tirés de l'Iliade et de l'Odyssée d'Homère et de l'Enéide de Virgile avec des observations générales sur le costume. — Paris, Tilliard, 1757, 1 vol. in-8, v. f. racin.	1
I	119	**Cebetis** Thebani tabula græcè et latinè multis in locis restituta ex mss. codicibus, undè etiam græca in fine reposita ab Jacobo Gronovio. — Amstelædami, apud Henricum Wetstenium, 1689, 1 vol. petit in-8, rel. vélin.	1
U	351	**Cerf** (Filipe le). Bibliotèque historique et critique des auteurs de la Congrégation de Saint-Maure où l'on fait voir quel a été leur caractère particulier, ce qu'ils ont fait de plus remarquab e et où l'on done un catalogue exact de leurs ouvrages et une idée générale de ce qu'ils contiennent. — La Haye, Pierre Gosse, 1726, 1 vol. in-12, bas. br.	1

Lettre du genre de l'ouvrage	Numéros des volumes	C	Nombre total des volumes
O	442	**Cesarotti** (Melchior). Versione litterale dell' Iliade. — Firenze, Molini, 1804-1809, 8 vol. in-8, bas. f. racin.	8
«	1147	**Cèze-Campenne** (le baron de). De la nécessité d'un second Théâtre-Français. — 1833. *(Recueil.)*	
U	289	**Chabrol** (le comte de). Sur les événements de Lyon au mois de juin 1817. — Paris, 1818. *(Recueil.)*	
O	957	**Chamfortiana** ou recueil choisi d'anecdotes piquantes et de traits d'esprit de Chamfort, précédé d'une notice sur sa vie et ses ouvrages. — Paris, Delance, an IX, 1 vol. in-12, cart.	1
«	1155	**Champollion-Figeac**. Notice sur le cabinet des Chartes. — Paris, 1827. — *(Recueil.)*	
		— Correspondance de M. de Bréquigny. — Paris, 1831. *(Recueil.)*	
U	322	**Champollion-Figeac**. — Observations sur les coudées égyptiennes. — Supplément à ces observations. — Notice sur un papyrus grec. — *(Recueil.)*	
«	«	**Champollion** (le jeune). Ecritures égyptiennes, lettres. — Rapport sur la collection égyptienne. *(Recueil.)*	
«	83	**Champollion** (le jeune). Lettres écrites d'Egypte et de Nubie en 1828 et 1829. — Paris, Firmin Didot, 1833, 1 vol. in-8, fig. dem. rel. v. violet.	1
«	84	**Chandler** (Richard). Voyages dans l'Asie-Mineure et en Grèce faits aux dépens de la société des dilettanti, dans les années 1764, 1765, 1766, traduits de l'anglais par Servois et Barbié du Bocage. — Paris, 1806, 3 vol. in-8, dem. rel. maroq. rouge, non rogné.	3
«	404	**Chapeau** (A.). Eloge de J. Raillard. — Lyon, 1828. *(Recueil.)*	
O	642	**Chapelain**. La Pucelle ou la France délivrée, poême héroïque. — Paris, Courbé, 1656, 1 vol. in-8, fig. v. br. racin. fil. (33)	1
«	1005	**Chapelain**. Mélanges de littérature tirez de ses lettres manuscrites. — Paris, Briasson, 1726, 1 vol. in-12, bas. f.	1
I	4	**Chappet** (Prosper). Observations sur le projet de loi relatif au roulage, amendé par la Chambre des pairs et présenté à la Chambre des députés le 23 avril 1833. — 1 cahier in-4, broché. (Sans couverture.)	1
U	55	**Chappet** (Prosper). Observations sur le projet de loi relatif au roulage. — Lyon, 1834, *(Recueil.)*	
O	844	**Chapuit**. Annibal, tragédie en 5 actes et en vers, 1825. — *(Recueil.)*	
«	134	***Chardon de la Rochette** (?) (publié par). La puce de Madame des Roches qui est un recueil de divers poèmes grecs, latins et français composez par plusieurs doctes personnages aux Grands Jours tenus à Poictiers l'an 1579. — Paris, Pour Abel L'Angelier, 1583, 1 vol. in-8, dem. rel. v. vert. (34)	1
«	197	***Chardon de la Rochette**. Le jardin des racines grecques mises en vers français, avec un traité des prépositions et autres particules indéclinables et un recueil alphabétique des mots français tirés du grec soit par allusion, soit par étymologie. — Paris, Esclassan, 1719, 1 vol. in-12, rel. bas. racin.	1
«	1006	**Chardon de la Rochette**. Mélanges de critique et de philologie. — Paris, d'Hautel, 1812, 3 vol. in-8, dem. rel. maroq. rouge.	3

Lettre du genre de l'ouvrage	Numéros des volumes	C	Nombre total des volumes
O	909	***Chariton**. Histoire des amours de Chéréas et de Callirhoé, traduite du grec avec des remarques par (Larcher). — Paris, Ganeau. 1763, 2 vol. en un, in-12, v. f.	1
«	141	**Charitonis** Aphrodisiensis amatoriarum narrationum de Chœreâ et Callirhoe libri VIII, græcè et latinè, publicavit J.-P. Dorville et animadversiones adjecit. — Amstelodami, 1 vol. en 2 parties in-4, v. f. fil. (35)	1
«	888	**Charitonis** Aphrodisiensis de Chœreâ et Callirhoe amatoriarum narrationum libri VIII, græcè et latinè, Jacobus Phil. Dorville publicavit animadversionesque adjecit, Jo. Jac. Reiske latinè vertit. — Lipsiæ, Schwickerti, 1783, 1 vol. in-8, dem. rel. v. f. non rogné.	1
«	978	**Charles.** Bobechiana ou recueil choisi des bons mots de Bobêche. — Paris, Tiger (1800). (*Recueil.*)	
«	849	**Charles** (Ant.). Ode sur le passage des Alpes par l'armée de réserve en 1800. — Paris, 1822. (*Recueil.*) — Laocoon, ode. — Paris, 1819. (*Recueil.*) — Ode sur la religion. — Paris, 1819. (*Recueil.*)	
«	643	**Charles d'Orléans**. Poésies. — Grenoble, Giroud, 1803, 1 vol. in-12, bas. f. racin.	1
U	289	**Charrier-Sainneville.** Compte-rendu des événements qui se sont passés à Lyon. — Paris, 1818. (*Recueil.*)	
I	41	**Charron** (Pierre). De la sagesse, trois livres : nouvelle édition conforme à celle de Bordeaux (1601). — Paris, Chaigneau, 1797, 2 vol. petits in-12, reliés en un, v. vert. tr. dor.	1
O	610	**Chartier** (Alain). Œuvres, nouvellement imprimées, reveües et corrigées oultre les précédêtes impressions. — A Paris, en la grant salle du palais, au premier pillier, en la bouctique de Galliot du Pré, 1529, 1 vol. petit in-12, v. f. fil. (36)	1
«	187	***Chastein** (?). L'enterrement du dictionnaire de l'Académie, ouvrage contenant la réfutation de la réponse de M. de M*** et deux cent quinze remarques critiques, tant sur l'épître et la préface que sur les trois premières lettres du dictionnaire. — s. l. 1697, 1 vol. in-12, bas. br.	1
U	284	**Châteaubriand** (de). De la monarchie selon la Charte. — Paris, 1816. (*Recueil.*)	
O	155	**Châteaubriand** (de). Discours servant d'introduction à l'histoire de France, prononcé pour la réception du duc Math. de Montmorency, le 9 février 1826. — Paris, Firmin Didot, 1826, (*Recueil.*)	
U	124	**Châteaubriand** (de). Etudes ou discours historiques sur la chute de l'empire romain, la naissance et les progrès du christianisme et l'invasion des barbares, suivis d'une analyse raisonnée de l'histoire de France. — Paris, Lefèvre, 1831, 4 vol. in-8, dem. rel. v. f.	4
A	20	**Châteaubriand** (de). Génie du christianisme ou beautés de la religion chrétienne. — Lyon, Ballanche, 1809, 5 vol. in-8, v. br. fil. tr. dor.	5
U	85	**Châteaubriand** (de). Itinéraire de Paris à Jérusalem et de Jérusalem à Paris en passant par la Grèce et revenant par l'Egypte, la Barbarie et l'Espagne. — Paris, Lenormant, 1811, 3 vol. in-8, bas. f. racin.	3

Lettre du genre de l'ouvrage	Numéros des volumes	C	Nombre total des volumes
O	889	**Châteaubriand** (de). Les martyrs ou le triomphe de la religion chrétienne (3me édition). — Paris et Lyon, Lenormant et Ballanche, 1810, 3 vol. in-8, dem. rel. maroq. rouge.	3
U	286	**Châteaubriand** (de). Opinion sur la presse, 1827. — (*Recueil.*) — Du rétablissement de la censure, 1827. — (*Recueil.*) — De la restauration et de la monarchie élective, 1831. — (*Recueil.*)	
«	288	**Châteaubriand** (de). Rapport sur l'état de la France. — Gand, 1815. (*Recueil.*) — De Bonaparte et des Bourbons. — Lyon, 1814. (*Recueil.*) — Réflexions politiques sur quelques écrits du jour. — Paris, 1814. (*Recueil.*)	
«	295	**Châteaubriand** (de). Remarques sur les affaires du moment. — Paris, 1818. (*Recueil.*)	
O	1150	**Chatelain** (F.). Lettres à Eliza sur la mythologie comparée à l'histoire. — 1831. (*Recueil.*)	
U	322	**Chatelain** (F.). Recherches sur la bibliothèque d'Alexandrie. — Bordeaux, 1831. (*Recueil.*)	
O	644	**Chaulieu** et **Lafare**. Poésies. — Paris, Herhau, 1803, 1 vol. in-12, papier vélin, v. f. racin. fil.	1
U	410	**Chazelles** (de). Notice historique sur M. de Boissieu. — Lyon, 1810. (*Recueil.*)	
O	645	**Chénier** (André). Poésies. — Paris, 1820, 1 vol. in-18, v. gris. fil. tr. dor. (Manque.)	0
«	839	**Chénier** (M.-J.). Azémire, tragédie. — Paris, 1787. — Caïus Gracchus, tragédie en 3 actes. — Paris, 1793. — Charles IX ou l'école des rois. — Beaucaire, 1790. — Henry VIII, tragédie en 5 actes. — Paris, 1793. — Jean Calas, tragédie en 5 actes. — Paris, 1793. — Discours prononcé à l'Athénée de Paris le 15 décembre 1806. — Epître à Voltaire. — Paris, 1806. — Les nouveaux saints. — Paris, 1802. Le tout dans le Recueil 839.	
«	1079	**Chénier** (M.-J.). Théâtre précédé d'une analyse par Lemercier. — Paris, Baudoin, 1821, 3 vol. — Tableau historique de la littérature française depuis 1789. — Paris, Baudoin, 1821, 2 vol. En tout : 5 vol. in-18, v. gris. fil. tr. dor.	3 2
«	848	**Cheron**. Le Tartuffe de mœurs, comédie en 5 actes et en vers. — Paris, 1805. (*Recueil.*)	
«	981	***Cherrier** (abbé Claude). Polissoniana ou recueil de turlupinades, quolibets, rébus, jeux de mots, allusions, allégories, pointes, expressions extraordinaires, hyperboles, gasconades et autres plaisanteries, avec les équivoques de l'homme inconnu et la liste des plus rares curiositez. — Amsterdam, Desbordes, 1722, 1 vol. in-12, v. br.	1
I	151	**Chervin**. Pétition adressée à la Chambre des députés au sujet de l'enquête officielle sur la contagion de la fièvre jaune. — Paris, Pinard, 1833. (*Recueil.*)	

Lettre du genre de l'ouvrage	Numéros des volumes	C	Nombre total des volumes
O	646	**Chesnel** (Adolphe de). Le luth des bruyères ou fleurettes poétiques. — Paris. Desauges, 1829, 1 vol. in-8, dem. rel. v. br.	1
«	647	**Chesnel** (Adolphe de). Loisirs d'un anachorète. — (Castelnaudary ?), 1830, 1 vol. in-8, dem. rel. v. f.	1
«	1080	**Chesterfield**. Letters to his son Philip Stanhope, together with several other pieces on various subjects; published by Eugenia Stanhope. — London, Dodsley, 1777, 4 vol. in-8, dem. rel. bas. br.	4
«	958	**Chevræana** ou diverses pensées d'histoire, de critique, d'érudition et de morale, recueillies et publiées par M. Chevreau. — Amsterdam, Lombrail, 1700, 2 vol. petits in-8, bas. br.	2
«	648	**Chillac** (Thimothée de). Les amours d'Angéline et Lauriphile, poésies. — Lyon, Ancelin, 1599, 1 vol. petit in-12, dem. rel. bas. verte.	1
U	6	**Choiseul-Gouffier**. Voyage pittoresque de la Grèce. — Paris, 1782-1809-1822, 2 vol. en trois tomes in-folio, dem. rel. maroq. cuir de Russie, non rogné, avec gravures sur acier et hors texte.	3
«	34	**Choul** (Guillaume du). Discours de la religion des anciens romains, de la castramentation et discipline militaire d'iceux, des bains et antiques exercitations grecques et romaines, illustré de médailles et figures retirées des marbres antiques. — Lyon, Roville, 1581, 1 vol. in-4, rel. parchemin vert.	1
O	157	**Choulant**. De locis Pompejanis ad rem medicam facientibus disserit. — Lipsiæ, Léopold Voss, 1823. (*Recueil.*)	
A	5	**Chrysostomi** (Sancti Joannis) Opera græcè et latinè..... etc..... Fronto ducæus burdegalensis, societatis Jesu, theologus, variantes lectiones ex mss. codicibus erutas selegit, veterem interpretationem editarum olim homiliarum recensuit, aliarum novam edidit, utramque notis illustravit. — Lutetiæ Parisiorum, typis regiis, apud Claudium Morellum, 10 vol. L. Commelin et Cramoisy, 1603-36, rel. en 9 in-fol. v. br. fil. (aux armes de ?)	9
O	443	**Ciampi** (Sebastiano). Riflessioni sulla necessita di studiare li antichi scrittori et sulla vera maniera di far moderno l'antico nel prendere dai loro scritti per il progresso della buona litteratura, con alcune osservazioni intorno al poema Omerico intitolato Iliade o la morte d'Ettore. — Venezia, Adolfo Cesare, 1800, 1 vol. in-8, dem. rel. v. br.	1
«	1156	**Cicéron**. Discours sur la nécessité et les avantages de l'amnistie, traduit en français par A. Péricaud. — Lyon, 1819. (*Recueil.*)	
«	1087	**Cicéron**. La République, avec une traduction française, un discours préliminaire et des dissertations historiques par M. Villemain. — Paris, Michaud, 1823, 2 vol. in-8, dem. rel. v. violet.	2
«	1082	**Cicéron**. Lettres à Atticus avec des remarques et le texte latin de l'édition de Grævius, par M. L. Mongault. — Paris, Delaulne, 1714, 3 vol. in-12, bas. br.	3
«	1083	**Cicéron**. Lettres à Brutus et lettres de Brutus à Cicéron avec une préface critique, des notes et diverses pièces choisies pour servir de supplément à l'histoire et au caractère de Cicéron. — Paris, Barbou, an II, 1 vol. in-12, rel. bas. racin.	1

Lettre du genre de l'ouvrage	Numéros des volumes	C	Nombre total des volumes
O	1084	**Cicéron**. Lettres à ses amis, traduites en français, le latin à coté, avec des avertissements sur chaque livre, des sommaires et des notices sur chaque lettre. — Paris, Coignard, 1704, 4 vol. in-12, bas br.	4
«	1085	**Cicéron**. Œuvres philosophiques, traduites en français. — Paris, Didot jeune, 1796, 8 vol. in-18, bas. br. fil.	8
«	1086	**Cicéron**. Pensées traduites par l'abbé d'Olivet. — Avignon, Chambeau, 1761, 1 vol. in-12, bas. f.	1
«	959	**Ciceroniana** ou recueil des bons mots et apophthegmes de Cicéron, suivis d'anecdotes et de pensées tirées de ses ouvrages, et précédé d'un abrégé de son histoire. — Lyon, Ballanche, 1812, 1 vol. in-8, dem. rel. v. f.	1
«	1081	**Ciceronis** opera ex editione J.-A. Ernesti cum notis variorum. — Londini, Valpy, 1830, 15 vol. in-8, demi rel. maroq. rouge.	15
«	148	**Ciceronis** (Marci Tullii) opera, cum delectu commentariorum edebat Josephus Olivetus. (Editio tertio.) — Genevæ, apud F. Cramer, 1758, 9 vol. in-4, bas. f.	9
«	265	**Ciceronis** (Marci Tullii) quæ vulgò fertur oratio pro Marcello, recognovit, animadversiones selectas superiorum interpretum suasque adjecit Fr. Wolfius. — Berolini, impensis Lagardii, 1802, 1 vol. in-8, v. f. fil. non rogné.	1
«	264	**Ciceronis** (Marci Tullii) quæ vulgò feruntur orationes quatuor : I — Post reditum in Senatu; II — Ad Quirites post reditum ; III — Pro domo suâ ad pontifices ; IV — Ad haruspicium responsis, recognovit, animadversiones integras J. Marklandi et Gesneri suasque adjecit Frid. Aug. Wolfius. — Berolini, impensis Lagardii, 1801, 1 vol. in-8, v. f. fil. non rogné. (37)	1
«	266	**Cicero's** Catilinarian orations from the texte of Ernesti, with some notes by the editor E. H. Barker and with extracts from Andreas Schottus's dissertation, entitled : Cicero a calumniis vindicatus. — London, Longmann, 1829, 1 vol. petit in-8, cartonné. (N° à double emploi, voy. Tacitus.)	1
«	846	**Cicile.** Geneviève de Brabant, tragédie. — Paris, 1793. (*Recueil.*)	
U	323	**Clarac** (le comte de). Mélanges d'antiquités grecques et romaines. Paris, 1830. (*Recueil.*)	
O	330	**Claudiani** opera omnia ex editione P. Burmanni secundi, cum notis variorum. — Londini, Valpy, 1821, 3 vol. in-8, dem. rel. maroq. rouge, non rogné.	3
«	329	**Claudiani** quæ exstant ; Nic. Heinsius recensuit ac notas addidit, post primam editionem alterâ ferè parte nunc auctiores ; accedunt selecta variorum commentaria, accurante C. S. M. D. — Amstelodami, Elzevir, 1665, 1 vol. in-8, rel. vélin, (38)	1
«	331	**Claudien.** Œuvres complettes, traduites en français pour la première fois, avec des notes mythologiques, historiques et le texte latin. — Paris, Dugour et Durand, an VI. 2 vol. in-8, cartonnés, non rognés.	2
«	641	**Claudius** (Antony) ps. pr. Ch. Billet. Chansons et romances. — Lyon, Laforgue, 1829, 1 vol. in-18, cartonné.	1
«	727	**Claudius** (Antony) ps. pr. Ch. Billet. Nouveaux mélanges, discours, anecdotes, poésies. — Paris, Bouland, 1829, 1 vol. in-12, cartonné.	1

Lettre du genre de l'ouvrage	Numéros des volumes	C	Nombre total des volumes
O	727 bis	**Claudius** (Antony). Nouveaux mélanges, anecdotes, poésies. — Paris. 1829, 1 vol. in-12, dem. rel. v. vert.	1
«	727 ter	Id. 1 vol. in-12, v. br.	1
U	294	**Clauzel** (le général). Observations sur quelques actes de mon commandement à Alger. — Paris, 1831. (*Recueil.*)	
«	125	**Clavier.** Histoire des premiers temps de la Grèce, depuis Inachus jusqu'à la chute des Pisistratides. — Paris, Collin, 1809, 2 vol. in-8, dem. rel. bas. verte.	2
«	126	**Clavier.** Histoire des premiers temps de la Grèce, depuis Inachus jusqu'à la chute des Pisistratides, pour servir d'introduction à la descripiion de la Grèce de Pausanias (2e édition). — Paris, Bobée, 1822, 3 vol. in-8, dem. rel. v. br.	3
«	127	**Clavier.** Mémoires sur les oracles des anciens. — Paris, 1818, 1 vol. in-8, bas. f. racin.	1
O	1008	**Clément.** Les cinq années littéraires, ou lettres sur les ouvrages de littérature qui ont paru depuis 1748 jusqu'en 1752. — Berlin, 1755, 2 vol. in-12, bas. br.	2
«	1009	**Clément.** Observations critiques sur la nouvelle traduction en vers français des Géorgiques de Virgile et sur les poêmes des Saisons, de la Déclamation et de la Peinture, suivies de quelques réflexions sur le poême de Psyché. — Genève, 1771, 1 vol. in-8, bas. f.	1
«	794	***Clément** et l'abbé **de la Porte.** Anecdotes dramatiques depuis l'origine des spectacles jusqu'en 1775. — Paris, Duchesne, 1775, 3 vol. petits in-8, bas. f. racin.	3
A	2	**Clementis Alexandrini** opera græcè et latinè quæ exstant, post accuratam D. V. Danielis Heinsii recensionem et breves additas in fine emendationes, etc.....; accedunt diversæ lectiones et emendationes, partim ex veterum scriptis, partim ex hujus ætatis doctorum indicio a Frid. Sylburgio collectæ. — Lutetiæ, apud Carolum Morellum, 1629, 1 vol. in-folio, bas. br. fil.	1
O	169	**Clenardi** (Nicolai) græcæ linguæ institutiones, cum scholiis et praxi Petri Antesignani, a Frid. Sylburgio denuò recognitæ; notationibusque Henr. Stephani, novâ syntaxi,..... auctæ atque illustratæ. — Hanoviæ, typis Wechelianis, 1612, 1 vol. in-12, demi rel. bas. f.	1
«	719	***Clogenson.** Mes souhaits du jour de l'an 1823, poême fugitif en un chant. — Paris, 1823, 1 vol. in-18, papier bleu, v. f. fil.	1
«	753	**Clovis.** La liberté de la presse, discours en vers. — Paris, Delaunay, 1817. (*Recueil.*)	
U	222	**Cochard** (N.-F.). Description historique de Lyon ou notice sur les monumens remarquables et sur tous les objets de curiosité que renferme cette ville. — Lyon, Périsse, 1817, 1 vol. in-12, dem. rel. v. br.	1
«	224	***Cochard** (N.-F.). L'homme de la Roche ou calendrier historique et anecdotique sur Lyon pour 1827, orné du portrait de Jean Cleberg, vulgairement appelé l'Homme de la Roche. — Lyon, Pézieux, 1 vol. in-18, broché.	1
«	223	**Cochard** (N.-F.). Le guide du voyageur et de l'amateur à Lyon ou description historique des monuments, curiosités et établissements publics et particuliers, etc..... — Lyon, Pézieux, 1826, 1 vol. in-18, dem. rel. v. br.	1

Lettre du genre de l'ouvrage	Numéros des volumes	C	Nombre total des volumes
U	404	**Cochard** (N.-F.). Notice historique sur l'abbé Rozier. — Lyon, Ayné, 1832. (*Recueil.*)	
«	213	**Cochard, Grognier** et **Bréghot**. Archives historiques et statistiques du département du Rhône. — Lyon, Barret, 1824-31, 14 vol. in-8, dem. rel. v. vert.	14
«	293	**Cochet**. Essai sur les moyens d'opérer la restauration du Palais de Justice de Lyon, 1831. (*Recueil*)	
		— Reconstruction du Palais de Justice à Lyon, 1830. (*Recueil.*)	
«	286	**Cochrane** (Ch. Stuart). La grande semaine, récit des événements de Paris. — 1830. (*Recueil.*)	
«	285	**Coessin**. Considérations sur l'état religieux et politique de l'Europe. — 1819. (*Recueil.*)	
I	80	***Coessin** (F.-G.). Les neufs livres, suivis de la théorie de l'envahissement et d'un aperçu général de la théorie des formes sociales. — Paris, Leblanc, 1809, 1 vol. in-8, bas. f racin. fil.	1
«	100	**Coessin** (F.-G.). Premier bulletin des enfants de Dieu réunis en familles spirituelles. — Paris, 1829. (*Recueil.*)	
O	650	**Coignet** (F..., de St-Chamond). Le siége de Lyon, poëme dithyrambique, suivi de notes historiques (2me édition). — Lyon, Pézieux, 1825, 1 vol. in-18, v. violet. fil.	1
«	651	**Colardeau**. Chefs-d'œuvre. — Paris, Raymond et Ménard, 1810, 2 tomes en 1 vol. in-12, v. f. fil. tr. dor.	1
«	652	**Colardeau**. Le temple de Gnide, mis en vers. — Paris, Lejay, 17?? 1 vol. in-8, fig. bas. f.	1
A	21	**Collet**. Histoires édifiantes pour servir de lectures aux jeunes personnes de l'un et l'autre sexe. — Paris, Duchesne, 1783, 1 vol. in-12, bas. f.	1
O	653	**Colletet**. Divertissemens. — Paris, Robert Estienne, 1631, 1 vol. in-8, bas. br.	1
I	42	**Collina** (Giuseppe). La Laostenia ovvero dell' imminente pericolo della civilta Europea, e dell' unico mezzo della sua salvezza e rigenerazione. — Parigi, Bossange, 1833, 3 vol. in-8, brochés.	3
O	840	**Collin d'Harleville**. Comédies. — Les Châteaux en Espagne. Paris, 1790. — L'Inconstant, 1787. — Les Mœurs du jour, 1800. — Monsieur de Crac dans son castel, 1798. — L'Optimiste, 1788. — Le Vieillard et les jeunes gens, 1803. — Le Vieux célibataire. 1794. — Le tout en un Recueil, 1 vol. in-8, dem. rel. bas. verte.	1
«	842	**Collin d'Harleville**. Rose et Picard, comédie en un acte et en vers. — Paris, 1795. (*Recueil.*)	
U	227	**Collin de Plancy**. Anecdotes du XIXe siècle ou historiettes inédites, anecdotes récentes, aventures singulières, etc..... — Paris, 1822, 2 vol. in-8, reliés en un, rel. bas. f. racin.	1
«	228	***Colonia** (le P. de). Antiquités de la ville de Lyon ou explication de ses plus anciens monumens, avec des recherches sur les autres choses remarquables qui peuvent attirer l'attention des étrangers. — Lyon, Rigollet, 1733, 2 vol. in-12, reliés en un, dem. rel. v. br.	1

Lettre du genre de l'ouvrage	Numéros des volumes	C	Nombre total des volumes
U	48	**Colonia** (le P. de). Histoire littéraire de la ville de Lyon, avec une bibliothèque des auteurs lyonnais, sacrés et profanes, distribués par siècles. — Lyon, Rigollet, 1728, 2 vol. in-4, bas. br.	2
O	332	**Coluthi** raptus Helenæ recensuit ad fidem codicum mss. ac variantes lectiones et notas adjecit Joannes Daniel a Lennep, accedunt ejusdem adversionum libri tres. — Leovardiæ, ex officinâ Gulielmi Coulon, 1747, 1 vol. in-8, bas. br. (39)	1
«	333	**Coluthus**. L'enlèvement d'Hélène, poëme, revu sur les meilleures éditions critiques, traduit en français, accompagné d'une version latine, du texte grec....., par A. Stanislas Julien. — Paris, Debure, 1823, 1 vol. in-8, dem. rel. cuir de Russie.	1
U	230	**Comines** (Philippe de). Mémoires contenans l'histoire des rois Louis XI et Charles VIII depuis l'an 1464 en 1498. (Edition enrichie de figures et augmentée de plusieurs traittez, contrats, testamens et autres pièces nouvelles, par M. Godefroy.) — Brusselle, Foppens, 1723, 5 vol. in-8, v. f.	5
«	229	**Commines** (Philippe de). Mémoires sur les faicts et gestes abbrégées de Louis XI et Charles VIII, son fils, roys de France, avec deux épistres en la recommendation de l'autheur, le tout reveü et corrigé de nouveau. — En Anvers, Martin Nutius, aux deux Cigoignes, 1597, 1 vol. in-12, bas. br.	1
«	285	**Comte** et **Dunoyer**. Dénonciation d'arrestation et de détention arbitraires, 1817. (*Recueil*.)	
«	«	**Constant** (Benjamin de). De la doctrine politique qui peut réunir les partis en France, 1816. (*Recueil*.)	
I	43	**Constant** (Benjamin). De la religion considérée dans sa source, ses formes et ses développements. — Paris, Bossange, 1824-31, 5 vol. in-8, dem. rel. v. br.	5
«	44	**Constant** (Benjamin). Principes de politique applicables à tous les gouvernements représentatifs et particulièrement à la constitution actuelle de la France. — Paris, 1815, Eymery, 1 vol. in-8, dem. rel. bas. verte. (Nº à double emploi.)	1
O	806	**Constant de Rebecque** (Benjamin). Wallstein, tragédie en cinq actes et en vers, précédée de quelques réflexions sur le théâtre allemand et suivie de notes historiques. — Genève, 1809, 1 vol. in-8, demi rel. bas. verte.	1
«	305	**Constantini** (Cephalontidæ) anthologiæ græcæ libri tres ad editionem Jacobi Reiske expressi ; accedunt interpretatio latina, poetarum anthologicorum notitia, indices necessarii. — Oxonii, Clarendon, 1766, 1 vol. in-8, bas. f.	1
«	1012	***Coquelet** (?). Critique de la Charlatanerie divisée en plusieurs discours en forme de panégyriques, faits et prononcés par elle-même. — Paris, Vᵉ Merge, 1726, 1 vol. in-12, bas. f. N. B. — Cet ouvrage est aussi attribué à F. Denis Camusat et à Mylord Carle. Mais l'opinion générale se porte sur Coquelet. (Barbier, anonym. p. 24, 2ᵐᵉ édit.)	1
«	716	**Coquillart** (Guillaume, official de l'église de Reims). Poésies. — Paris, Coustelier, 1723. (Nº à double emploi, voy. Marot.)	
«	1152	***Coray**. Le signal de la guerre (texte grec). — Alexandrie. (*Recueil*.) N. B. — Sur la feuille de titre se trouvent quatre vers mss. des Perses d'Eschyle . « O enfants des Grecs, (ô païdéss Ellènônn.), etc.....	

Lettre du genre de l'ouvrage	Numéros des volumes	C	Nombre total des volumes
I	107	**Corcelle** (Fr. de). De l'impôt progressif. -- Paris, 1833. (*Recueil.*) Extrait de la *Revue des Deux-Mondes*, 1833.	
U	286	**Corcelle** (Fr. de). Documents pour servir à l'histoire des conspirations, 1831. — (*Recueil.*)	
O	891	**Corke** and **Orrerys**. Letters. — 17?? (le titre manque.) 1 vol. in-8, dem. rel. bas. f.	1
«	848	**Corneille** (Pierre). Cinna, tragédie en 5 actes et en vers. —Paris, 1773. (*Recueil.*)	
«	808	**Corneille** (Pierre.) Œuvres, avec les notes de tous les commentateurs. — Paris, Lefèvre, 1824, 12 vol. in-8, dem. rel. v. f. non rogné.	12
«	843	**Corneille** (Pierre). Rodogune, tragédie. — Paris, 1809. (*Recueil.*)	
«	807	**Corneille** (Pierre). Théâtre, reveü et corrigé et augmenté de diverses pièces nouvelles. — Paris, 1689-90, 4 vol. petits in-12, bas. f.	4
U	400	**Cornelii Nepotis** vitæ excellentium imperatorum, observationibus ac notis variorum, uberioribus illustratæ, accurante Roberto Keuchenio. — Lugduni Batavorum, ex officinâ Hackianâ, 1667. 1 vol. in-8, rel. parchemin.	1
«	401	**Cornelii Nepotis** vitæ excellentium imperatorum ex editione Fischeri cum notis et interpretatione, variis lectionibus, notis variorum. — Londini, Valpy, 1822, 2 vol. in-8, dem. rel. maroq. rouge, non rogné.	2
O	613	***Corrozet** (Gilles). Art poétique françois pour l'instruction de's jeunes studieus et encor peu avancéz en la poésie françoise. — Paris, en la boutcique de Arnoull Angelier, 1548, 1 vol. petit in-8, v. br. fil. tr. dor. non rogné.	1
U	59	**Corsini** (Edvardi) dissertationes IV agonisticæ quibus Olympiorum, Pythiorum, Nemeorum atque Isthmiorum tempus inquiritur ac demonstratur, accedit hieronicarum catalogus. — Florentiæ, 1747, 1 vol. in-4, dem. rel. maroq. rouge.	1
«	282	**Cortambert**. Rapport fait à la Société d'agriculture de Mâcon sur les mémoires envoyés au concours en 1832. (*Recueil*).	
I	152	**Cortambert**. Réponse aux objections contre la vaccine. — Mâcon, Moiroux, an X. (*Recueil.*)	
O	1152	**Coste**. Lettre à M. Millin sur l'origine des diptyques consulaires. — Paris, 1803. (*Recueil.*)	
U	293	**Coste**. De l'ancienne navigation des rivières du Doubs, de la Saône et du Rhône. — 1805. (*Recueil.*)	
I	102	**Cotelle**. Un mot sur le contentieux du Conseil d'Etat. — Paris, 1830. (*Recueil.*)	
O	654	**Cotin**. Œuvres meslées contenant énigmes, odes, sonnets et épigrammes. — Paris, A. de Sommaville, 1659, 2 vol, petits in-12, v. f. racin.	2
«	951	***Cotolendi**. Arliquiniana ou les bons mots, les histoires plaisantes et agréables recueillies des conversations d'Arlequin. — Paris, Delaulne, 1694, 1 vol. in-12, v. f.	1
E	9	**Cottu**. Considérations sur la mise en accusation des ministres. — Paris, 1827, Dupont. (*Recueil.*)	
U	403	**Coulmann**. Éloge de Benjamin Constant. — Avril 1831. (*Recueil.*)	

C

Lettre du genre de l'ouvrage	Numéros des volumes		Nombre total des volumes
O	449	**Coulon** (Ludovici) lexicon Homericum seu accurata vocabulorum omnium quæ in Homero continentur explanatio. — Parisiis, sumptibus Sebastiani Cramoisy, 1643, 1 vol. in-12, bas. f.	1
I	46	**Courier** (Paul-Louis). Collection complète des pamphlets politiques et opuscules littéraires. — Bruxelles, 1826, 1 vol. in-8, dem. rel. v. br.	1
O	1088	**Courier** (Paul-Louis). Mémoires, correspondance et opuscules inédits. — Paris, Sautelet, 1828, 2 vol. in-8, v. br.	2
«	1144	**Courier** (Paul-Louis). Prospectus d'une traduction nouvelle d'Hérodote. — Paris, 1822. (*Recueil.*)	
U	247	**Courier** (Paul-Louis). Simple discours de Paul-Louis Vigneron. — Paris, 1821. — Procès de P.-L. Courier. (*Recueil.*)	
O	182	***Court de Gebelin.** Dictionnaire étymologique et raisonné des racines latines. — Paris, Valleyre, 1780, 1 vol. in-8, v. f. racin.	1
«	655	**Courval-Sonnet.** Œuvres satyriques. (Seconde édition reveüe). — Paris, Boutonné, 1622, 1 vol. in-8. v. f. fil.	1
I	47	**Cousin** (Victor). Cours de philosophie. Introduction à l'histoire de la philosophie. — Paris, Pichon et Didier, 1828, 1 vol. in-8, dem. rel. v. br. N. B. — Ce numéro et le suivant sont, par erreur, réunis sous le titre de Cours de philosophie et numérotés le n° 48 tome I et le n° 47 tome II. Le n° 47 forme un ouvrage complet, tandis qu'il n'y a qu'un vol. du n° 48.	1
«	48	**Cousin** (Victor). Cours de l'histoire de la philosophie. Histoire de la philosophie du XVIIIe siècle. — Paris, Pichon et Didier, 1829, 1 vol. in-8, dem. rel. v. br.	1
«	104	**Cousin** (Victor). Etat de l'instruction primaire dans le royaume de Prusse. — Paris, 1833. (*Recueil.*)	
O	157	**Cousin** (V.). Eunape pour servir à l'histoire de la philosophie d'Alexandrie. — 1822. (*Recueil.*)	
I	17	**Cousin** (Victor). Rapport sur l'état de l'instruction publique dans quelques pays de l'Allemagne et particulièrement en Prusse. (2me partie : Royaume de Prusse). — Paris, Imp. roy., 1832, 1 vol. in-4°, broché.	1
U	128	**Cousin.** Histoire de Constantinople depuis le règne de l'ancien Justin jusqu'à la fin de l'empire, traduit sur les originaux grecs. — Paris, Foucault, 1685, 8 tomes in-12, reliés en 10 vol. bas. br.	10
O	953	**Cousin d'Avalon.** Bonapartiana ou recueil choisi d'anecdotes, de traits sublimes, de bons mots, de saillies, de pensées ingénieuses, de réflexions profondes de Napoléon Bonaparte, avec un aperçu des actions les plus belles et les plus éclatantes de sa vie. — Paris, Corbet, 1829, 1 vol, in-18, dem. rel. v. f.	1
«	960	**Cousin d'Avalon.** Diderotiana ou recueil d'anecdotes, bons mots, plaisanteries, réflexions et pensées de Denis Diderot, suivi de quelques morceaux inédits de ce célèbre encyclopédiste. — Paris, Lebel et Guitel, 1811, 1 vol. in-18, bas. f. racin.	1

Lettre du genre de l'ouvrage	Numéros des volumes	C	Nombre total des volumes
O	965	***Cousin d'Avalon** (?) Gastronomiana ou recueil curieux et amusant d'anecdotes, bons mots, plaisanteries, maximes et réflexions gastronomiques, entremêlé de chansons et propos de table propres à égayer la fin d'un repas. — Paris, Favre. (Cet ouvrage est signé C. D.).	
		— Merdiana ou manuel des.........!!!; recueil propre à certain usage. — Merdianapolis! En tout : 1 vol. in-18, dem. rel. bas. verte.	1
«	966	**Cousin d'Avalon.** Genlisiana ou recueil d'anecdotes, bons mots, etc......, de Mme de Genlis. — Paris, 1820.	
		— Staelliana ou recueil d'anecdotes, bons mots, etc......, de Mme de Stael. — Paris, 1820, 1 vol. in-18, dem. rel. bas. violet.	1
«	948	**Cousin d'Avalon.** Genlisiana ou recueil d'anecdotes de Mme de Genlis. — Paris, 1820. (*Recueil*).	
		— Grégoireana ou résumé général de la conduite de H. Grégoire. — Paris, Plancher, 1821. (*Recueil.*)	
«	982	**Cousin d'Avalon.** Pradtiana ou recueil des pensées, réflexions et opinions politiques de M. l'abbé de Pradt. — Paris, Plancher, 1820, 1 vol. in-18, dem. rel. bas. violet.	1
		(No à double emploi, voy. Anglès.)	
«	983	**Cousin d'Avalon.** Rousseana ou recueil d'anecdotes, bons mots, maximes, pensées et réflexions de J.-J. Rousseau, enrichi de notes et de quelques pièces inédites de ce célèbre philosophe. — Paris, 1810, 1 vol. in-18, bas. f.	1
		— Voltairiana, ou recueil des bons mots, etc......, de Voltaire. — Paris, 1819. (Même volume.)	
«	1023	***Cramail** (comte de). Les illustres proverbes nouveaux et historiques expliquez par diverses questions curieuses et morales en forme de dialogue, qui peuvent servir à toutes sortes de personnes pour se divertir agréablement dans les compagnies, divisez en deux tomes. — Paris, Perpingué, 1665, 2 vol. petits in-12, v. f. fil. tr. dor.	2
«	1155	**Crapelet.** Précis historique et littéraire sur Eustache Deschamps. — Paris, 1832. (*Recueil.*)	
		— Des ouvrages inédits de la littérature française du moyen-âge. — 1834. (*Recueil.*)	
«	809	**Crébillon.** Œuvres complettes; édition ornée de gravures sur acier. — Paris, Libraires associés, 1785, 3 vol. in-8, v. f. fil. tr. dor.	3
«	930	***Crétin Guillaume** (?). Les quinze joyes de mariage, ouvrage très-ancien auquel on a joint le blason des fausses amours, le loyer des folles amours et le triomphe des muses contre Amour. — La Haye, Rogissart, 1734, 1 vol. petit in-8, v. f. racin.	1
«	636	**Crétin Guillaume.** Poésies. — Paris, Coustelier, 1723, 1 vol. petit in-8, bas. br.	1
U	129	**Creuzer** (Frédéric). Religions de l'antiquité considérées principalement dans leurs formes symboliques et mythologiques, ouvrage traduit de l'allemand, refondu en partie, complété et développé par J.-D. Guignaut. — Paris, Treuttel et Wurtz, 1825-29, 3 vol. in-8, et 1 cahier de planches, dem. rel. v. br.	4

Lettre du genre de l'ouvrage	Numéros des volumes	C	Nombre total des volumes
U	352	**Crevier**. Histoire de l'Université de Paris depuis son origine jusqu'en l'année 1600. — Paris, Desaint et Saillant, 1761, 7 vol. in-12, v. racin.	7
«	130	**Crevier**. Histoire des empereurs romains depuis Auguste jusqu'à Constantin. — Paris, Firmin Didot, 1824-1828, 9 vol. in-8, dem. rel. v. br.	9
I	82	**Cristophe**. Opinion sur les prohibitions de la liberté du commerce. — Paris, 1830, 1 vol. in-12, cartonné.	1
O	450	**Croesii** (Gerardi) historia Hebræorum ab Homero hebraïcis nominibus ac sententiis conscripta in Odysseâ et Iliade. — Dordraci, Goris, 1704, 1 vol. in-8, v. br.	1
«	1013	**Cunæi** (Petri) animadversionum liber in Nonni Dionysiaca, in quo quid sit de hujus autoris virtutibus et vitiis habendum, ostenditur. Danielis Heinsii dissertatio de Nonni Dionysiacis et ejusdem paraphrasi; Jos. Scaligeri conjectanea. — Lugduni Batavorum, Elzevir, 1610, 1 vol. in-8. rel. parchemin.	1
«	100	**Cuper** (Gisbert). Apotheosis vel consecratio Homeri sive lapis antiquissimus in quo poetarum principis Homeri consecratio sculpta est, commentario illustratus a Cupero. — Amstelodami, apud Henricum et viduam Boom, 1683, 1 vol. in-4, dem. rel. bas. f.	1
«	1090	**Cyrano-Bergerac**. Œuvres diverses. — Rouen, Ant. Ferrand, 1663, 2 vol. en un in-12, bas. br.	1

Lettre du genre de l'ouvrage	Numéros des volumes	D	Nombre total des volumes
I	18	**Dabas**. Thesis philosophica. — Paris, 1832. (*Recueil.*)	
O	171	**Dacier** (Madame). Des causes de la corruption du goust. — Paris, Rigaud, 1714, 1 vol. in-12, bas. br.	1
«	172	**Dacier** (Madame). Des causes de la corruption du goust. — Amsterdam, Pierre Humbert, 1715, 1 vol. in-12, rel. vélin.	1
«	451	**Dacier** (Madame). Homère défendu contre l'apologie du R. P. Hardouin ou suites des causes de la corruption du goust. — Paris, Coignard, 1716, 1 vol. in-12, bas. br.	1
U	409	**Dacier**. Notice historique sur la vie et les ouvrages de M. Anquetil, 1810. — Id. 1810 sur Anquetil. — Notice sur la vie et les ouvrages de Choiseul-Gouffier, 1819. (*Recueil.*)	
«	403	**Dacier**. Éloge du marquis Garnier. (*Recueil.*)	
I	39	**Dacier** et ***Grou** (?). Bibliothèque des anciens philosophes contenant la vie de Pythagore, les symboles, la vie d'Hériclès et les vers dorés. — Paris, Saillant et Nyon, 1771, 9 vol. in-12, veau violet.	9
O	56	**Damm** (Christiani Tobiæ) Novum lexicon græcum etymologicum et reale cui pro basi substratæ sunt concordantiæ et elucidationes Homericæ et Pindaricæ cum indice universali alphabetico. — Berolini, Chr. Fr. Vossius, 1765, 1 vol. in-4, bas. f. racin. (40)	1
«	1152	**Dandolo** (A.), Discorso a Greci dell' Ionio. — Parigi. 1817. (*Recueil.*)	
U	60	**Danetii** (Petri) Dictionnarium antiquitatum romanarum et græcarum in usum serenissimi Delphini, etc...... — Lutetiæ Parisiorum, apud Viduam Claudii Thiboust, 1698, 1 vol. in-4, bas. br.	1
O	57	**Danetii** (Petri) magnum dictionnarium latinum et gallicum ad pleniorem planioremque scriptorum latinorum intelligentiam. — Lugduni, Deville, 1739, 1 vol. in-4, bas.	1
«	1149	**Dankousky** (Gr.). Homerus slavicis dialectis cognata lingua scripsit, ex ipsius carmine Homeri ostendit (Dankousky). — Iliados liber 1 (v. 1-203.) — Vindobonæ, Heubuer, 1829-1830. (*Recueil.*)	
«	657	**Dante Alighieri**. La divina comedia già ridotta a miglior lezione ed ora accuramente emendata, ed accresciuta di varie lezioni tratte da un antichissimo codice. -- Livorno, Thomaso Masi, 1807-1813, 4 vol. in-8, rel. vélin.	4
«	658	**Dante Alighieri**. L'enfer, traduit en français par A.-F. Artaud. — Paris, F. Didot, 1828, 3 vol. in-32, dem. rel. v. br.	3
«	659	**Dante Alighieri**. L'enfer, le purgatoire, le paradis, traduits en français par A.-F. Artaud. — Paris, F. Didot, 1828-1830, 9 vol. in-32, dem. rel. v. bl.	9
«	846	**Dantilly**. École de l'adolescence, comédie. — Paris, 1789. (*Recueil.*)	
«	173	**Darbois** (L.-F.). Dictionnaire des dictionnaires pour apprendre plus facilement et pour retenir pluspromptement l'orthographe et le français. -- Paris, 1830, 1 vol. in-8, dem. rel. veau lilas.	1
I	18	**Daru** (le comte). Notions statistiques sur la librairie. — Paris, 1827. (*Recueil.*)	
O	954	**Dauneur**. Ivrogniana ou bons mots, etc......., d'ivrognes. — Paris, 1804. (*Recueil.*)	

Lettre du genre de l'ouvrage	Numéros des volumes	D	Nombre total des volumes
U	322	**David** (Em.). Essai sur le classement chronologique des sculpteurs grecs les plus célèbres. (*Recueil.*)	
O	175	**David** (J.). Méthode pour étudier la langue grecque moderne. — Paris, Lequieu, 1821, 1 vol. in-8, bas. f. racin.	1
«	174	**David** (J.). Parallèle de la langue grecque ancienne et de la langue grecque moderne. — Paris, Eberhart, 1820, 1 vol. in-8, dem. rel. bas. br.	1
«	1014	**Dawesii** (Ricardi) miscellanea critica typis quartum excusa prodeunt ex recensione et cum notis Thomæ Kidd. — Cantabrigiæ, Smith, 1817, 1 vol. in-8, maroq. violet, non rogné.	1
U	286	**Dechèque**. La charte constitutionnelle traduite en grec moderne. — 1821. (*Recueil.*)	
O	1091	**Deffand** (Madame du). Lettres à Horace Walpole, écrites dans les années 1766 à 1780, auxquelles sont jointes des lettres de Madame du Deffand à Voltaire, écrites dans les années 1759 à 1775. — Paris, Ponthieu, 1827, 4 vol. in-8, dem. rel. v. bl.	4
U	408	**Dégérando**. Éloge de Dumarsais. — Paris, 1805. (*Recueil.*)	
O	177	**Dehèque** (F.-D.). Dictionnaire grec moderne français. — Paris, Trettel et Wurtz, 1825, 1 vol. grand in-18, dem. rel. v. br.	1
«	661	**Deimier** (de). L'académie de l'art poétique où par amples raisons, démonstrations, nouvelles recherches, examinations et authoritez d'exemples, sont vivement éclaircis et déduicts les moyens par où l'on peut parvenir à la vraye et parfaicte connoissance de la poésie française ; dédié à la royne Marguerite. — Paris, Jean de Bordeaulx, 1610, 1 vol. in-12, v. f.	1
U	342	**Delandine**. Catalogue des livres doubles de la bibliothèque de Lyon. — Lyon, Rusand, 1831, 1 vol. in-8, dem. rel. bas. br.	1
«	353	**Delandine**. Catalogue des livres de la bibliothèque de Lyon, avec des remarques littéraires et bibliographiques..... — Paris, Renouard, 1811-1818, 8 vol. in-8, dem. rel. v. br.	8
«	354	**Delandine**. Catalogue des livres doubles de la bibliothèque de Lyon. — Lyon, Rusand, 1831, 1 vol. in-8, dem. rel. v. br.	1
«	355	**Delandine**. Mémoires bibliographiques et littéraires. — Lyon, 1818, 1 vol. in-8, dem. rel. bas. verte.	1
«	233	**Delandine**. Tableaux des prisons de Lyon pour servir à l'histoire de la tyrannie de 1792 et 1793. — Lyon, Daval, 1797, 1 vol, in-12, dem. rel. v. vert.	1
O	1155	**Delarue**. Recherches sur les ouvrages des bardes de la Bretagne armoricaine. — Caën, Poisson, 1815. (*Recueil.*)	
U	62	***Delaverdy**. Tableau général raisonné et méthodique des ouvrages contenus dans le recueil des mémoires de l'Académie des Inscriptions et Belles-Lettres depuis sa naissance jusques et y compris l'année 1788. — Paris, Pierre Didot, 1791, 1 vol. in-4, bas. br.	1
O	662	**Delavigne** (Casimir). Messéniennes et poésies diverses. — Paris, Ladvocat, 1823, 1 vol. in-18, fig. broché.	1
I	105	**Delécluze** (E.-J.). Le Vatican, extrait des lettres écrites d'Italie en 1824. — Soirée chez Madame Martinelli à Rome. — Marco Polo, 1832. — Le Pécorone, 1832. — Dante était-il hérétique?... 1834. — Æneas Sylvius Piccolomini, Pie II. Le tout dans le Recueil 105.	

Lettre du genre de l'ouvrage	Numéros des volumes	D	Nombre total des volumes
O	893	**Delécluze** (E.-J.). Mademoiselle Justine de Liron et le mécanicien du roi, nouvelles. — Paris, Gosselin, 1832, 1 vol. in-8, dem. rel. v. violet.	1
«	892	**Delécluze** (E.-J.). Roméo et Juliette, nouvelle de Luigi da Porta, traduite en français et suivie de quelques scènes traduites de la Juliette de Shakespeare. — Paris, Sautelet, 1827, 1 vol. in-12, dem. rel. v. br.	1
«	664	**Delille** (Jacques). Dithyrambe sur l'immortalité de l'âme, suivi du passage du Saint-Gothard, poëme traduit de l'anglais de la duchesse de Devonshire. — Paris, Giguet et Michaud, 1802, 1 vol. in-18, broché.	1
«	664	**Delille** (Jacques). L'homme des champs ou les Géorgiques françaises. — Strasbourg, Levrault, 1800, 1 vol. in-18, fig. v. f. fil. tr. dor.	1
U	234	**Delorme**. Recherches sur les aqueducs de Lyon construits par les Romains. — Lyon, Delaroche, 1760. 1 brochure in-12. (Il y a un avertissement manuscrit.)	1
U	294	**Delort** (J.-R.). Notes sur l'ouvrage du général Berthezène intitulé : Dix-huit mois à Alger. — Paris, 1834. (*Recueil.*)	
O	76	**Demetrii Phalerei** de elocutione sive dictione rhetorica, græcolatinè. — Glasguæ, ex officinâ Roberti Foulis, 1743, 1 vol. petit in-4, rel. v. f. fil. tr. dor.	1
«	295	**Demetrius Phalereus, Tiberius** rhetor, **Severus** Alexandrinus, anonymus sophista, rhetores selecti, græcè et latinè. — Oxonii, Sheldon, 1676, 1 vol. in-8, v. br.	1
I	152	**Demonville**. Sur les réfractions astronomiques, 1833. (*Recueil.*)	
«	133	**Demonville**. Vrai système du monde, précédé de la question de longitude sur mer, suivi d'un mémoire explicatif des phénomènes de l'aiguille aimantée. — Paris, 1833, 1 vol. in-8, broché.	1
O	272	**Démosthène** et **Eschine**. Œuvres complètes traduites en français, avec des remarques sur les harangues et plaidoyers de ces deux orateurs, précédées d'un discours préliminaire sur l'éloquence, etc....., par l'abbé Auger. — Paris, Crapart, 1788, 6 vol. in-8, bas. f. fil.	6
«	296	**Demosthenes'** select orations (græcè) with notes critical, etc..... by E.-H. Barker. — London, Boldwin, 1830, 1 vol. in-8, cartonné.	1
«	268	**Demosthenis** oratio de Coronâ accuratè emendata, argumento locupletata et partibus distincta. — Parisiis, Aumont, 1769, 1 vol. in-12, bas. f.	1
«	269	**Demosthenis** oratio adversùs Leptinem cum scholiis veteribus in commentario perpetuo, accedit Ælii Aristidis declamatio ejusdem Caussæ, curâ Fr. Wolfii. — Halis Saxonum, 1789, 1 vol. in-8, v. f. fil.	1
«	270	**Demosthenis** oratio de pace, græcè, accedunt notæ, scholia et Andreæ Dunæi prælectiones, curavit Christianus Daniel Beckus. — Lipsiæ, Schæffer, 1799, 1 vol. in-12, bas. marbr (41)	1
«	271	**Demosthenis** philippicæ orationes V et Libanii Demosthenis ejusdem argumenta ex recensione Bekkeri cum tribus codd. mss. collata, illustravit Joannes Theodorus Wœnnel. — Francofurti, in officinâ Brœnneriâ, 1829, 1 vol. in-12, dem. rel. v. violet.	1

Lettre du genre de l'ouvrage	Numéros des volumes	D	Nombre total des volumes
O	267	**Demosthenis** quæ supersunt è bonis libris a se emendata edidit J.-J. Reiske; editio correctior curante Godofr. Henrico Schæffero. — Londini, Black, 1822-26, 3 vol. in-8.	3
		— Apparatus criticus et exegeticus ad Demosthenem et indices (ab eodem editore), 1823-27, 6 vol. in-8. En tout : 9 vol. in-8, rel. v. br. fil.	6
«	18	**Demosthenis** et **Æschinis** principum Græcæ oratorum opera cum utriusque autoris vitâ et Ulpiani commentariis novisque scholiis......, variis lectionibus adaucta, annotationibus illustrata per Hieronymum Wolfium, etc..... — Francofurti, apud Claudium Marnium et hæredes, 1604, 1 vol. in-folio, v. f.	1
«	291	**Demosthenis, Æschinis, Dinarchi, Lysiæ, Isæi,** etc......., oratorum græcorum, quorum princeps est Desmosthenes, quæ supersunt monumenta ingenii è bonis libris a se emendata, materiâ criticâ, commentariis integris variorum et suis edidit Jo. Jac. Reiske. — Lipsiæ, Sommer, 1770, 12 vol. in-8, v. br. fil.	12
«	848	**Demoustier**. Le conciliateur aimable, comédie en 5 actes et en vers. — Paris, 1793. (*Recueil.*)	
U	35	**Denys d'Halicarnasse**. Les antiquitez romaines, traduites du grec par le P. Gabriel François Lejay, avec des notes historiques, critiques et géographiques. — Paris, Grégoire Dupuis, 1722, 2 vol. in-4, v. f.	2
«	291	**Deplace** (G.-M.). De la persécution de l'Eglise sous Bonaparte. — Lyon, 1814. (*Recueil.*)	
«	235	**Depping** (G.-B.). Histoire des expéditions maritimes des Normands et de leur établissement en France au dixième siècle. — Paris, 1826, 2 vol. reliés en un, in-8, dem. rel. v. f.	1
O	667	**Desborde-Valmore** (Madame). Poésies. — Paris, Th. Grandin, 1822, 1 vol. in-18, cartonné.	1
«	131	**Deschamps** (Eustache). Poésies morales et historiques, publiées pour la première fois avec un précis historique et littéraire sur l'auteur, par C.-A. Crapelet. — Paris, Crapelet, 1832, 1 vol. in-4, papier vélin...., cartonné.	1
«	747	**Deschamps** (Emile). Retour à Paris, 1832. (*Recueil.*)	
U	380	**Des Essarts** (N.-L.M.). Les siècles littéraires de la France ou nouveau dictionnaire historique, critique et bibliographique de tous les écrivains français, morts et vivants, jusqu'à la fin du XVIIIe siècle. — Paris, 1800-1801, 6 vol. in-8, bas. f. racin. fil.	6
O	183	***Desfontaines** (abbé). Dictionnaire néologique à l'usage des beaux esprits du siècle, avec l'éloge historique de Pantalon-Phœbus, augmenté de plusieurs articles et documents. — Amsterdam, Michel-Charles Lecène, 1728, 1 vol. in-12, v. f.	1
I	151	**Desguidi** (S.). Lettre aux médecins français sur l'homœopathie. — 1832. (*Recueil.*)	
O	668	**Desmarets** (J.). Clovis ou la France chrestienne, poëme héroïque. — Leyde, Elzévir, 1657, 1 vol. in-12, dem. rel. v. bl. (42)	1
«	1015	**Desmolets.** Mémoires de littérature et d'histoire. — Paris, Nyon, 1749, 11 vol. in-12, v. f.	11
«	669	**Desportes** (Philippes). Les premières œuvres, (au Roy de France et de Polongne), reveües, corrigées et augmentées outre les précédentes impressions. — Paris, Mangnier, 1587, 1 vol. petit in-12, v. br. fil.	1

Lettre du genre de l'ouvrage	Numéros des volumes	D	Nombre total des volumes
U	403	**Despréaux** (S.). Éloge de Desaix (*Recueil.*)	
O	475	**Desterlin de Sainte-Palaye.** Essay de poésies. — Paris, 1723. (*Recueil.*)	
U	289	**Desuttes.** Réponse à un écrit intitulé : Lyon en 1817. — Paris, Dentu, 1818. (*Recueil.*)	
O	180	**Devarii** (Mathæi) liber de græcæ linguæ particulis edidit Reinholdus Klotz. — Lipsiæ, 1835-1840, 3 parties en un vol. in-8, dem. rel. v. f.	1
«	132	**Devonshire** (la duchesse de). Passage du mont Saint-Gothard, poème traduit de l'anglais par l'abbé Delille. — Paris, lithographie de Lasteyrie. — 18?? 1 vol. in-4, cart. (Il y a une lettre de la duchesse de Devonshire à Dugas-Montbel en lui envoyant ce volume.)	1
«	101	**Dictys Cretensis** et **Dares Phrygius** de bello et excidio Trojæ, in usum Delphini, cum interpretatione Annæ Daceriæ; accedunt in hâc novâ editione notæ variorum integræ........, dissertationem de Dictye Cretensi præfixit J. Perizonius. — Amstelædami, apud Georgium Gallet, 1702, 1 vol. in-4, rel. vélin.	1
«	453	**Dictys Cretensis** et **Dares Phrygius** de bello Trojano ex editione S. Artopæi cum notis variorum. — Londini, Valpy, 1825, 2 vol. in-8, dem. rel. maroq. rouge, non rogné.	2
I	18	**Didot** (Pierre). Essai d'un nouveau caractère offrant un essai lyrique. — Paris, 1821. (*Recueil.*)	
U	102	**Didot** (Firmin). Notes d'un voyage fait dans le Levant en 1816 et en 1817. Paris, Firmin Didot, 1 vol. in-8, dem. rel. v. f.	1
O	670	**Didot** (Firmin). Poésies et traductions en vers. — Paris, Didot, 1822, 1 vol. in-12, papier vélin, v. f. fil.	1
«	671	**Didot** (Firmin). Poésies, suivies d'observations littéraires et typographiques sur Robert et Henri Estienne. — Paris, Didot, 1834, 1 vol. in-8, broché.	1
«	1144	**Didot** (Firmin). Prospectus de la collection des auteurs grecs avec la traduction française en regard. — Paris, 1826. (*Recueil*).	
I	24	**Didot** (Pierre). Spécimen des nouveaux caractères de la fonderie et de l'imprimerie de P. Didot l'aîné, dédié à Jules Didot fils, (ou recueil de poésies donnant les spécimens des lettres.) — Paris, P. Didot, 1819, 1 vol. in-4, cartonné.	1
U	359	**Didot** (A.-F.). Sur la situation de l'imprimerie, de la librairie. 1831. (*Recueil*,)	
O	126	***Didymi** scholia in Homeri Iliadem vetusta, græcè. — Romæ, 1517, 1 vol. in-4, v. f.	1
«	985	**Dinouart.** Santoliana, ouvrage qui contient la vie de Santeul, ses bons mots, son démêlé avec les Jésuites, ses lettres, ses inscriptions et l'analyse de ses ouvrages. — Paris, Nyon, 1764, 1 vol. in-12, bas. f.	1
U	7	**Diodori Siculi** bibliothecæ historicæ libri qui supersunt, græcè et latinè, cum notis variorum edidit Wesselingius. — Amstelædami, Weisten, 1745, 2 vol. in-folio. v. f. fil. tr. dor. (43)	2
«	381	**Diogène de Laërte.** Les vies des plus illustres philosophes de l'antiquité avec leurs dogmes, leurs systèmes, leur morale et leurs sentences les plus remarquables, traduites du grec. — Amsterdam, Schneider, 1758, 3 vol. in-12. v. violet, fil.	3

Lettre du genre de l'ouvrage	Numéros des volumes	D	Nombre total des volumes
U	76	**Diogenis Laertii** de vitis, dogmatibus et apophthegmatibus clarorum philosophorum libri X, græcè et latinè, cum subjunctis integris annotationibus variorum, latinam Ambrosii versionem complevit et emendavit Marcus Meibonius. — Amstelædami, Henr. Wetstein, 1692, 2 vol. in-4, v. f. (44).	2
«	8	**Dionis Cassii Coceiani** historiæ romanæ libri XLVI, partim integri, partim mutili, partim excerpti, Joannis Leunclavii studio tàm aucti quàm expoliti,...... accedunt Roberti Stephani, etc...... notæ. — Hanoviæ, typis Wechelianis, 1606, 1 vol. in-folio. bas. f.	1
O	19	**Dionis Chrysostomi** orationes LXXX cum vetustis codd. manuscriptis reg. bibliothecæ, sedulo collatæ, eorumque ope ab innumeris mendis liberatæ, restitutæ, auctæ, Photii excerptis Synesiique, censurà illustratæ; ex interpretatione Thomæ Nageorgi, accuratè recognità, recentatà et emendatà Fed. Morelli operà, cum Isaaci Casauboni diatribâ et Morelli scholiis. — Lutetiæ, Cl. Morell, 1604, 1 vol. in-folio, v. f. (45)	1
«	273	**Dionysii Halicarnassensis** ars rhetorica, emendata, novâ versione latinâ et commentario illustrata auctore H.-A. Schott. — Lipsiæ. 1804, 1 vol. in-8, dem. rel. v. f.	1
«	185	**Dionysii Halicarnassensis** de compositione verborum liber, græcè et latinè. cum priorum editorum suisque annotationibus edidit Godofr. Henricus Schæffer. — Lipsiæ, Weidmann, 1808, 1 vol. in-8, v. f. fil. tr. dor.	1
«	1093	**Dionysii Halicarnassensis** opera omnia, græcè et latinè, cum annotationibus variorum et suis edidit J.-J. Reiske. — Lipsiæ, Weidman, 1774-1777, 6 vol. in-8, v. f. marbré. (46)	6
I	23	**Dioscoride** (Ped. Anazarbeen). Les six livres de la matière médicinale; enrichiz de très-utiles annotations, sur chacun chapitre, tant des qualitez et vertuz des simples médicamens, que des remèdes à toutes les maladies qui peuvent avenir au corps humain; reveüs et corrigez, outre les précédentes impressions, mis en françois par Martin Mathee, médecin. — A Lyon, pour Loys Cloquemin, 1580, 1 vol. in-4, bas. f.	1
«	134	**Dioscoridis** libri octo, græcè et latinè; castigationes in eosdem libros. — Parisiis, apud Petrum Haultinum, viâ Jacobæâ, sub signo caudæ Vulpinæ, 1549, 1 vol. in-8, v. f.	1
O	335	**Draconis** (Stratonicensis) liber de metris poeticis, Joannis Tzetzæ exegis in Homeri Iliadem, primum edidit et indices addidit Godofredus Hermannus. — Lipsiæ, sumptibus Jo. Aug. Gottlib. Weigelii, 1812, 1 vol. in-8, v. br. fil. tr. dor.	1
«	674	**Dryden**. The first part of miscellany poems containing variety of new translations of the ancient poets, together with several original poems. — London, Tonson, 1727, 6 vol. in-8, dem. rel. bas. f.	6
U	408	**Dubois** (J.-B.). Notice historique sur C.-G. de Lamoignon de Malesherbes. — Paris, 1806. (*Recueil.*)	
«	1	**Dubois-Aymé**. Description de la Babylone d'Egypte (extrait de la description de l'Egypte). — 1 brochure in-folio.	1
I	100	**Dubois-Aymé**. Examen de quelques questions d'économie politique et notamment de l'ouvrage de M. Ferrier, intitulé : Du Gouvernement. — Paris, 1824. (*Recueil.*)	

Lettre du genre de l'ouvrage	Numéros des volumes	D	Nombre total des volumes
U	106	**Dubois-Aymé.** Mémoire sur la ville et la vallée de Queceir. — 1812. (*Recueil.*)	
		— Mémoire sur les tribus arabes des déserts de l'Egypte. — 1814. (*Recueil.*)	
O	6	**Ducange** (Caroli Dufresne) glossarium ad scriptores mediæ et infimæ græcitatis, in quo græca vocabula novatæ significationis, aut usûs rarioris, barbara, exotica, etc........ reteguntur; accedit appendix ad glossarium mediæ et infimæ latinitatis, unà cum brevi etymologico linguæ gallicæ ex utroque glossario. — Lugduni, apud J. Posuel et Cl. Rigaud, 1688, 2 vol. in-folio, bas. br. (47)	2
«	5	**Ducange** (Caroli Dufresne) glossarium ad scriptores mediæ et infimæ latinitatis in quo latina vocabula novatæ significationis, aut usûs rarioris, barbara et exotica explicantur, eorum notiones et originationes reteguntur, etc.......; accedit dissertatio de imperatorum Constantinopolitanorum, seu de inferioris œvi, vel Imperii, uti vocant, numismatibus. — Francofurti, Joh. David Zunner, 1681, 3 vol. in-folio, bas. br.	3
«	961	**Ducatiana** ou remarques de feu M. L. Duchat sur divers sujets d'histoire et de littérature recueillies dans ses manuscrits et mis en ordre par M. (Formey). — Amsterdam, Pierre Humbert, 1738, 2 vol. in-12, v. f.	2
«	1156	**Ducerceau** (P.). Epigrammes choisies de Martial. imitées, avec des notes par C. Bréghot du Lut. — Lyon, 1818. (*Recueil.*)	
I	49	**Duchatel** (T.). De la charité dans ses rapports avec l'état moral et le bien-être des classes inférieures de la société. — Paris, Mesnier, 1829, 1 vol. in-8, dem. rel. v. br.	1
U	359	**Duchesne.** Compte-rendu d'un voyage fait en Angleterre pour y examiner diverses collections d'estampes. — 1824. (*Recueil.*)	
I	50	**Duchesne.** Essai sur les finances, sur les économies de 100 millions, au moins, à faire aux divers budgets des dépenses, sur les changements à introduire dans la division et la répartition des différentes branches de nos impôts directs ou indirects. — Paris, Dondey-Dupré, 1831, 1 vol. in-8, dem. rel. v. bl.	1
O	666	***Duchoisi.** Le demi-jour, poëme en deux chants, suivi de poésies diverses. — Paris, F. Didot, 1812, 1 vol. in-8, dem. rel. v. br.	1
«	842	**Ducis.** Abuffar ou la famille arabe, tragédie en quatre actes. — Paris, 1795. (*Recueil.*)	
U	356	***Duclos** (abbé). Dictionnaire bibliographique, historique et critique des livres rares, etc......, qui n'ont aucun prix fixe, etc....... — Liége, Tutot, 1791, 3 vol. in-8, v. f. fil.	3
O	1094	**Duclos** (abbé). Œuvres complètes. — Paris, Renouard, 1806, 10 vol. in-8, cartonnés bleu.	10
«	675	**Dufresnoy** (Madame). Élégies, suivies de poésies diverses. — Paris, 1813, 1 vol. in-12, fig. v. écaill. fil. tr. dor.	1
I	100	**Dugas-Montbel.** De l'influence des lois sur les mœurs et de l'influence des mœurs sur les lois. — Saint-Etienne, Gaudelet, 1830. (*Recueil.*)	
«	105	**Dugas-Montbel.** De l'influence des lois sur les mœurs, etc...... — Saint-Etienne, Gaudelet, 1830. (*Recueil.*)	
U	55	**Dugas-Montbel.** Discours prononcé sur la tombe de M. Boscary de Villeplaine. — Paris, s. d. (*Recueil.*)	

Lettre du genre de l'ouvrage	Numéros des volumes	D	Nombre total des volumes
U	403	**Dugas-Montbel**. Éloge de J.-J. de Boissieu. (*Recueil.*)	
O	1149	**Dugas-Montbel**. Examen de quelques observations publiées par M. Rochefort pour prouver que le récit de la blessure d'Ulysse, au XIXe chant de l'Odyssée, est un passage interpolé. — Paris, 1817. (*Recueil.*)	
		— Mémoire sur les commentaires d'Eustathe et sur les traductions qui en ont été faites par M. J. Andrés. (Extrait du *Bulletin universel*, novembre 1825). — (*Recueil.*)	
		— Ulysse-Homère, extr. crit. — 1829. (*Recueil.*)	
		— Supplément à l'ouvrage intitulé : Ulysse-Homère. — (*Recueil.*)	
U	55	**Dugas-Montbel.** Observations adressées à la Commission d'enquête commerciale. — Lyon, 1829. (*Recueil.*)	
O	1144	**Dugas-Montbel.** Observations sur la traduction de Théocrite de M. Servan de Sugny, (Extrait du *Bulletin universel des sciences et de l'industrie*, mars 1829). — (*Recueil.*)	
«	1155	**Dugas-Montbel.** Réflexions sur la comédie et sur les causes de sa décadence ; (Extrait du *Mercure de France*, 7 novembre 1812.) — (*Recueil.*)	
«	481	**Dugas-Montbel.** Histoire des poésies homériques pour servir d'introduction aux observations sur l'Iliade et l'Odyssée. — Paris, Firmin Didot, 1831, 1 vol. in-8.	1
		— Observations sur l'Iliade d'Homère. — Paris, F. Didot, 1829-30, 2 vol. in-8.	2
		— Observations sur l'Odyssée d'Homère. — Paris, F. Didot, 1833, 1 vol. in-8.	1
		En tout : 4 vol. in-8, dem. rel. v. br.	
«	482	**Dugas-Montbel.** Histoire des poésies homériques pour servir d'introduction aux observations sur l'Iliade et l'Odyssée. — Paris, Firmin Didot, 1831, 1 vol. in-8, dem. rel. v. br.	1
A	23	***Duguet.** Explication des qualités ou des caractères que Saint-Paul donne à la charité. — Paris, Guérin, 1727, 1 vol. in-12, bas. br.	1
«	49	***Duguet.** Traité des principes de la foy chrétienne. — Paris, Alix, 1736, 3 vol. in-12, v. br.	3
O	676	**Dulard.** La grandeur de Dieu dans les merveilles de la nature, poême, (4me édition). — Paris, Desaint et Saillant, 1758, 1 vol. in-12, v. br.	1
U	322	**Dulaurier.** (E.). Examen d'un passage des Stromates de Saint-Clément d'Alexandrie, relatif aux écritures égyptiennes. — Paris, 1833. (*Recueil.*)	
O	1096	**Dumarsais.** Œuvres. — Paris, 1797, 7 vol. in-8, dem. rel. bas. br. non rogné.	7
I	51	**Dumas** (J.-B.). Des secours publics en usage chez les anciens ou mémoire sur cette question : Les anciens avaient-ils des établissements publics en faveur des indigents, des orphelins, des malades, des militaires blessés, etc....? — Paris, Everat, 1813, 1 vol. in-8, dem. rel. bas. verte.	1
U	403	**Dumas** (J.-B.). Éloge de Cochard. (*Recueil.*)	
«	404	**Dumas** (J.-B.). Éloge de Ch. Roux. (*id.*).	
		— Éloge de R. Verninac. (*id.*).	

Lettre du genre de l'ouvrage	Numéros des volumes	D	Nombre total des volumes
O	1095	**Dumas** (J.-B.). Variétés littéraires, (extraits du *Bulletin de Lyon*.) — Lyon, 1808, 1 vol. in-12, dem. rel. bas. verte.	1
U	382	**Dumesnil** (Alexis). Histoire de don Juan d'Autriche. — Paris, 1827, 1 vol. in-8, dem. rel. v. br.	1
I	52	**Dunoyer** (Ch.-B.). L'industrie et la morale considérées dans leurs rapports avec la liberté. — Paris, Duverger, 1825, 1 vol. in-8, dem. rel. v. br.	1
U	293	**Dupin** (Charles). Rapport sur le mémoire adressé à l'Académie de Lyon en 1829. (*Recueil*.)	
I	102	**Dupin** (Charles). Situation progressive des forces de la France depuis 1814. — Paris, 1827. (*Recueil*.)	
U	405	***Dupont de Nemours**. Notice sur la vie de M. Poivre. — Philadelphie, 1786, 1 vol. in-8, dem. rel. bas. f.	1
I	103	**Dupont de Nemours**. Sur la Banque de France, avec une théorie des banques. — Paris, Delance, 1806. (*Recueil*.)	
«	«	**Dupré** (A.). De l'exportation et de l'importation des laines. — Paris, Delaunay, 1816. (*Recueil*.)	
«	152	**Duprestony**. Dissertation sur le Satyriasis. — An XII. (*Recueil*.)	
O	454	**Dürr** (G.-E.-Fr.) lexicon homericum præparatorium in usum juventutis. — Bartestein, Fixdorf et Kleinheinze, 1812, 1 vol. petit in-8, dem. rel. v. br.	1
«	1097	**Dussault**. Annales littéraires ou choix chronologiques des principaux articles de littérature insérés dans le *Journal des Débats* depuis 1800 jusqu'à 1817 inclusivement. — Paris, Maradan, 1818-1824, 5 vol. in-8, bas. f.	5
U	286	**Dussault** (J.-J.). Fragment pour servir à l'histoire de la Convention nationale depuis le 10 thermidor. — An II. (*Recueil*.)	
«	409	**Duval**. Notice sur la vie et les ouvrages de M. Jourdain. — 1816. (*Recueil*.)	
O	1098	**Duverdier** (Antoine). Les diverses leçons, suivans celles de Pierre Messie, contenans plusieurs histoires, discours et faicts mémorables, augmentées par l'autheur, en cette cinquième édition, de trois discours trouvés après son décès, du deuil, de l'honneur et de la noblesse. — Tournon, Claude Michel, 1604, 1 vol. in-8, rel. vélin.	1
U	27	**Duverdier** (Antoine). La bibliothèque, contenant le catalogue de tous ceux qui ont escrit ou traduict en françois et autres dialectes de ce royaume, ensemble leurs œuvres imprimées et non imprimées, l'argument de la matière y traictée, quelque bon propos, sentence, doctrine, phrase, etc..... et autre chose notable tirée d'aucunes d'icelles œuvres ; le lieu, forme, nom, datte où elles ont été mises en lumière, avec un discours sur les bonnes lettres. — Lyon, Barthelemy Honorat, 1585, 1 vol. in-folio, bas. br.	

Lettre du genre de l'ouvrage	Numéros des volumes	E	Nombre total des volumes
U	131	**Echard** (Laurent). Histoire romaine depuis la fondation de Rome jusqu'à la prise de Constantinople, traduite de l'anglais. — Paris, Gabriel Martin, 1738-44, 16 vol. in-12, v. f. racin.	16
O	455	**Eckenbrecher** (C.-G. de). De Jove Homeri dissertatio. — Berolini, 1833, 1 vol. petit in-8, dem. rel. v. bl.	1
I	150	**Edwards** (W.-F.). Des caractères physiologiques des races humaines considérées dans leurs rapports avec l'histoire ; lettre à M. Amédée Thierry. — Paris, Compère, 1829. (*Recueil*.)	
U	106	**Egriès** (J.-B.). Recherches sur la population du globe terrestre. — Paris, Pihan de la Forest, 1833. (*Recueil*.)	
O	336	**Eichhoff** (F.-G.). Etudes grecques sur Virgile, ou recueil de tous les passages des poètes grecs imités dans les Bucoliques, les Géorgiques et l'Enéïde, avec le texte latin et des rapprochements littéraires. — Paris, Delalain, 1825, 3 vol. in-8, dem. rel. v. br.	3
«	106	**Enebonn.** Dissertatio artes ex scriptis Homeri notas exhibens. — Upsaliæ, Edman, 1795. (*Recueil*.)	
«	80	**Ennii** (Q.), poetæ vetustissimi, fragmenta quæ supersunt ab Hieron. columnâ conquisita, disposita et explicata ad Joannem filium, nunc ad editionem Neapolitam 1690 recusa accurante Fr. Hesselio; accedunt, præter eruditorum virorum emendationes undique conquisitas, Delrii opinationes, nec non Vossii castigationes et notæ, ut et index omnium vocabulorum *Ennianorum*. — Amstelædami, Wetsten 1707, 1 vol. in-4, rel. vélin.	1
I	53	**Epicteti** Enchiridion et **Cebetis** tabula, græcè et latinè, prioribus editionibus emendatiora et auctiora. — *Amstelodami, ex officinâ* Henr. et Theod. Boom, 1770, 1 vol. in-32, v. vert. fil. (48)	1
«	54	**Epicteti** Enchiridion sive totius philosophiæ moralis epitome castigatissima, græcè, curante J.-B. Lefebvre de Villebrune. — Parisiis, typis Phil. Dionys. Pierres, 1782, 1 vol. in-18, maroq. rouge, fil. tr. dor.	1
O	1099	**Epinay** (Madame d'). Mémoires et correspondance où elle donne les détails de ses liaisons avec Duclos, J.-J. Rousseau, Diderot, etc..... ouvrage renfermant des lettres inédites, de J.-J. Rousseau, servant d'éclaircissement et de correctif à ses Confessions. — Paris, Volland, 1818, 3 vol. in-8, bas. f. racin.	3
		— Anecdotes inédites pour faire suite aux mémoires de Madame d'Epinay. — Paris, 1818, 1 vol. in-8, bas. f. racin.	1
«	896	**Erasme.** L'éloge de la folie, composé en forme de déclamation, traduit par Gueudeville, avec les notes de Gérard Listre et les belles figures de Holbein. — Amsterdam, François L'Honoré, 1731, 1 vol. in-12, bas. br.	1
«	43	**Erasmi** (Desid Rot.) Adagiorum Chiliades quatuor et sesquicenturia ; ex postremâ autoris recognitione, cum multiplici et locupleti, proverbiorum, locorum communium, sententiarum, rerum ac verborum, quæ præcipua visa sunt, indice ; ad hæc Henr. Stephani animadversiones in Erasmicas quorumdam Adagiorum expositiones. — Lugduni, apud Seb. Gryphium, 155?....., 1 vol. in-folio, dem. rel. bas. br. (Un coin du titre est déchiré.) (49)	1
«	895	**Erasmus** (Des.). Moriæ encômion, id est, stultitiæ laudatio. — Basileæ, 1540, 1 vol. in-8, bas. noir.	1
«	678	**Esménard.** La Navigation, poëme en huit chants. — Paris, Giguet et Michaud, 1805, 2 vol. in-8, bas. f.	2

Lettre du genre de l'ouvrage	Numéros des volumes	E	Nombre total des volumes
I	55	**Esope.** Nouveau choix de fables (texte grec) avec la version latine et l'explication des mots en français, par Leroy. — Paris, Barbou, 1802, 1 vol. in-12, couv. parchemin.	1
U	408	**Espagnac** (l'abbé d'). Éloge de N. de Catinat. — Paris, Demonville, 1775. (*Recueil.*)	
O	179	***Estiene** (Henri). Deux dialogues du nouveau langage françois italianizé et autrement desguizé principalement entre les courtisans de ce temps; de plusieurs nouveautéz qui ont accompagné cette nouveauté de langage; de quelques courtisanismes modernes et de quelques singularitez courtisanesques. — s. l. n. d. (Paris, Patisson, 1579), 1 vol. petit in-8, bas. br. mauvais état de reliure. (50)	1
«	188	**Estiene** (Henri). Project du livre intitulé : De la précellence du langage françois. (Suivent deux vers au lecteur.) — Paris, par Mamert Patisson, imprimeur du roy, 1579. 1 vol. petit in-8, v. f. fil. (51)	1
«	189	***Estiene** (Henri). Traicté de la conformité du language françois avec le grec; divisé en trois livres : dont les deux premiers traictent de manières de parler conformes; le troisième contient plusieurs mots françois, les uns pris du grec entièrement, les autres en partie ; c. a. d. en ayant retenu quelques lettres par lesquelles on peut remarquer leur étymologie; avec une préface remonstrant quelque partie du désordre et abus qui se commet aujourd'hui en l'usage de la langue françoise, etc...... — (Paris, Robert Estienne, 1569), 1 vol. in-8, dem. rel. maroq. rouge, non rogné. (52)	1
	189 bis	— Id.......... ibid.......... 1 vol. petit in-8, bas. br.	1
«	1019	**Estienne** (Henry). L'art de faire des devises où il est traicté des hiéroglyphiques, symboles, emblèmes, œnigmes, sentences, paraboles, revers de médailles, armes, blasons, cimiers, chiffres et rebus; avec un traicté des rencontres ou mots plaisants; dédié à Mgr le cardinal Mazarin. — Paris, Jean Pasle, 1645, 1 vol. in-8, couv. parchemin.	1
«	1020	**Estienne** (Henri). L'Introduction au traitté de la conformité des merveilles anciennes avec les modernes ou traitté préparatif à l'Apologie pour Hérodote. — Lyon, Benoît Rigaud, 1592, 1 vol. in-8, bas. br.	1
«	841	**Etienne.** Les deux gendres, comédie. — Paris, Lenormant, 1811. — Conaxe ou les deux Gendres dupés, comédie (représentée vers 1710). 1812. — Petite lettre sur un grand sujet. — La Stéphanéïde ou Conaxa-les deux Gendres et le Journal de Paris. — Lettre d'Alexandre Piron à M. Etienne. — Mes révélations, par M. Lebrun Tossa. — Supplément à mes révélations. — Fin du procès des deux Gendres. — Epître à l'auteur des deux Gendres. — Les gouttes d'Hoffmann ou suite provisoire de la Stéphanéïde. — Bataille gagnée et perdue ou réflexions sur les deux Gendres et Conaxa. — Appel à l'impartialité dans le procès intenté à l'auteur des deux Gendres. — Le tout en 1 vol. in-8, dem. rel. bas. f.	1
U	384	**Eunapii** Sardiani vitas sophistarum et fragmenta historiarum recensuit notisque illustravit Jo. Fr. Boissonade; accedit annotatio Dan. Wyttenbacchii. — Amstelodami, Hengst, 1822, 1 vol. in-8, en deux parties, v. br.	2

Lettre du genre de l'ouvrage	Numéros des volumes	E	Nombre total des volumes
O	811	**Euripide.** Les Phéniciennes, avec un choix de scholies grecques et des notes françaises par Fr. Thurot. — Paris, Firmin Didot, 1813, 1 vol. in-8, v. f. fil.	1
«	814	**Euripides,** græcè, curante Jo. Fr. Boissonade. — Parisiis, Lefèvre, 1825, 5 vol. in-32, dem. rel. maroq. violet.	5
«	815	**Euripides'** Medea, Orestes, Phœnissæ, Hecuba, græcè, with critical and explanatory remarks, partly original, partly selected from other commentators, examination questions and copious indexes, by the rev. J.-R. Major. — London, Baldwin, 1829-1830, 4 vol. in-8, cartonnés.	4
«	137	**Euripidis** tragœdia Hippolytus, quam latino carmine conversam a Georgio Ratallero adnotationibus instruxit Ludovicus Casp. Walkenaer. — Lugduni Batavorum, apud Jo. Luzac et Lemair, 1768, 1 vol. in-4, rel. vélin (53). (N° à double emploi.)	1
«	138	**Euripidis** tragœdiæ, fragmenta epistolæ, græcè et latinè, ex editione Josuæ Barnesii, nunc recusa et aucta appendice observationum è variis doctorum virorum libris collectâ. — Lipsiæ, sumtu E. Swikerti, 1778-1788, 3 vol. in-4, v. f. (54)	3
«	812	**Euripidis** tragœdiæ ad optimorum librorum fidem accuratè editæ, (editio stereotypa.) — Lipsiæ, Car. Tauchnitz, 1823, 4 vol. in-18, v. br. fil. tr. dor.	4
«	813	**Euripidis** tragœdia Phenissæ, græcè et latinè, interpretationem addidit H. Grotii, græca castigavit è manuscriptis atque adnotationibus instruxit, scholia subjecit Lud. Casp. Walkenaer. — Lipsiæ, Hartmann, 1824, 2 vol. in-8, dem. rel. v. corinth.	2
A	3	**Eusebii** Pamphili, Cæsareæ Palestinæ episcopi, præparatio evangelica; Franciscus Vigerus Rothomagensis ex mnss. codd. et laudatis ab ipsomet Eusebio scriptoribus recensuit, latinè vertit, notis illustravit; accesserunt indices necessarii. — Parisiis, sumptibus Seb. Cramoisy et Car. Morelli, 1628, 1 vol. in-folio, v. br. fil. (55)	1
«	4	**Eusebii** Pamphili, Cæsareæ Palestinæ episcopi, de demonstratione evangelicâ libri decem, græcè et latinè, quibus accessêre nondùm editi hactenùs nec visi contrà Marcellum Anciræ episcopum libri duo : de ecclesiasticâ theologiâ tres, omnia studio R. M. latinè facta, notis illustrata, et indicibus loco suo necessariis locupletata. — Parisiis, sumptibus Seb. Cramoisy et Car. Morelli, 1628, 1 vol. in-folio, bas. br. (56).	1
U	9	**Eusebii** Pamphili, **Socratis, Theodoriti** Cyrensis, **Hermii** Sozomeni, **Evagrii,** ecclesiasticæ historiæ, græcè. — Lutetiæ Parisiorum, ex officinâ Roberti Stephani, 1544, 1 vol. in-folio, bas. vert. (57)	1
«	10	**Eusebius, Socrates** scholasticus, etc....... historiæ ecclesiasticæ scriptores græci (græcè et latinè); ex interpretatione Joannis Christophorsoni et recognitione Suffridi Petri I, unà cum variis lectionibus et additionibus codicum, quibus hic interpres usus est, etc...... ; adjecto rerum memorabilium indice locupletissimo. — Coloniæ Allobrogum, excudebat Petrus de la Rouière, 1612, 1 vol. in-folio, v. br. fil.	1
O	26	**Eustathii,** archiepiscopi Thessalonicensis, commentarii in Homeri Iliadem et Odysseam, græcè; accedit locupletissima commodissimaque tabula. — Romæ, apud Antonium Bladum impressorem Cameralem, cum privilegiis Julii III, Pont. Max. Cæsareæ majestatis et christianissimi Francorum regis. — 1542-1550, 4 vol. in-folio, v. br. (58)	4

Lettre du genre de l'ouvrage	Numéros des volumes	E	Nombre total des volumes
O	26 bis	**Eustathii,** archiepiscopi Thessalonicensis, commentarii in Homeri Iliadem et Odysseam; accedit locupletissima commodissimaque tabula. — Romæ, apud Antonium Bladum, etc....., 1542-1550, 3 vol. in-folio, reliés en deux vol. rel. parchemin. (59)	2
«	27	**Eustathii**......, archiepiscopi Thessalonicensis, commentarii in Homeri Iliadem, græcè; Alexander Politus Florentinus.... nunc primùm latinè vertit, recensuit, notis perpetuis illustravit; accedunt notæ Antonii M. Salvini. — Florentiæ, apud Bernardum Paperinium, 1730-35, 3 vol. in-folio, dem. rel. maroq. rouge.	3
U	86	**Eustathii**......... archiepiscopi Thessalonicensis, commentarii in Dionysium Periegetam ; Alexandro Polito interprete. — Coloniæ Allobrogum, Cramer, 1741, 1 vol. in-8, v. f.	1
O	103	**Eustathii,** archiepiscopi Thessalonicensis, commentarii ad Homeri Iliadem ; ad fidem exempli romani editi. — Lipsiæ, sumptibus Joan. Gottl. Weigel, 1827-28, 4 vol. in-4, dem. rel. v. br.	4
«	149	**Eustathii,** metropolitæ Thessalonicensis, opuscula; accedunt Trapezontinæ historiæ scriptores, Panaretus et Eugenicus: è codd. mnss. nunc primum edidit Theophil. Lucas Frider. Tafel. — Francofurti ad Mœnum, sumptibus Sig. Schmerber, 1832, 1 vol. in-4, dem. rel. v. br.	1
«	897	**Eustathii** de Ismeniæ et Ismenes amoribus libri XI (græcè), edidit et latinè vertit Gilb. Gaulminus. — Lutetiæ Parisiorum, Drovart, 1618, 1 vol. in-12, v. f. fil. tr. dor.	1
U	132	**Eutropii** breviarium historiæ romanæ; accedunt selectæ lectiones dilucidando auctori appositæ. — Lutetiæ Parisiorum, sumptibus Merigot, 1745, 1 vol. in-12, v. br. fil. tr. dor.	1
«	133	**Eutropii** breviarium historiæ romanæ, ex editione Henrici Verheisk, cum notis et interpretatione in usum Delphini, variis lectionibus, notis variorum, recensu codicum et editionum et indice. — Londini, Valpy, 1821, 1 vol. in-8, dem. rel. maroq. rouge, non rogné.	1
I	2	**Eymery** (B.). Mémoire sur les chemins vicinaux de la France présenté aux chambres législatives. — Bordeaux, Lanefranque, 1834, 1 brochure in-folio.	1
U	55	**Eynard.** Rapport sur un projet d'établissement pour l'éclairage public de Lyon, 1829. (*Recueil.*)	

Lettre du genre de l'ouvrage	Numéros des volumes	F	Nombre total des volumes
U	410	**Fabre** (Victorin). Éloge de Pierre Corneille. — Paris, Baudouin, 1808. (*Recueil.*)	1
O	60	**Fabre d'Olivet.** La langue hébraïque restituée et le véritable sens des mots hébreux rétabli et prouvé par leur analyse radicale. — Paris, 1815, 1 vol. in-4, dem, rel. bas. f.	1
«	7	**Fabri** (Basilii Sorani) thesaurus eruditionis scholasticæ omnium usui et disciplinis omnibus accomodatus post celeberrimorum virorum......... operas et adnotationes et multiplices Stubelii et Gesneri curas ; iterùm recensitus, emendatus, locupletatus. — Francofurti, Gleditsch, 1749, 2 vol. in-folio, rel. vélin. fil.	2
U	72	**Fabricii** (Alberti) bibliotheca græca sive notitia scriptorum veterum græcorum, quorumcunque monumenta integra, aut fragmenta edita exstant ; tùm plerorumque è mnss. ac deperditis ; accessit Empedoclis Sphæra et Marcelli Sidetæ carmen de medicamentis è piscibus, græcè et latinè. — Hamburgi, Liebezeit, 1708-1728, 14 vol. in-4, v. br.	14
«	289	**Fabvier** (le colonel). Lyon en 1817. — Paris, 1818.	
		— Id.... 2me partie...... ibid..... (*Recueil.*)	
O	106	**Facius.** De fabulâ quâdam homericâ. — Coburgi, Formis Ahlianis, 1784. (*Recueil.*)	
U	293	**Falsan** (F.). Payements et virements de Lyon, 1831. (*Recueil.*)	
.«	289	**Fargues** (le comte de). La vérité sur les événements de Lyon en 1817, réponse au mémoire de M. le colonel Fabvier. — Paris, 1818, Michaud. (*Recueil.*)	
«	257	**Fars-Fausse-Landry** (Madame la vtesse de). Mémoires ou souvenirs d'une octogénaire : événemens, mœurs et anecdotes, depuis le règne de Louis XV (1768) jusqu'au ministère de la Bourdonnaye et Polignac (1830). — Paris, 1830, 3 vol. in-8, dem. rel. v. f.	3
O	475	***Faure** (abbé)? Homère danseur de corde, pièce burlesque en vers et en prose. — Paris, Pierre Prault, 1716, 1 vol. in-12, v. violet. fil.	1
		Le même volume contient : *Histoire ou romance d'Aucassin et Nicolette.* — (*Recueil*, voy. page 41.)	
«	686	**Fauriel** (C.). Chants populaires de la Grèce moderne, recueillis et publiés avec une traduction française, des éclaircissements et des notes. — Paris, Firmin Didot, 1824, 2 vol. in-8, dem. rel. v. br.	2
«	846	**Favart** (Madame). Les ensorcelés ou Jeannot et Jeannette, parodie des surprises de l'amour. — La Haye, Jean Neaulme, 1758. (*Recueil.*)	
«	457	**Favrat** (Lud.). Aurea catena Homeri, id est, concatenata naturæ historia physico-chimica latinâ civitate donata notisque illustrata. — Francofurti, sumptu Knochii, 1762, 1 vol. in-8, dem. rel. maroq. rouge.	1
«	590	***Faydit** (abbé). Remarques sur Virgile et sur Homère et sur le style poétique de l'Ecriture-Sainte, où l'on réfute les inductions pernicieuses que Spinosa, Grotius et M. Leclerc en ont tirées. — Paris, Jean et Pierre Cot, 1705.	
		— Nouvelles remarques sur Virgile et sur Homère et sur le prétendu style poétique de l'Ecriture-Sainte. En tout : 2 vol. in-12, bas. f.	2

Lettre du genre de l'ouvrage	Numéros des volumes	F	Nombre total des volumes
O	941	***Faydit** (abbé). Télémacomanie ou la censure et critique du roman intitulé · Les aventures de Télémaque, fils d'Ulysse, ou suite du IVe livre de l'Odyssée d'Homère. — Eleutéropole, Pierre Philalèthe, 1700, 1 vol. in-12, v. f.	1
«	458	**Feith** (Everard). Antiquitatum Homericarum libri IV, editio novissima. — Lugduni Batavorum, apud Adrianum Severinum, 1677, 1 vol. petit in-8, rel. vélin.	1
«	459	**Feithii** (Everardi) antiquitatum Homericarum libri IV; editio nova, prioribus multùm emendatior, notis et indicibus aucta atque figuris illustrata. — Argentorati, impensis Henr. Leonardi Stenii, 1743, 1 vol. in-8, bas. br.	1
«	460	**Feithii** (Everhardi) antiquitatum Homericarum libri IV, editio novissima ex Argentoratensi expressa, prioribus multò emendatior et animadversionibus suo quibusque loco subjectis illustrata. — Neapoli, ex typographiâ regiâ, 1774, 1 vol. in-8, rel. parchemin.	1
U	293	**Felissent** (E.). Mode régulier de dessication par toutes les températures. — Lyon, 1832, Perrin. (*Recueil.*)	
A	24	**Feller** (abbé Flexier de Reval). Catéchisme philosophique ou recueil d'observations propres à défendre la religion chrétienne contre ses ennemis. — Paris, Berton, 1777, 1 vol. in-8, v. f.	1
«	22	***Fénelon**. Démonstration de l'existence de Dieu, tirée de la connaissance de la nature et proportionnée à la faible intelligence des plus simples. — Paris, Jacques Estienne, 1713, 1 vol. in-12, bas.	1
O	275	**Fénelon**. Dialogues sur l'éloquence en général et sur celle de la chaire en particulier avec une lettre écrite à l'Académie française. — Paris, Mame, 1810, 1 vol. in-12, v. f. racin. fil.	1
«	898	**Fénelon**. Les aventures de Télémaque, fils d'Ulysse; avec figures. — Paris, Dufart, an VII, 2 vol. in-12, bas. f. racin.	2
«	150	**Fénelon**. Œuvres complètes. — Paris, A.-F. et P. Didot, 1787-1792, 9 vol. in-4, bas. f. racin. fil. (60)	9
U	36	**Ferlet** (Edme). Observations littéraires, critiques, politiques, militaires, géographiques, etc...... sur les histoires de Tacite, avec le latin corrigé. — Paris, Levrault, 1801, 2 vol. in-4, dem. rel. v. br.	2
I	102	**Ferrier**. Du système maritime et commercial de l'Angleterre au XIXe siècle et de l'enquête française. — Paris, Treuttel et Wurtz, 1829. (*Recueil.*)	
O	1076	**Férussac** (sous la direction de). Bulletin des sciences historiques, antiquités, philologie. — Paris, 1824-1831, 19 vol. in-8, dem. rel. v. br.	19
I	18	**Férussac** (le baron de). De la nécessité d'une correspondance entre tous les amis des sciences. — Paris, Firmin Didot, s. d. (*Recueil.*)	
		— Société pour la propagation des connaissances scientifiques au moyen de la publication du Bulletin universel. (*Recueil.*)	
U	294	**Férussac** (le baron de). Mémoire sur la colonisation de la régence d'Alger. — Paris, Delaunay, 1833. (*Recueil.*)	
O	900	**Fielding** (Henry). The history of tom Jones, a foundling. — Basil, Legrand, 1791, 4 vol. in-8, bas. f.	4
U	323	**Finati**. Abrégé de la description des statues en marbre du musée Bourbon de Naples. — Naples, Chianese, 1820. (*Recueil.*)	

Lettre du genre de l'ouvrage	Numéros des volumes	F	Nombre total des volumes
I	107	**Fix** (Th.). Revue mensuelle d'économie politique. — Paris, juillet 1833. (*Recueil.*)	
U	385	**Fléchier**. Histoire de Théodose-le-Grand. — Paris, 1811, 1 vol. in-12, dem. rel. bas. f.	1
«	37	**Fleury**. Histoire ecclésiastique. — Paris, Emery et Martin, 1691-1738, 36 vol. in-4, bas. br.	36
		Table générale, 1 vol. in-4°, bas. br.	1
O	901	**Florian** (de). Gonzalve de Cordoue ou Grenade reconquise. — Paris, Didot, 1792, 3 vol. in-18, bas. f.	3
U	135	**Flori** (L. Annæi) epitome rerum romanarum, ex editione Fischeri, cum notis et interpretatione in usum Delphini, variis lectionibus, notis variorum, recensu codicum et editionum et indice locupletissimo. — Londini, Valpy, 1822, 2 vol. in-8, dem. rel. maroq. rouge, non rogné.	2
«	136	**Florus** (L. Annæus) Abrégé de l'histoire romaine, traduction nouvelle avec des notes par l'abbé Paul. — Paris, Barbou, an III, 1 vol. in-12, bas. br.	1
O	276	**Fontanes** (de). Collection complète de ses discours, augmentée d'une lettre à M. de Châteaubriand, de plusieurs discours inédits et de fragments des discours prononcés par MM. Villemain et Royer, à l'Académie française. — Paris, Madame Seignot, 1821, 1 vol. in-8, dem. rel. v. br.	1
U	386	**Fontenelle de Vaudoré** (A. D. de la). Histoire d'Olivier de Clisson, connétable de France. — Paris, Firmin Didot, 1826, 2 vol. en un in-8, dem. rel. v. f.	1
O	1102	**Fontenelle**. Œuvres. — Paris, Brunet, 1758-1761, 11 vol. in-12, v. f. racin.	1
		N. B. Le 11me volume contient des mémoires pour servir à l'histoire de la vie et des ouvrages de Fontenelle par Trublet.	
«	688	**Fontenelle** et **Lamotte**. Poésies choisies. — Genève, 1777, 2 vol. in-32, v. f. fil. tr. dor.	2
«	849	**Fontenille**. Le jeune oncle, opéra comique en un acte (musique de Blangini). — Paris, 1821. (*Recueil.*)	
U	317	**Fortia d'Urban** (marquis de). Essai sur l'origine de l'écriture, sur son introduction dans la Grèce et son usage jusqu'au temps d'Homère, c. à. d. jusqu'à l'an 1000 avant notre ère. — Paris, Fournier, 1832, 1 vol. in-8, dem. rel. v. vert.	1
O	461	**Fortia d'Urban** (marquis de). Homère et ses écrits. — Paris, Fournier, 1832, 1 vol. in-8, dem. rel. v. bl.	1
U	87	**Fortis** (comte de). Voyage statistique et pittoresque à Aix-les-Bains ou journal d'Amélie. — Lyon, Baron, 1830, 2 vol. in-8, dem. rel. v. bl.	2
I	59	**Fourcroy** (de). Les enfans élevés dans l'ordre de la nature ou abrégé de l'histoire naturelle des enfans du premier âge. — Paris, Nyon, 1783, 1 vol. petit in-12, v. f.	1
«	62	**Fourier** (Charles). Le nouveau monde industriel et sociétaire ou invention du procédé d'industrie attrayante et naturelle distribuée en séries passionnées. — Paris, Bossange, 1829, 1 vol. in-8, dem. rel. bas.	1
«	63	**Fourier** (Charles). Le nouveau monde industriel ou invention du procédé d'industrie attrayante et combinée, etc..... (livret d'annonce.) — Paris, Bossange, 1830, 1 brochure in-8.	1

F

Lettre du genre de l'ouvrage	Numéros des volumes		Nombre total des volumes
I	106	**Fourier** (Charles). Le nouveau monde industriel (livret d'annonce). — Paris, 1830. (*Recueil.*)	
«	60	***Fourier** (Charles). Théorie des quatre mouvemens et des destinées générales. — Leipsig, 1808, 1 vol. in-8, bas. f.	1
«	61	**Fourier** (Charles). Traité de l'association domestique agricole ou attraction industrielle. — Paris, Bossange, 1822, 2 vol. in-8, bas. f. racin. (Le 1er et le 2me feuillets contiennent des notes manuscrites.)	2
U	357	**Fournier** (Fr. Ign.). Nouveau dictionnaire portatif de bibliographie précédé d'un précis sur les bibliothèques et sur la bibliographie. — Paris, Fournier, 1809, 1 vol. in-8, dem. rel. maroq. rouge.	1
I	157	**Fournier** (Henri). Traité de la typographie. — Paris, Fournier, 1825, 1 vol. in-8, dem. rel. v. br.	1
O	462	**Franceson** (C.-F.). Essai sur la question si Homère a connu l'usage de l'écriture et si les deux poèmes de l'Iliade et de l'Odyssée sont en entier de lui. — Berlin, Nauck, 1818, 1 vol. in-12, cartonné.	1
I	113	***Franklin**. La science du bonhomme Richard précédée d'un calendrier pour 1825. — Paris, Renouard, 1825, 1 brochure in-18. (Manque.)	0
O	962	**Frankliniana** ou recueil d'anecdotes, bons mots, réflexions, maximes et observations de Benjamin Franklin. — Paris, Tiger. (No à double emploi, voy. Touquetiana.)	
U	137	**Fréret.** Œuvres complètes, mises dans un nouvel ordre, augmentées de plusieurs mémoires inédits, et accompagnées de notes et d'éclaircissements historiques par M. Champollion-Figeac. — Paris, Firmin Didot, 1825, 1 vol. in-8, dem. rel. v. br. N. B. Ce volume est le tome 1er, le seul, d'ailleurs, qui ait paru.	1 1
O	1039	***Fréron.** Opuscules. — Amsterdam, Arkstee et Merkus, 1753, 3 vol. in-12, v. f.	3
E	5	**Fritot** (Albert). Esprit du droit et ses applications à la politique et à l'organisation de la monarchie constitutionnelle. — Paris, Pochard, 1824, 1 vol. in-8, dem. rel. v. br.	1
I	64	**Frontini** (S. Julii) libri quatuor strategematicon cum notis variorum.........; his accedunt, tùm P. Scriverii, tùm aliorum doctorum ineditæ observationes, curante Fr. Oudendorpiano. — Lugduni Batavorum, Luchtmans, 1779, 1 vol. in-8, cartonné..... non rogné.	1
O	8	**Furetière.** Dictionnaire universel contenant généralement tous les mots françois tant vieux que modernes et les termes des sciences et des arts, divisé en deux tomes. (Seconde édition revue, corrigée et augmentée par Barnage de Beauval). — Rotterdam, Reimer Leers, 1701, 3 vol. in-folio, v. f.	3
«	190	**Furgault.** Nouvel abrégé de la grammaire grecque, plus ample, plus méthodique. — Paris, Nyon, 1789. — Les principaux idiotismes de la langue grecque avec les ellipses qu'ils renferment. — Paris, Nyon, 1784. En tout : 1 vol. in-8, dem. rel. maroq. rouge.	1
«	141	**Furia** et **Courier.** Lettres italiennes (copie manuscrite) sur la découverte d'une partie inédite du 1er livre des pastorales de Longus. — 2 cahiers in-folio.	2

Lettre du genre de l'ouvrage	Numéros des volumes	G	Nombre total des volumes
O	512	***Gacon**. Homère vengé ou réponse à M. de Lamotte sur l'Iliade. — Paris, 1715, 1 vol. in-12, bas. br.	1
«	740	***Gacon**. Le poête sans fard, contenant satires, épîtres et épigrammes sur toutes sortes de sujets. — Libreville, chez Paul, disant vray, à l'enseigne du miroir qui ne flatte point, 1698, 1 vol. in-12, bas. br.	1
«	463	**Gail** (J.-B.). Clef d'Homère, précédée de dissertations grammaticales, d'un tableau des verbes primitifs, d'une lettre à M. Bast et d'observations sur plusieurs morceaux d'Homère. -- Paris, Eberhart, 1806, 1 vol. in-8, dem. rel. v. br.	1
«	1144	**Gail** (J.-B.). Réponse à la critique de son traité de la chasse par E. Clavier. — Paris...., s. d..... (*Recueil.*)	
U	88	**Gandini** (François). Itinéraire de l'Europe. — Milan, Rivolta, 1823, 1 vol. in-18, dem. rel. v. br.	1
O	1142	***Garasse** (le Père). Les recherches des recherches et autres œuvres de M. Estienne Pasquier contre les outrages, calomnies et autres impertinences dudit autheur. — Paris, Sébastien Chappelet, 1622, 1 vol. in-8, dem. rel. bas. f.	1
«	842	**Gardel**. L'enfant prodigue, ballet pantomime; musique de Berton, Paris, Egron, 1812. (*Recueil.*)	
«	847	**Garnier**. Le mariage de Molière ou le manteau du Tartufe, comédie en trois actes et en vers. — Paris, Barba, 1828. (*Recueil.*)	
«	818	**Garnier** (Robert, conseiller du roy, lieutenant général criminel au siège présidial et sénéchaussée du Maine). Tragédies. — Paris, chez Anthoine du Brueil, au marché Neuf, près la Boucherie, 16??...., 1 vol. in-12, rel. vélin. N. B. Le dos du volume porte à tort : Tragédies de Robert.	1
«	844	**Gary**. Eudore et Cymodocée, tragédie en 5 actes. — Paris, 1824. (*Recueil.*)	
I	102	**Gasparin** (A. de). Des petites propriétés considérées dans leurs rapports avec le sort des ouvriers, la prospérité de l'agriculture et la destinée des Etats. — Paris, Mongie, 1820. (*Recueil.*)	
«	101	**Gasparin** (A. de). Mémoire sur le métayage. — Lyon, Barret, 1832. (*Recueil.*)	
U	237	**Géorgiade** (Grégoire). Dialogue sur l'insurrection (épanastaséôss) grecque; (en grec moderne). — Paris, Casimir, 1822, 1 brochure in-18.	1
«	151	***Gérard** (abbé). Les leçons de l'histoire ou lettres d'un père à son fils sur les faits intéressans de l'histoire universelle. — Paris, Moutard, 1787, 4 vol. in-12, dem. rel. v. vert.	4
O	1156	**Gesenii** (F.-H.-G.) symbolæ observationum in Ovidii Fastos. — Altonæ, Hammerick, 1806. (*Recueil.*)	
«	1105	**Gessner**. Œuvres complètes. — (Paris, Cazin) 3 vol. in-18, v. écaill. fil. tr. dor.	3
«	819	**Ghérardi**. Le Théâtre italien ou recueil général de toutes les comédies et scènes françoises jouées par les comédiens italiens du roy, pendant tout le temps qu'ils ont été au service; édition enrichie d'estampes en taille-douce. — Londres, Tonson, 1714, 2 vol. in-12, bas. br.	2
«	277	**Gibert**. Jugemens des savans sur les auteurs qui ont traité de la Rhétorique, avec un précis de la doctrine de ces auteurs. — Paris, J. Estienne, 1713, 3 vol. in-12, v. f.	3

G

Lettre du genre de l'ouvrage	Numéros des volumes		Nombre total des volumes
O	690	**Gilbert**. Œuvres complètes. — Paris, Lejay, 1788, 1 vol. in-8, bas. f.	1
«	156	**Ginguené**. Rapports sur les travaux de la classe d'histoire et de littérature ancienne. — 1813. (*Recueil.*)	
E	12	**Giove** (François). Placet au roi et à MM. les membres de la Chambre des députés pour fournitures de subsistances militaires. — Paris, imp. Delaforest, 1832. (*Recueil.*)	
O	184	**Girard, Beauzée, Roubaud**. Dictionnaire universel des synonymes de la langue française. — Paris, Lesguilliez, 1801, 3 vol. in-12, bas. f.	3
I	18	**Girardin** (Emile de). De l'influence exercée par le journal des connaissances utiles sur le progrès des idées, de l'instruction et des mœurs en France. — Paris, Everat, 1834. (*Recueil.*)	
O	104	**Girardo** (N.). Meditationes in librum primum Iliados Homeri. — Parisiis, apud viduam Guil. Morelii, in græcis typographi regii, 1566, 1 vol. in-4, bas. br.	1
«	186	**Giraudeau**. Ulysse, poème héroïque, avec lexique grec-français-latin par F. Lécluse. — Paris, 1802. (*Recueil.*)	
«	191	**Girault-Duvivier**. Grammaire des grammaires ou analyse raisonnée des meilleurs traités sur la langue française. — Paris, Janet et Cotelle, 1827, 2 vol. in-8, dem. rel. v. vert.	2
«	691	**Gœthe** (J.-W.). Œuvres dramatiques, traduites de l'allemand, précédées d'une notice biographique et littéraire sur Gœthe. — Paris, Bobée, 1825, 4 vol. in-8, dem. rel. v. br.	4
«	692	**Gœthe**. Poésies, traduites pour la première fois de l'allemand par Mme E. Panckouke. — Paris, Panckouke, 1825, 1 vol. in-18, v. br. fil. tr. dor.	1
U	318	**Goguet** (Antoine Yves). De l'origine des lois, des arts et des sciences et de leurs progrès chez les anciens peuples. — Paris, Haussmann et d'Hautel, 1809, 3 vol. in-8, dem. rel. v. br.	3
«	414	**Golbery**. Notice historique sur la vie et les ouvrages de Niebur. — Strasbourg, Levrault, 1831. — Notice sur Suétone. — (*Recueil.*)	
O	904	**Goldsmith**. Le ministre de Wakefield, traduit de l'anglais. — Paris, Pissot, 1785, 1 vol. in-12, dem. rel. bas. bl.	1
«	905	**Goldsmith**. Le ministre de Wakefield, traduction nouvelle par E.-A. — Paris, Egron, 1803, 1 vol. in-12, bas. f. racin.	1
«	902	**Goldsmith**. The vicar of Wakefield, a tale, and the deserted village, a poem. — London, Johnson, 1797, 1 vol. in-12, bas. f.	1
«	903	***Goldsmith**. The vicar of Wakefield, a tale. — Paris, Didot, 1815, 1 vol. in-18, dem. rel. bas. bl.	1
A	27	**Gonnelieu** (le R. P. de). Imitation de J.-C. avec une pratique et une prière à la fin de chaque chapitre et des prières pour la messe. — Saint-Brieuc, Prudhomme, 1806, 1 vol. in-12, bas. f.	1
O	413	**Gonod** (B.). Traité de la quantité grecque ou méthode pour apprendre à connaître la mesure des syllabes, soit pour bien lire ou faire les vers, soit pour bien prononcer la prose. — Clermont-Ferrand, Pierre Landriot, 1816, 1 vol. in-8, dem. rel. bas. f.	1
U	358	**Gouget** (abbé). Bibliothèque française ou histoire de la littérature française dans laquelle on montre l'utilité que l'on peut retirer des livres publiés en français, depuis l'origine	

Lettre du genre de l'ouvrage	Numéros des volumes	G	Nombre total des volumes
		de l'imprimerie, pour la connaissance des belles-lettres, histoire, etc....... — Paris, Mariette, 1741-1756, 18 vol. in-12, v. f. racin. fil.	18
A	36	***Gouget** (abbé). Continuation des essais de morale. — La Haye, Adrien Moetjens, 1700, 5 vol. in 16, maroq. noir, tr. dor.	5
U	387	**Gouget** (abbé). Mémoires historiques et littéraires dans lesquels on trouve une liste exacte de ses ouvrages. — La Haye, chez Dusauzet, 1767, 1 vol. in-12, v. f.	1
«	259	**Gourgaud** et **Montholon**. Mémoires pour servir à l'histoire de France sous Napoléon Ier, écrits à Sainte-Hélène par les généraux qui ont partagé sa captivité. — Paris, Firmin Didot, 1823-1825, 8 vol. in-8, dem. rel. v. br.	8
I	65	**Gourju**. La philosophie du XVIIIe siècle dévoilée par elle-même. — Paris, Lenormant, 1816, 2 vol. in-8, dem. rel. bas. f.	2
O	694	**Grange** (De la). Œuvres meslées. — La Haye, Charles le Vier, 1724, 1 vol. petit in-8, bas. br.	1
«	465	**Granville Penn**. An examination of the primary argument of the Iliad. — London, Duncan, 1821, 1 vol. in-8, dem. rel. cuir de Russie, non rogné.	1
«	193	**Gras** (le P.). Méthode aisée pour apprendre la langue grecque. — Lion, Laurent Bachelu fils, 1699, 1 vol. in-8, bas. br.	1
«	466	**Grave** (Charles-Joseph de). République des Champs-Elysées ou monde ancien, où l'on démontre que les Champs-Elysées et l'enfer des anciens sont le nom d'une ancienne république d'hommes justes et religieux située à l'extrémité septentrionale de la Gaule; que cet enfer a été le premier sanctuaire de l'initiation aux mystères et qu'Ulysse y a été initié; que la déesse Circé est l'emblême de l'Eglise Elysienne;........ que les dieux de la Fable ne sont que les emblèmes des institutions sociales de l'Elysée; que les poêtes Homère et Hésiode sont originaires de la Belgique. — Gand, Goesin-Verhaeghe, 1806, 1 vol. in-8, dem. rel. bas. f.	1
		N. B. — Comme on le voit, cet ouvrage n'est qu'une série de paradoxes dont nous ne donnons que les principaux.	
U	297	**Grégoire**. De la constitution française de l'an 1814. — Paris, Egron, 1814. (*Recueil*.)	
O	1151	**Grégoire XVI** (N.-S.-L.-P.). Lettre encyclique aux patriarches, primats, archevêques et évêques. — Lyon, Rusand, 1834. (*Recueil*.)	
U	239	**Grégoire de Tours**. L'histoire françoise contenue en dix livres, ausquels sont décrits les conquestes des Gaules, les vies et gestes des premiers Rois, leurs affaires d'Etat et guerres tant estrangères que civiles, ensemble les victoires des martyrs sur les infidèles et de l'Eglise sur les hérétiques;........ augmentée d'un unzième livre; le tout traduit de latin en françois par C. B. D. — Paris, Claude de la Tour, 1610, 1 vol. in-8, couv. parchemin.	1
O	194	**Gregorii** Corinthii et aliorum grammaticorum libri de dialectis linguæ græcæ, quibus additur nunc primùm editus Manuelis Moschopuli libellus de vocum passionibus; recensuit et cum notis variorum suisque edidit Godofr. Henr. Schæfer. — Lipsiæ, sumptibus Weigel, 1811, 1 vol. in-8, v. f. fil. tr. dor. (61).	1

Lettre du genre de l'ouvrage	Numéros des volumes	G	Nombre total des volumes
U	287	**Grenier** (Charles). Situation du gouvernement et du pays au commencement de 1833. — Paris, Delaunay, 1833. (*Recueil.*)	
O	696	**Gresset.** Le parrain magnifique, poême en dix chants, ouvrage posthume. — Paris, Renouard, 1810, 1 vol. in-8, bas. f. racin.	1
«	695	**Gresset.** Œuvres complètes, nouvelle édition augmentée de pièces inédites. — Paris, Dentu, 1807, 3 vol. in-18, v. violet. fil.	3
U	240	**Grille.** (F.), Introduction aux mémoires sur la Révolution française ou tableau comparatif des mandats et pouvoirs donnés par les provinces à leurs députés aux Etats généraux de 1789. — Paris, Pichard, 1825, 2 vol. in-8, dem. rel. v. br.	2
O	699	**Gringoire** (Pierre). Le jeu du prince des sotz et mère sotte, joué aux halles de Paris, le mardy gras, l'an mil cinq cens et unze, composé par Pierre Gringoire, dit mère sotte et imprimé pour icelny. — (Réimpression moderne de 18??), 1 vol. in-12, v. br. fil. dor. s. tr.	1
«	1037	***Grivel.** Nouvelle bibliothèque de littérature, d'histoire, etc....., ou choix des meilleurs morceaux, tirés des ana. — Lille, Henry, 1765, 2 vol. in-12, v. f.	2
«	1038	***Grivel.** Nouvelle bibliothèque de littérature, d'histoire, etc....,.., ou choix des meilleurs morceaux tirés des ana. — Lille, Henry, 1765, 2 vol. in-12, v. f. écaill.	2
I	101	**Grognier.** Rapport sur l'établissement pastoral de M. le baron de Staël. — Lyon, Barret, 1827. (*Recueil.*)	
U	323	**Gros.** Description de la coupole de Sainte-Geneviève, 1824. (*Recueil.*)	
I	100	**Guénard** (le P.). Discours sur les limites de l'esprit philosophique. — Paris, Didot. (*Recueil.*)	
«	105	**Guénard** (le P.). Discours sur les limites de l'esprit philosophique. — Paris, P. Didot. (*Recueil.*)	
U	69	***Guénébauld** (J.-G.-D.-M.-D.). Le réveil de Chyndonax, prince des Vassies, druides celtiques dijonnois avec la saincteté, religion et diversité des cérémonies observées aux anciennes sépultures. — Dijon, Claude Guyot, 1621, 1 vol. in-4, bas. f. fil. (62)	1
A	31	***Guénée** (abbé). Lettres de quelques juifs Portugais, Allemands et Polonais à M. de Voltaire avec un petit commentaire, (5me édition). — Paris, Moutard, 1781, 3 vol. in-8, v. f. racin.	3
U	370	**Guerre.** Discours sur l'organisation intérieure de l'Ecole de la Martinière. — Lyon, Perrin, 1832. (*Recueil.*)	
«	292	**Guerre.** Notice historique sur l'abbaye de Saint-Pierre de Lyon, 1824. (*Recueil.*)	
«	404	**Guerre.** Notice historique sur la vie de P.-F. Rieussec. — Lyon, Louis Perrin, 1827. (*Recueil.*)	
I	135	**Gueyrard** (H.-C.). La doctrine médicale homœopatique examinée sous les rapports théorique et pratique. — Paris, Baillière, 1834, 1 vol. in-8, dem. rel. bas. vert.	1
O	724	**Gui Barozai** (La Monnoye) Noei Bourguignon ; quatreime edicion don le contenun at an Fransoi aipré ce feuillai. — Ai Dioni, Ché Abran Lyron de Modene, 1720, 1 vol. petit in-8, bas. br. (63)	1

Lettre du genre de l'ouvrage	Numéros des volumes	G	Nombre total des volumes
E	6	**Guichard** (Victor) et **Dubochet** (J.-J.). Manuel du juré ou exposition des principes de la législation criminelle dans ses rapports avec les fonctions de juré, et commentaire sur la loi du 2 mai 1827 sur l'organisation du jury. — Paris, Sautelet, 1827, 1 vol. in-8, dem. rel. v. br.	1
O	846	**Guillemain**. Boniface pointu et sa famille, comédie en un acte et en prose. — Paris, 1788. (*Recueil.*)	
		— Le mensonge excusable, comédie en un acte et en prose. — Paris, Cailleau, 1783. (*Recueil.*).	
«	697	**Guillet** (Pernette du). Poésies. — Lyon, L. Perrin, 1830, 1 vol. in-8, papier vélin, cartonné.	1
		N. B. Ce volume est une réimpression de l'édition de 1545.	
U	241	***Guillon** (abbé). Histoire du siège de Lyon, des événemens qui l'ont précédé et des désastres qui l'ont suivi, ainsi que de leurs causes secrètes, générales et particulières, depuis 1789 jusqu'en 1796. — Lyon, Rusand, 1797, 2 vol. reliés en un, in-8, v. f.	1
«	241 bis	— Id......... 2 vol. in-8, dem. rel. bas. br.	2
«	242	***Guillon** (abbé). Lyon tel qu'il était et tel qu'il est ou tableau historique de sa splendeur passée, suivi de l'histoire pittoresque de ses malheurs et de ses ruines. — Lyon, Daval, 1797, 1 vol. in-12, cartonné.	1
O	705	**Guillon** (M.-N.-S.). La Fontaine et tous les fabulistes ou La Fontaine comparé avec ses modèles et ses imitateurs ; nouvelle édition avec des observations critiques, grammaticales, littéraires et des notes d'histoire naturelle. — Paris, Nyon, 1830, 2 vol. in-8, dem. rel. v. vert, non rognés.	2
I	18	**Guiraud** (Alexandre). Élégies savoyardes. — Paris, Trouvé, 1823. (*Recueil.*)	
O	844	**Guiraud** (Alexandre). Le comte Julien ou l'expiation, tragédie en cinq actes. — Paris, 1823. (*Recueil.*)	
U	278	**Guiraud-Lamalvière**. Considérations sur les émigrés. — Paris, 1815. (*Recueil.*)	
U	243	**Guizot**. Cours d'histoire moderne. — Histoire de la civilisation en France depuis la chute de l'empire romain jusqu'en 1789. — 2 vol. in-8.	2
		— Histoire générale de la civilisation en Europe depuis la chute de l'empire romain jusqu'à la Révolution française. 1 vol. in-8.	1
		N. B. — La tomaison est fautive : L'histoire de la civilisation en Europe est portée comme tome 2 de l'histoire de la civilisation en France. Cette dernière ne comporte que le 1er et 3e volumes ; le second lui manque évidemment, et on ne saurait le remplacer par un volume qui forme un ouvrage à part et complet.	
U	247	**Guizot**. Des conspirations et de la justice politique. — Paris, Ladvocat, 1821. (*Recueil.*)	
I	66	**Guizot**. Des moyens de gouvernement et d'opposition dans l'état actuel de la France. — Paris, Ladvocat, 1821, 1 vol. in-8, dem. rel. bas. f.	1
O	1151	**Guizot**. Encyclopédie progressive ou collection de traités sur l'histoire, l'état actuel et le progrès. (art. Encyclopédie.) — Paris, 1826. (*Recueil.*)	

Lettre du genre de l'ouvrage	Numéros des volumes	G	Nombre total des volumes
U	90	**Guthrie** (William). Nouvelle géographie universelle descriptive, historique, industrielle et commerciale des quatre parties du monde, traduite de l'anglais par Fr. Noël. — Paris, Langlois, 1802, 9 vol. in-8, bas. f. avec atlas in-folio.	9
		N. B. — Le 4me vol. manque.	
O	963	***Guy-Marais.** Furetiriana ou les bons mots et les remarques, histoires de morale, de critique, de plaisanterie et d'érudition de M. de Furetière. — Paris, 1696, 1 vol. in-12, bas. br.	1
«	964	***Guy-Marais.** Furetiriana ou les bons mots et les remarques, etc..... de M. de Furetière. — Lyon, Amaulry, 1696, 1 vol. in-12, bas. br.	1
«	1106	**Guy-Patin** (docteur en médecine). Lettres choisies dans lesquelles sont contenues plusieurs particularitez historiques sur la vie et la mort des sçavants de ce siècle, sur leurs écrits, etc..... — Roterdam, Reimer Leers, 1725, 5 vol. in-12, bas. f.	5
«	106	**Gynther.** De usu præpositionum apud Homerum, epistola ad Aug. Wolfium. — Halis Saxonum, 1814. (*Recueil.*)	

Lettre du genre de l'ouvrage	Numéros des volumes	H	Nombre total des volumes
I	18	**Hachette**. Sur les expériences électro-magnétiques de Messieurs Œrsted et Ampère. — Paris, 1820. (*Recueil.*)	
O	467	**Halbkart** (Car. Wilh.) psychologia Homerica seu de Homericâ circà animam vel cognitione vel opinione commentatio. — Zullichaviæ, Fromann, 1796, 1 vol. petit in-8, dem. rel. v. violet.	1
«	467 bis	**Halbkart** (Car. Wilh.) psychologia Homerica seu de Homericâ circà animam vel cognitione vel opinione commentatio. — Zullichaviæ, Fromann, 1796, 1 vol. petit in-8 cartonné.	1
«	597	**Hamel.** Thesis philosophica de psychologiâ Homericâ. — Parisiis, Delalain, 1832, 1 vol. in-8, dem. rel. v. violet.	1
«	468	**Hardouin** (Le Père). Apologie d'Homère où l'on explique le véritable dessein de son Iliade et sa Théomythologie. — Paris, Rigaud, 1716, 1 vol. in-12, bas. br.	1
«	468 bis	— Id..... 1 vol. in-12, bas. br.	1
«	61	**Harpocrationis** lexicon decem oratorum, græcè et latinè; Nic. Blancardus emendavit, disposuit, latinè vertit....., subjiciuntur Ph. Jac. Maussaci notæ et dissertatio critica in quâ de auctore et de hoc scribendi genere disputatur, etc..... — Lugduni, Batavorum, Gelder, 1683, 1 vol. in-4, rel. vélin. N. B. — Au bas du premier feuillet se trouve une note manuscrite de Nic. Blancardus. (64)	1
«	1101	**Hautôme.** Traduction d'extraits des auteurs grecs. — Paris, Brunot-Labbe, 182? 2 tomes in-12 en un vol., dem. rel. v. vert.	1
I	143	***Hauy** (abbé). Instructions sur les mesures déduites de la grandeur de la terre, uniformes pour toute la République et sur les calculs relatifs à leur division décimale. — Commune affranchie, an III, 1 vol. in-8, bas. f.	1
O	448	***Hedelin d'Aubignac**. Conjectures académiques ou dissertations sur l'Iliade, ouvrage posthume, trouvé dans les recherches d'un savant. — Paris, Fr. Fournier, 1715, 1 vol. in-12, bas. br.	2
«	1010	**Hedelin d'Aubignac.** Conjectures académiques ou dissertations sur l'Iliade, ouvrage posthume, trouvé dans les recherches d'un savant. — Paris, Fr. Fournier, 1715, 1 vol. in-12, bas. br. Le même volume contient : Dialogue sur la musique des anciens. — Paris. Noël Pissot, 1725. Dissertation sur l'origine des Français, où l'on examine s'ils descendent des Tectosages ou anciens Gaulois établis dans la Germanie. — Paris, Vincent, 1722. Observations sur la musique, la flûte et la lyre des anciens. Paris, Flahault, 1726.	1
U	138	**Heeren** (A.-H.-L.). Manuel de l'histoire ancienne, considérée sous le rapport des constitutions, du commerce et des colonies des divers Etats de l'antiquité, traduit de l'allemand. — Paris, Firmin Didot, 1823, 1 vol. in-8, dem. rel. v. bl.	1
O	908	**Héliodore.** Histoire éthiopique ou les amours de Théagène et Chariclée, traduction d'Amyot, revue et corrigée par M. Trognon, avec des notes de MM. Coray, etc...... — Paris, Corréard, 1822, 2 vol. in-8, dem. rel. v. br.	2

Lettre du genre de l'ouvrage	Numéros des volumes	H	Nombre total des volumes
O	907	**Héliodore.** L'Histoire éthiopique, contenant dix livres, traitant des loyalles et pudiques amours de Théagènes Thessalien et Chariclea Ethiopienne, traduite du grec en français par Jacques Amyot, conseiller du Roy et grand aumosnier de France; divisées en vingt-neuf chapitres ou sommaires, outre les précédentes impressions. — Paris, Daniel Guillemont, 1616, 1 vol. in-12, bas. f.	1
«	906	**Heliodori.** Æthiopica, græcè, edidit Coray. — Parisiis, Eberhart, 1804, 2 vol. in-8, v. f. fil.	2
U	91	**Helliez.** Géographie de Virgile ou notice des lieux dont il est parlé dans les ouvrages de ce poëte, accompagnée d'une carte géographique. — Paris, Barbou, 1771, 1 vol. in-12, v. f.	1
«	92	**Helliez.** Géographie de Virgile, augmentée de la géographie d'Horace ou notice des lieux dont il est parlé dans les ouvrages de ces poëtes (avec quatre cartes géographiques). — Paris, Aug. Delalain, 1820, 1 vol. in-12, rel. bas. f.	1
O	828	***Hénault?** Nouveau théâtre français : François II, roi de France, tragédie en cinq actes. — 1747, 1 vol. in-8, bas. br.	1
U	271	***Hénault** (le président). Nouvel abrégé chronologique de l'histoire de France, contenant les événemens de notre histoire, depuis Clovis jusqu'à Louis XIV, les guerres, les batailles, les sièges, etc....., nos lois, nos mœurs, nos usages, etc..... — Paris, Prault, 1788, 5 vol. in-8, bas. écaill.	5
O	729	***Hénaut?** Œuvres diverses, contenant : la Consolation à Olympe sur la mort d'Alcimédon ; l'imitation de quelques chœurs de Sénecque le Tragique ; lettres en vers et en prose ; le Bail d'un cœur, divers sonnets et autres pièces. — Paris, Claude Barbin, 1670, 1 vol. petit in-12, bas. br.	1
U	359	**Henricy** (A.). Notice sur l'origine de l'imprimerie en Provence. — Aix, 1826. (*Recueil.*)	
[O	81	**Hephæstionis** Alexandrini Enchiridion de metris et poemate, cum scholiis antiquis et animadversionibus Jo. Cornelii de Pauw. — Trajecti ad Rhenum, apud Melchior Leonardum Charlois, 1726, 1 vol. in-4, rel. parchemin.	1
«	1042	**Heracleides, Ælianus, Nicolaus,** prodromi bibliothecæ græcæ, græcè ; edidit Coray. — Parisiis, Didot, 1804, 1 vol. in-8, v. f. fil.	1
«	469	**Heraclidis** allegoriæ Homericæ quæ sub (ejus) nomine feruntur, cum Conradi Gessneri versione latinâ, iterùm editæ a Nic. Schow ; accedit ejusdem commentatio critica in stoïcorum et grammaticorum allegorias Homericas, etc..... — Gœttingæ, Dieterich, 1782, 1 vol. in-8, bas. f. fil.	1
«	561	***Heraclidis?** (incerti scriptoris græci) fabulæ aliquot Homericæ de Ulixis erroribus ethicè explicatæ, vertit, notasque necessarias adjecit Johannes Columbus. — Lugduni Batavorum, apud Philippum Bonk, 1745, 1 vol. in-8, v. br.	1
		A la suite de cet ouvrage se trouve : Psellus de lapidum virtutibus græcè et latinè cum notis Phil. Jac. Maussaci et Joan. Steph. Bernard ; accedit fragmentum de colore sanguinis ex doctrinâ medicâ Persarum nunc primùm ex codice ms. bibliothecæ Lugduno Batavæ editum. — Lugduni Batavorum, apud Philippum Bonk, 1745. (65)	
U	408	**Hérault de Séchelles.** Voyage à Montbar, contenant des détails sur Buffon. — Paris, Solvet, 1801. (*Recueil.*)	

Lettre du genre de l'ouvrage	Numéros des volumes	H	Nombre total des volumes
O	1107	**Hérault de Séchelles.** Voyage à Montbar, contenant des détails très-intéressans sur le caractère, la personne et les écrits de Buffon. — Paris, Solvet, 1802, 1 vol. in-8, v. f.	1
«	337	**Hermanni** (Godofredi) elementa doctrinæ poeticæ. — Lipsiæ, apud Fleischerum, 1816, 1 vol. in-8, dem. rel. v. rouge.	1
«	1144	**Hermias** (d'). Les philosophes en contradiction, discours satyrique traduit du grec par A. Péricaud. — Lyon, Rossary, 1831. (*Recueil.*)	
U	139	**Herodiani** historiarum libri VIII, recogniti et notis illustrati. — Oxoniæ, Schelden, 1678, 1 vol. in-8, v. br.	1
O	278	**Herodis** Attici quæ supersunt, adnotationibus illustravit Raphael Fiorillo, præfixa est epistola Heynii ad auctorem. — Lipsiæ, Fritsch, 1801, 1 vol. in-8, cuir de Russie, fil.	1
U	143	**Hérodote.** Histoire, suivie de la vie d'Homère, nouvelle traduction par A.-F. Miot. — Paris, F. Didot, 1822, 3 vol. in-8, dem. rel. v. br.	3
«	142	**Hérodote.** Histoire, traduite du grec, avec des remarques historiques et critiques, un essai sur la chronologie d'Hérodote et une table géographique; on y a joint la vie d'Homère, attribuée à Hérodote, etc..... (par Larcher). — Paris, Crapelet, 1802, 9 vol. in-8, v. écaill. fil. tr. dor.	9
«	140	**Herodoti** musæ sive historiarum libri IX ad veterum codicum fidem denuò recensuit, lectionis varietate, continuâ interpretatione latinâ, adnotationibus Wesselingii et Valckenarii, aliorumque et suis illustravit J. Schweighæuser. — Argentorati, Treuttel et Wurtz, 1816, 6 vol. in-8, v. br. fil.	6
«	207	**Herodotus.** The history of the Persian wars with copious notes (græcè), partly compiled and translated, partly original; examination questions, indexes, etc..... by Charles William Stocker. — London, Longman, 1831, 1 vol. (1er) in-8, cartonné.	1
O	341	**Hésiode.** Œuvres, traduction nouvelle par L. Coupé. — Paris, 1796, 1 vol. in-18, dem. rel. mar. rouge.	1
«	338	**Hesiodi** Ascræi « opera et dies »; J. Spondanus, Rupellanæ provinciæ præfectus, recensuit et commentariis illustravit. — Rupellæ, apud Hieronymum Haultinum, 1592, 1 vol. petit in-8, couv. parchemin.	1
«	339	**Hesiodi** Ascræi quæ exstant ex recensione Th. Robinsoni, cum ejusdem et variorum notis, J. Grævii lectionibus Hesiodeiis et Danielis Heinsii introductione in doctrinam « operum et dierum »; accesserunt scholia et animadversiones, curante Chr. Læsnero. — Lipsiæ, Th. Georgi, 1778, 1 vol. in-8, dem. rel. maroq. rouge, fil. (66)	1
«	340	**Hesiodus,** græcè, curante Jo. Fr. Boissonade. — Parisiis, Lefevre, 1824, 1 vol. in-32, dem. rel. maroq. violet.	1
«	10	**Hesychii** lexicon, græcè, cum notis doctorum virorum integris, vel editis antehac, nunc auctis et emendatis,..... vel ineditis,..... ex autographis partim recensuit, partim nunc primùm edidit, suasque animadversiones perpetuas adjecit Johannes Alberti. — Lugduni Batavorum, Samuel Luchtmans, 1746, 2 vol. in-folio, dem. rel. maroq. rouge, non rogné. (67)	2

Lettre du genre de l'ouvrage	Numéros des volumes	H	Nombre total des volumes
O	195	**Hesychii** lexicon ex codice ms. bibliothecæ D. Marci restitutum et ab omnibus mnss. correctionibus repurgatum, sive supplementa ad editionem Hesychii Albertinam, auctore Schow. — Lipsiæ, Weidmann, 1792, 1 vol. in-8, dem. rel. v. br.	1
U	115	**Heynii** (C. G.) ad Apollodori bibliothecam notæ cum commentatione de Apollodoro. — Gœttingæ, Dieterich, 1783, 3 vol. petits in-8, dem. rel. bas. violet.	3
O	1022	**Heynii** (C.-G.) opuscula academica collecta et animadversionibus locupletata. — Gottingæ, Dieterich, 1785-1812, 6 vol. in-8, bas. f.	6
I	67	**Hieroclis** philosophi commentarius in aurea Pythagoreorum carmina, Joanne Eurterio interprete. — London, 1673, 1 vol. in-8, v. br.	1
«	68	**Hieroclis**, philosophi Alexandrini, in Aurea carmina commentarius, græcè et latinè, cum notis edidit R. W. S. T. P. — Londini, Thurlbourn, 1742, 1 vol. in-8, dem. rel. v. rouge, tr. dor. (68)	1
O	279	**Himerii** sophistæ quæ reperiri potuerunt videlicet eclogæ è Photii myriobiblo repetitæ et declamationes, accuratè recensuit, emendavit, latinâ versione et commentario perpetuo illustravit, denique dissertatione de vitâ Himerii præmisit Gottlieb. Wernsdorfius. — Gottingæ, Vandenhoeck, 1790, 1 vol. in-8, dem. rel. maroq. rouge, non rogné.	1
I	136	**Hippocrate.** Aphorismes traduits en français avec le texte grec et une version latine par M. de Mercy. — Paris, Crochard, 1811, 1 vol. in-12, bas. f. fil. tr. dor.	1
«	137	**Hippocrate.** Aphorismes; nouvelle traduction et commentaires spécialement applicables à l'étude de la médecine pratique, dite clinique, par de Mercy. — Paris, Egron, 1817, 1 vol. in-12, v. f. fil. tr. dor.	1
«	138	**Hippocrate.** Épidémies, premier et troisième livres; des crises et des jours critiques, traduits avec le texte grec en regard par de Mercy. — Paris, Eberhart, 1815, 1 vol. in-12, v. f. fil. tr. dor.	1
«	139	**Hippocrate.** Prognostics et prorrhétiques, traduits avec le texte grec en regard par M. de Mercy. — Paris, Crochard, 1813, 1 vol. in-12, v. br. fil. tr. dor.	1
«	140	**Hippocrate.** Prognostics de Cos, traduits avec le texte grec en regard et des notes par M. de Mercy. — Paris, Eberhart, 1815, 1 vol. in-12, bas. violet, fil. tr. dor.	1
«	141	**Hippocrate.** Traité des airs, des eaux et des lieux, traduction nouvelle avec le texte grec en regard et des notes par Coray. — Paris, Eberhart, 1800, 2 vol. in-8, v. f. fil.	2
«	142	**Hippocrate.** Traité des airs, des eaux et des lieux, grec-français (édition faisant partie de la bibliothèque grecque de Coray). — Paris, Eberhart, 1816, 1 vol. in-8, dem. rel. v. br.	1
«	6	**Hippocratis,** medicorum omnium facilè principis, opera omnia quæ extant, in VIII sectiones ex Erotiani mente distributa, nunc denuò latinâ interpretatione et annotationibus illustrata, Anutio Fœsio authore, etc..... — Genevæ, Samuel Chouet, 1657, 1 vol. in-folio, rel. vélin.	1
«	7	**Hippocratis** œconomica alphabeti serie distincta; opus non solùm tyronibus, sed etiam artis Apollineæ mystagogis et è superiore loco docentibus longè utilissimum, in quo dic-	

Lettre du genre de l'ouvrage	Numéros des volumes	H	Nombre total des volumes
		tionum apud Hippocratem omnium, præsertim obscuriorum quæ kata glôssann appellantur, usus explicatur, Anutio Fœsio authore..... etc..... — Genevæ, Samuel Chouet, 1662, 1 vol. in-folio, dem. rel. bas. f.	1
O	1108	**Holstenii** (Lucæ) epistolæ ad diversos quas ex editis et ineditis codicibus collegit atque illustravit Jo. Fr. Boissonade; accedit editoris commentatio in inscriptionem græcam. — Parisiis, 1817, 1 vol. in-8, dem. rel. v. f.	1
«	44	**Holstenii** (Lucæ) notæ et castigationes postumæ in Stephani Bysantii Ethnica quæ vulgò péri poleónn inscribuntur; post longam doctorum expectationem editæ a Theodoro Ryckio qui Scymni Chii fragmenta, item dissertationem de primis Italiæ colonis et Æneæ adventu, et alia nonnula addidit. — Lugduni Batavorum, apud Jacobum Hackium, 1684, 1 vol. in-folio, bas. br.	1
«	596	**Homer**. Iliad and Odyssey translated into english blank verse, with copious alterations and notes, prepared for the press by the translator William Cowper and published with a preface by his kinsman J. Johnson. — London, J. Johnson, 1809, 4 vol. in-8, dem. rel. v. corinth.	4
«	483	**Homère** grec-latin-français ou œuvres complettes d'Homère, accompagnées de la traduction française, de la version interlinéaire latine et suivies d'observations littéraires et critiques par J.-B. Gail. — Paris, Eberhart, 1805, 6 vol. in-8, dem. rel. maroq. rouge.	6
«	470	**Homère.** A burlesque translation in two volumes; (the fourth edition improved.) — London, Robinson, 1797, 2 vol. in-8, fig. v. br. marbr. (69)	2
«	496	**Homère.** Iliade et Odyssée, avec des remarques, précédées de réflexions sur Homère et sur la traduction des poètes, (traduites) par Bitaubé. — Paris, Didot, 1787-1788, 12 vol. in-18, papier vélin, couv. carton.	12
«	497	**Homère.** Iliade et Odyssée, traduites en françois, avec des remarques, par Madame Dacier. — Paris, Rigaud, 1711-1716, 6 vol. in-12, bas. br.	6
«	480	**Homère.** L'Iliade, l'Odyssée, la Batrachomyomachie, les hymnes et divers petits poêmes attribués à Homère; traduction nouvelle par Dugas-Montbel. — Paris, Sautelet, 1825, 4 vol. in-8, dem. rel. rouge. (C'est l'édition de 1815-1818 avec des titres nouveaux.)	4
«	510	**Homère.** Œuvres, traduction nouvelle, avec des notes géographiques, historiques et littérales, par Gin. — Paris, Servière, 1784, 8 vol. in-12, bas. f. racin. fil.	8
«	122	**Homere.** La Iliade, tradotta in compendio ed in prosa, illustrata con brevi annotazioni le quali accennano i luoghi ommessi o abbreviati, espongono il preciso testo litterale, e facilitano la intelligenza del poema. — In Roma, G. Desideri, 1789, 1 vol. in-4, dem. rel. v. f.	1
«	490	**Homère.** Les XXIIII livres de l'Iliade traduicts du grec en vers françois, les XI premiers par Hugues Salel et les XIII derniers par Amadys Jamyn, secrétaire de la chambre du Roy; les XXIIII reveüz et corrigez par ledit Am. Jamyn, avec les trois premiers livres de l'Odyssée d'Homère traduicts par ledit Am. Jamyn; plus une table bien ample sur l'Iliade	

Lettre du genre de l'ouvrage	Numéros des volumes	H	Nombre total des volumes
		d'Homère. — A Paris, pour la vefve Lucas Breyer, au second pilier de la grand' salle du Palais, 1584, 1 vol. in-12, rel. vélin, tr. dor. (70)	1
O	491	**Homère.** Les XXIIII livres de l'Iliade traduicts du grec en vers françois, les XI premiers par Hugues Salel et les XIII derniers par Amadys Jamyn, secrétaire de la chambre du Roy ; les XXIIII reveüz et corrigez par ledit Am. Jamyn, avec les trois premiers livres de l'Odyssée d'Homère traduicts par ledit Am. Jamyn ; plus une table bien ample sur l'Iliade d'Homère. — A Paris, pour Abel L'Angelier, au premier pillier de la grand' salle du Palais, 1584, 1 vol. in-12, bas. br. (71)	1
«	492	**Homère.** Les XXIIII livres de l'Iliade traduicts du grec en vers françois, les XI premiers par Hugues Salel et les XIII derniers par Amadys Jamyn, secrétaire de la chambre du Roy ; tous les XXIIII reveüz et corrigez par ledit Amadys Jamyn, avec les trois premiers livres de l'Odissée d'Homère ; plus une table bien ample sur l'Iliade d'Homère. — A Paris, chez Abel L'Angelier, au premier pillier de la grand' salle du Palais, 1599, 1 vol. petit in-12, v. f. racin.	1
«	501	**Homère.** Iliade, avec la suite d'icelle ; ensemble le ravissement d'Hélène, subject de l'histoire de Troie, le tout de la traduction et invention du sieur du Souhait. — Paris, chez Pierre Chevalier, 1617, 1 vol. in-8, v. violet.	1
«	107	**Homère.** Iliade, traduite par De Launay-Valeri ; nouvelle édition revue, corrigée et précédée de recherches historiques et philosophiques sur Homère. — Paris, Quiber-Palissaux, 17?? 2 vol. in-8, tirés in-4. papier vélin, dem. rel. bas. f.	2
«	476	**Homère.** Iliade ; essai d'une traduction en vers de ce poême, précédée d'un discours sur Homère par D. R. (De Rochefort). — Paris, Barbou, 1765, 1 vol. in-8, dem. rel. v. br.	1
«	477	**Homère.** Iliade ; essai d'une traduction en vers de ce poême, précédée d'un discours sur Homère par M. de Rochefort. — Paris, Barbou, 1765, 1 vol. in-8, dem. rel. v. br.	1
		NOTA. — Le titre est fait à la main. L'Epitre à MM. de l'Académie des Inscriptions et Belles-Lettres, ainsi que les huit premières pages du discours sur Homère sont manuscrites. Cet exemplaire contient un grand nombre de corrections manuscrites de Rochefort.	
«	494	**Homère.** L'Iliade en vers, par le baron de Beaumanoir. — Paris, Duchesne, 1781, 2 vol. in-8, dem. rel. v. bl.	2
«	108	**Homère.** L'Iliade et l'Odyssée, traduites en vers français par M. de Rochefort. — Paris, Imprimerie royale, 1781-1782, 2 vol. in-4, bas. f. racin.	2
«	508	**Homère.** Iliade, nouvelle traduction par (de Marcadé), interprête pour les langues étrangères. — Paris, Théophile Barrois, 1782, 2 vol. in-12, bas. f.	2
«	499	**Homère.** L'Iliade, traduite en vers français, avec des remarques à la fin de chaque chant et ornée de gravures par M. Dobremès. — Paris, Duchesne, 1784, 3 vol. in-8, v. f. racin.	3
«	509	**Homère.** Opuscules, traduction nouvelle par M. L. Coupé. — Paris, Honnert, 1796, 1 vol. in-18, dem. rel. bas. vert.	1

Lettre du genre de l'ouvrage	Numéros des volumes	H	Nombre total des volumes
0	493	**Homère**. L'Iliade, traduite en vers français, suivie de la comparaison des divers passages de ce poème avec les morceaux correspondants des principaux poètes hébreux, grecs, français, allemands, etc..... par M. Aignan. — Paris, Giguet et Michaud, 1809, 3 vol. in-12, dem. rel. maroq. rouge.	3
«	500	**Homère**. Iliade, traduite du grec en français par (Lebrun). — Paris, Bossange, 1809, 2 vol. in-12, bas. f. racin.	2
«	485	**Homère**. L'Iliade, nouvelle traduction en prose, précédée d'un discours sur l'histoire de la poésie, par Thomas, Renouvier et A. C*** (Cambis). — Paris, Schœll, 1810, 2 vol. in-8 cartonnés.	2
«	484	**Homère**. L'Iliade, traduction littérale avec le texte en regard, par M. D***. — Paris, Verdière, 1816, 1 vol. in-12, couv. parchemin.	1
«	498	**Homère**. Iliade, traduite par Madame Dacier, avec le texte en regard. — Paris, Delalain, 1819, 2 vol. in-12, dem. rel. v. bl.	2
«	478 bis	**Homère**. L'Iliade, traduction nouvelle par Dugas-Montbel. — Paris, P. Didot, 1815, 2 vol. in-8 brochés. (Cet exemplaire est chargé de corrections manuscrites par le traducteur.)	2
«	478 ter	**Homère**. L'Iliade, traduction nouvelle par Dugas-Montbel. — Paris, P. Didot, 1815, 2 vol. in-8 brochés.	2
«	478	**Homère**. L'Iliade, traduction nouvelle par Dugas-Montbel. — Paris, P. Didot, 1825, 2 vol. in-8 cartonnés. (Exemplaire interfolié, avec un grand nombre de notes mnss.)	2
«	481	**Homère**. L'Iliade, traduite en français (avec le texte grec en regard), par Dugas-Montbel. — Paris, Firmin Didot, 1828-30, 3 vol. in-8, dem. rel. v. br.	3
		— Odyssée, traduite en français (avec le texte grec en regard), par le même. — Ibid....., 1833, 3 vol. in-8, dem. rel. v. br.	3
«	157	**Homère**. L'Iliade, texte grec et traductions. (Édition polyglotte en 1 vol.) Prospectus d'une feuille in-4 avec une gravure. — Florence, Borghi, 1828. (*Recueil*.)	
«	495	**Homère**. L'Iliade, traduction nouvelle en vers français, précédée d'un essai sur l'épopée homérique, par A. Bignan. — Paris, Belin, 1830, 2 vol. in-8, dem. rel. v. br.	2
«	502	**Homère**. L'Odyssée, de la version de Salomon Certon, conseiller et secrétaire des finances de sa Majesté en sa Maison et Couronne de Navarre, et sécrétaire de sa Chambre. (Traduction en vers). — A Paris, chez Abel L'Angelier, au premier pillier de la grand' salle du Palais, 1604, 1 vol. in-8 maroq. rouge, fil. tr. dor.	1
«	505	**Homère**. L'Odyssée, nouvelle traduction par (de la Valterie). — Paris, Claude Barbin, 1681, 2 vol. in-12 v. br.	2
«	506	**Homère**. L'Odyssée, nouvelle traduction par (de la Valterie). — Paris, Claude Barbin, 1682, 1 vol. in-12, bas. br.	1
«	504	**Homère**. L'Odyssée, traduite en français par M. D., et enrichie de figures en taille-douce. — Paris, Michel Brunet, 1709, 2 vol. in 12, fig. bas. br. **N. B. — A la suite du 2me volume se trouve la traduction du combat des rats et des grenouilles (Batrachomyomachie), en prose et en vers.**	2

Lettre du genre de l'ouvrage	Numéros des volumes	H	Nombre total des volumes
O	479	**Homère.** L'Odyssée, suivie de la Batrachomyomachie, des hymnes, de divers petits poëmes et fragments attribués à Homère, traduction nouvelle par Dugas-Montbel. — Paris, P. Didot, 1818, 2 vol. in-8 brochés. (Exemplaire chargé de corrections mnss. par le traducteur.)	2
«	479 bis	**Homère.** L'Odyssée, suivie de la Batrachomyomachie, des hymnes, de divers petits poèmes et fragments attribués à Homère, traduction nouvelle par Dugas-Montbel. — Paris, P. Didot, 1818, 1er vol. in-8 broché. (Exemplaire chargé de notes mnss. par le traducteur.)	1
«	503	**Homère.** L'Odyssée, traduite du grec par Madame Dacier. — Paris, Aug. Delalain, 1818, 2 vol. in-12, dem. rel. v. bl.	2
«	507	**Homère.** L'Odyssée, traduite du grec. — Paris, Bossange, 1819, 2 vol. in-12, bas. f. racin.	2
«	567	**Homère.** Adieux d'Hector et d'Andromaque, traduction en vers par Gruet. — Paris, Demonville, 1776, 1 vol. in-8. — Adieux d'Hector et d'Andromaque (Iliade, livre VI), traduction en vers par de Murville. — Paris, Demonville, 1776. — Commencement de l'Iliade, traduction en vers par de Saint-Ange. — Paris, Demonville, 1776. — Priam aux pieds d'Achille (Iliade, livre XXIV), traduction en vers par Doigni. — Paris, Demonville, 1776. — La Ceinture de Vénus, épisode du XIVe chant de l'Iliade, traduction en vers. — Paris, Delance, 1807. (*Recueil.*)	
«	474	**Homère.** Commencement du seizième chant de l'Iliade, traduit en vers par M. le marquis de Villette (1). — Paris, Demonville, 1778. — Mort d'Hector, traduction du 22me livre de l'Iliade en vers, français par M. Chanin. — Paris, Chaumerot, 1809. — Traduction du commencement du seizième chant de l'Iliade, par F. M***. — Paris, Demonville, 1778. En tout : 1 vol. in-8, dem. rel. v. violet.	1
«	489	**Homère.** Le premier livre de l'Iliade en vers françois, avec une dissertation sur quelques endroits d'Homère, par l'abbé Régnier ; on y a joint quelques autres pièces détachées traduites du grec. — Paris, Jean Anisson, 1700, 1 vol. in-8, v. f. NOTA. — Voy. l'éloge de Régnier des Marais, par d'Alembert; la traduction du 1er livre de l'Iliade y est critiquée, mais la dissertation sur Homère y est louée. — D.-M.	1
«	456	***Homère.** Les fantastiques batailles des grans Roys Rodilardus et Croacus (combat des rats et des grenouilles, autrement dit Batrachomyomachie); translaté de latin en françois; imprimé nouvellement. — On les vend à Poictiers, à l'enseigne du Pelican, 1535, 1 vol. petit in-12, écriture gothique, maroq. bl. fil. tr. dor. (72)	1
«	580	**Homère.** Premier et second livres de l'Odyssée, traduits en vers français par Jacques Peletier du Mans. — A Paris, pour Claude Gautier, tenant sa boutique au second pilier de la grand' salle du Palais, 1574, 1 vol. petit in-8, v. violet.	1

(1) Cette traduction est de Voltaire (voy. les poésies de Voltaire en 5 vol. donnés par M. Beuchot, t. III, p. 346). — D.-M.

Lettre du genre de l'ouvrage	Numéros des volumes	H	Nombre total des volumes
O	473	**Homère.** Batrachomyomachie ou combat des rats et des grenouilles, en vers françois par le docteur Junius Biberius Mero. — Paris, Giffart, 1717, 1 vol. in-8, dem. rel. v. f.	1
«	486	**Homère.** La Batrachomyomachie ou le combat des rats et des grenouilles, traduction de Jules Berger. — Paris, Ladvocat, 1823. — Le combat des rats et des grenouilles, tiré d'Homère, poème héroïque, en vers français. — Cologne, Frick, 1742, 1 vol. in-12, dem. rel. v. br.	1
«	487	**Homère.** La Batrachomyomachie, traduite par F. Sugier. — Besançon, 1813, 1 vol. in-18, dem. rel. v. br. (Numéro à double emploi, voy. Aviénus.)	1
«	488	**Homère.** La Batrachomyomachie ou la guerre des grenouilles et des souris, traduite en français mot pour mot, de la version latine d'Etienne Berglère imprimée vis-à-vis, par Fr. Cohen de Kentish-Town, âgé de huit ans; à quoi on a ajouté une paraphrase en vers anglais publiée par M. Pope. — Londres, 1797, 1 vol. grand in-8, dem. rel. v. br.	1
«	513	**Homeri.** Batrachomyomachia, græcè, ad veterum exemplarium fidem recusa; glossâ græcâ, variantibus lectionibus, versionibus latinis, commentariis et indicibus illustrata. — Londini, Gul. Bowyer, 1721, 1 vol. in-8, v. br. NOTA. — Les notes manuscrites qui se trouvent dans cet exemplaire sont de M. Debure Saint-Fauxbin (voy. *Journal de la Librairie*, année 1825).	1
«	514	**Homeri** carmina cum brevi annotatione; accedunt variæ lectiones et observationes veterum grammaticorum..... curante C. G. Heyne; — tomus nonus indices continens confectos ab E. A. G. Graefenham. — Lipsiæ, Weidmann, 1802-1822, 9 vol. in-8, dem. rel. v. f.	9
«	515	**Homeri** carmina ad optimorum librorum fidem expressa, curante Guil. Dindorfio. — Lipsiæ, Teubner, 1826-1828, 3 vol. petit in-8 rel. en 2 vol., dem. rel. v. br.	2
«	516	**Homeri** epitheta omnia ex Iliade et Odysseâ, unà cum interpretatione textûs Eustathii in easdem difficiliora. — Lugduni, Soubron, 1594, 1 vol. petit in-12, bas.	1
«	517	**Homeri** Hectoris interitûs carmen sive Iliadis liber XXII cum scholiis vetustis Porphyrii et aliorum, quæ, hùc usque inedita, nunc primùm è codice Leidensis Bibliothecæ evulgavit Walkenaer; accedit ejusdem dissertatio..... — Leovardiæ, ex officinâ Gulielmi Coulon. 1747, 1 vol. in-8, dem. rel. v. br. (73)	1
«	518	**Homeri** hymni et Batrachomyomachia, denuò recensuit, auctario animadversionum et varietate lectionis instruxit et latinè vertit Aug. Matthiæ, græcè et latinè. — Lipsiæ, Weidmann, 1805, 1 vol. in-8, bas. f.	1
«	519	**Homeri** hymni et epigrammata, græcè, edidit Godof. Hermannus. — Lipsiæ, Weidmann, 1806, 1 vol. in-8, dem. rel. bas. f.	1
«	520	**Homeri** hymnus in Cererem nunc primùm editus a Davide Ruhnkenio. — Lugduni Batavorum, Luchtmans, 1781, 1 vol. in-8, v. f. fil. tr. dor.	1
«	521	**Homeri** hymnus in Cererem, græcè et latinè, recensuit et animadversionibus illustravit C. G. Mitscherlich. — Lipsiæ, Weidmann, 1787, 1 vol. petit in-8, dem. rel. v. br.	1

Lettre du genre de l'ouvrage	Numéros des volumes	H	Nombre total des volumes
O	111	**Homeri** Iliados librí duo unà cum annotationibus Volmatii passim suis locis adpositis. — (Parisis) Venales habentur in viâ Jacobæâ, sub signo trium coronarum Coloniensium, 1523, 1 vol. petit in-4, v. br. fil.	1
«	523	**Homeri** Ilias, Odyssea, etc..... græcè. — Venetiis, in ædibus Aldi et Andreæ Asulani soceri, 1524, 2 vol. petit in-8, v. noir. fil. tr. dor. (74)	2
«	112	**Homeri** Ilias, græcè. — Lovanii, ex officinâ Rutgeri Rescii, 1535, 1 vol. in-4, v. f. fil. dor. s. tr. (75)	1
		— Ulyssea, Batrachomyomachia, hymni XXXII, græcè. — Lovanii, ex officina Rutgeri Rescii, 1535, 1 vol. in-4, v. f. fil. dor. s. tr.	1
«	525	**Homeri** Ilias ad verbum translata, Andreâ Divo Justinopolitano interprete. — Parisiis, in officinâ Christiani Wecheli, 1538, 1 vol. in-8 rel. parchemin.	1
«	541	**Homeri** interpres cum indice locupletissimo. — Argentorati, per Wendelinum Richelium, 1539, 1 vol. in-8, maroq. orange, fil. tr. dor. (76)	1
«	526	**Homeri** Ilias, Odyssea, Batrachomyomachia, hymni, græcè. — Argentorati, apud Wolf. Cephal, 1542, 2 vol. petit in-8, v. br.	2
«	527	**Homeri** Ilias, id est, de rebus ad Trojam gestis. — Parisiis, apud Adr. Turnebum, 1554, 1 vol. petit in-8, rel. vélin (77).	1
«	527 bis	— Id. — ..... Ibid....., 1 vol. petit in-8, rel. maroq. vert, fil. tr. dor.	1
«	528	**Homeri** Ilias, id est, de rebus ad Trojam gestis. — Atrebatii, è typographiâ Joannis Crispini, 1559, 1 vol. petit in-12, rel. parchemin, dor. s. tr.	1
«	529	**Homeri** Ilias, Odyssea, seu potiùs omnia ejus quæ extant opera, studio et curâ Giphanii quam emendatissimè edita, cum ejusdem scholiis et indicibus novis. — Argentorati, excudebat Theodorus Richelius (1572), 2 vol. petit in-8, v. br. (78)	2
«	530	**Homeri** Ilias, cum Æmilii Porti, Fr. Porti Cretensis latinâ ad verbum interpretatione, quam is, paternos commentarios accuratè sequutus, ab innumeris immendis repurgavit; adjectis insuper duobus poematis Coluthi Helenæ raptu, Tryphiodori Ilii excidio ; accesserunt et ipsa Fr. Porti prolegomena.— (Genevæ), per Joannem Vignon, 1609, 1 vol. in-18, rel. parchemin.	1
«	113	**Homeri** Ilias versus græcos vulgares translata (a Nic. Lucano). — Venetiis, Pinelli, 1612, 1 vol. petit in-4, fig. sur bois, v. f. fil. dor. s. tr. (79)	1
«	110	**Homeri** Ilias et Odyssea et in easdem scholia, sive interpretatio Didymi cum latinâ versione accuratissimâ, indice græco locupletissimo rerum ac variantium lectionum, accurante Corn. Schrevelio. — Lugduni Batavorum, apud Franciscum Hackium, 1656, 2 parties en 1 vol. in-4, v. vert, fil. tr.dor (80)	1
«	110 bis	**Homeri** Ilias et Odyssea et in easdem scholia sive interpretatio Didymi, cum latinâ versione accuratissimâ indiceque græco....., accurante Corn. Schrevelio. — Lugduni Batavorum, Hackius (seu Elzevir), 1656, 2 vol. in-4, bas. br. (81)	2
«	532	**Homeri** Ilias, Odyssea, græcè. — Oxoni, Scheldon, 1743-1750, 2 vol. in-8, bas. f.	2

Lettre du genre de l'ouvrage	Numéros des volumes	H	Nombre total des volumes
O	533	**Homeri** Ilias, græcè. — Glasguæ, excudebant R. et A. Foulis, 1747, 2 vol. petit in-8, v. marbré, fil. dor. s. tr. (82)	2
«	534	**Homeri** Ilias et Odyssea, græcè. — Oxonii, Scheldon, impensis Fletcher, 1750-58, 2 vol. in-8, bas. marbré, fil.	2
«	522	**Homeri** Iliadis, liber I et II, cum paraphrasi græcâ hùc usque inedità et græcorum veterum commentariorum magnam partem nunc primùm in lucem prodeuntibus, edidit, notas adjecit E. Vassemberg. — Franequeræ, Lomars, 1783, 1 vol. in-8, dem. rel. v. br.	1
«	522 bis	— Id. — ..... Ibid....., 1 vol. in-8, v. br. fil.	1
«	28	**Homeri** Ilias ad veteris codicis Veneti fidem recensita ; scholia in eam antiqua, cum asteriscis, obeliscis aliisque signis criticis edidit Joh. Bapt. Caspar d'Ansse de Villoison. — Venetiis, typis et sumptibus Coleti, 1788, 1 vol. in-folio, dem. rel. v. f. non rogné. (83)	1
«	535	**Homeri** Ilias, Odyssea, etc..... ad codicem Vindobonensem græcè expressæ, recensuit Fr. Carolus Alter. — Viennæ, typis Johannis Thomæ, 1789-1794, 3 vol. in-8 reliés en 2 vol., dem. rel. v. br.	2
«	114	**Homeri** Ilias et Odyssea, græcè, edidit Ricardus Porson. — Oxonii, 1800, 4 vol. petit in-4, reliés en 2 vol., cuir de Russie. (84)	2
«	537	**Homeri** Ilias et Odyssea et Homeridarum reliquiæ, ex recensione Friderici Wolfii. — Lipsiæ, Goschen, 1804-1807, 4 vol. in-8, v. corinthien marbré, fil. non rogné.	4
«	577	**Homeri** Iliadis rhapsodia cum antiquis novisque commentariis, edidit Bolissius. — Parisiis, Eberhart, 1810, 4 vol. in-8, rel. parchemin. N. B. — Ces quatre volumes ne contiennent que les quatre premiers livres de l'Iliade.	4
«	576	**Homeri** Ilias cum antiquâ paraphrasi ex manuscriptis Theodori Gaze, etc..... — Florentiæ (ex typographiâ Nicolaï Karle), 1810, 4 vol. in-8 bas. f. N. B. — Ces quatre volumes, comme les précédents, ne renferment que les quatre premiers livres de l'Iliade.	4
«	538	**Homeri** Ilias et Odyssea, græcè. — Oxonii, N. Bliss, 1810-1811, 4 vol. petit in-12, cuir de Russie.	4
«	35	**Homeri** Iliadis fragmenta antiquissima cum picturis, item scholia vetera ad Odysseam edente Angelo Maio. — Mediolani, regiis typis, 1819, 1 vol. in-folio, dem. rel. maroq. violet, non rogné.	1
«	539	**Homeri** Ilias et Odyssea, græcè. — Londini. G. Pickering, 1831, 2 vol. in-48, cartonnés (85)	2
«	540	**Homeri** Ilias, græcè ; recensuit et brevi annotatione instruxit Fr. Spitzner Saxo. — Gothæ et Erfordiæ, sumptibus G. Hennings, 1832-33, 2 vol. in-8 brochés.	2
«	536	**Homeri** Ilias, ad optimorum librorum fidem, accuratè edita (editio stereotypa). — Lipsiæ, ex officinâ Tauchnitii. s. d., 2 vol. in-32 reliés en un, cartonné.	1
«	544	**Homeri Odyssea, Batrachomyomachia, hymni, græcè. — (Argentorati) 1542, 1 vol. petit in-8 rel. parchemin avec fermoirs.**	1

Lettre du genre de l'ouvrage	Numéros des volumes	H	Nombre total des volumes
O	531	**Homeri** Odyssea de rebus ab Ulysse gestis, ejusdem Batrachomyomachia, hymni et epigrammata, omnia cum Æmilii Porti, Fr. Porti Cretensis latinâ ad verbum interpretatione; quam is, paternos commentarios accuratè sequutus, ab innumeris mendis repurgavit, accesserunt ejusdem prolegomena. — (Genevæ) apud Joh. Vignon, 1609, 1 vol. in-18, rel. parchemin.	1
«	545	**Homeri** Odyssea, græcè, cum interpretatione latinâ ad verbum, post alias omnes editiones repurgata plurimis erroribus (et quidem crassis alicubi) partim ab H. Stephano, partim ab aliis; adjecti sunt etiam Homerici centones qui græcè Omérò Kenntra : item proverbialium Homeri versuum libellus. — Parisiis, Libert, 1624, 1 vol. in-12, v. br.	1
«	547	**Homeri** Odyssea cum interpretationis Eustathii et reliquorum grammaticorum delectu, suisque commentariis edidit D. C. G. Baumgarten-Crusius. — Lipsiæ, Hartmann, 1822-1824, 3 vol. in-8, dem. rel. v. br.	3
«	1149	**Homeri** Odyssea parva, græcè, edidit Ch. Koch. — Leipsig, Nauck, 1830. (*Recueil.*)	
«	543	**Homeri** Odysseæ libri vigenti et quatuor per Volaterranum versi, Batrachomyomachia, hymni deorum; Herodoti de Homeri vitâ libellus; Quinti Calabri libri quatuor decim; Coluthi raptus Helenæ. — Lugduni, apud Seb. Gryphium, 1541, 1 vol. in-8, dem. rel. v. br.	1
		N. B. — Le titre est refait à la main.	
«	31	**Homeri** opera, græcè, ex recensione Demetrii Chalcondylæ et Demetrii Cretensis. — Florentiæ, sumptibus B et N. Nerlii, 1488, 2 vol. in-folio, maroq. vert, fil. rogné à blanc. (86)	2
«	548	**Homeri** opera, græcè (edente Francino). — Venetiis (apud L. A. Juntas), 1537, 2 vol. in-8, cuir de Russie, fil. tr. dor. (87)	2
«	30	**Homeri** opera græco-latina, quæ quidem nunc extant, omnia; hoc est : Ilias, Odyssea, Batrachomyomachia et hymni : prætereà Homeri vita ex Plutarcho, cum latinâ item interpretatione, locis communibus ubique in margine notatis, in hæc operam suam contulit Sebastianus Castalio. Editio tertia superioribus longè et emendatior et auctior, etc..... — Basileæ, per hæredes Nic. Brylingeri, 1567, 1 vol. in-folio, rel. vélin.	1
		N. B. — Le titre est en mauvais état.	
«	550	**Homeri** opera omnia ex recensione et cum notis Samuelis Clarkii; accessit varietas lectionum..... curâ J. Aug. Ernesti, qui et notas suas adspersit. — Glasguæ, Duncan, 1814, 5 vol. in-8, rel. parchemin.	5
«	551	**Homeri** opera, græcè, curante J. Fr. Boissonade. — Parisiis, Lefèvre, 1823, 4 vol. in-32, dem. rel. maroq. violet.	4
«	116	**Homeri** opera, græcè et latinè, et in eadem scholia, sive interpretatio, veterum; item notæ perpetuæ in textum et in scholia, variæ lectiones; operâ, studio et impensis Josuæ Barnes. — Cantabrigiæ, Corn. Crownfield, 1711, 2 vol. in-4, v. f. écail. fil. (88)	2
«	115	**Homeri** opera, græcè et latinè, edidit, adnotationesque, ex notis nonnullis mss. a S. Clarke defuncto relictis partim collectas, adjecit S. Clarke. — Londini, Botham, 1729-1740, 2 vol. in-4, v. f. fil. (89)	2

Lettre du genre de l'ouvrage	Numéros des volumes	H	Nombre total des volumes
O	32	**Homeri** opera, græcè. — Glasguæ, excudebant Rob et And. Foulis, 1756-1758, 4 vol. petit in-folio, reliés en deux, maroq. citron. fil. tr. dor. (90)	2
«	549	**Homeri** operum omnium quæ extant sive Ilias, Odyssea, Batrachomyomachia, hymni et epigrammata, græcè et latinè; accedunt fragmenta græcè; juxtà editionem novissimam atque accuratissimam Samuelis Clarke. — Amstelædami, Wetstem, 1743, 2 vol. petit in-12, dem. rel. v. f. (91)	2
«	546	**Homeri** operum tomus alter : Odyssea, adjectis etiam Batrachomyomachiâ, hymnis et cæteris opusculis. — Paris, Brocas, 1747, 1 vol in-8, bas. br.	1
«	552	**Homeri** poemata duo, Ilias et Odyssea, sive Ulyssea, græcè; alia item carmina ejusdem; cum interpretatione latinâ ad verbum post alias omnes editiones repurgatâ plurimis erroribus, partim ab H. Stephano, partim ab aliis; adjecti sunt etiam Homerici centones qui græcè Omérô Kenntra : item proverbialium Homeri versuum libellus; editio recognita per J. T. P. — Parisiis, J. Libert, 1622, 2 vol. petit in-8, v. br.	2
«	29	**Homeri,** poetæ clarissimi, Ilias per Laurentium Vallensem Romanum è græco in latinum translata; nuper acouratissimè emendata. — Venetiis. Tacuini, 1502, 1 vol. in-folio, maroq. vert, tr. dor. (92)	1
«	109	**Homeri,** poetarum omnium sæculorum facilè principis, gnomologia, duplici paralelismo illustrata : uno ex locis S. Scripturæ quibus gnomæ Homericæ aut propè affines, aut non prorsùs absimiles, altero ex Gentium scriptoribus, ubi citationes,..... etc..... insertis hinc indè observationibus Ethico-Politicis in sententias et ad voces insigniores notis criticis,..... per Jac. Duportum. — Cantabrigiæ, Joannes Field, 1660, 1 vol. in-4, rel. parchemin.	1
«	524	**Homeri,** poetarum omnium principis, Ilias, Andreâ Divo Justinopolitano interprete, ad verbum translata; Herodoti Halicarnassei libellus, Homeri vitam fidelissimè continens, Conrado Heresbachio interprete; cum indice copiosissimo. — Venetiis, apud Jacob a Burgofrancho, 1537, 1 vol. in-8, dem. rel. bas. br.	1
«	33	**Homeri** quæ extant omnia Ilias, Odyssea, Batrachomyomachia, hymni, poematia aliquot cum latinâ versione..... perpetuis item justisque in Iliada simul et Odysseam J. Spondani commentariis, etc..... — Aureliæ Allobrogum, sumptibus Caldorianæ Societatis, 1606, 1 vol. in-folio, rel. vélin.	1
«	34	**Homeri** quæ exstant omnia : Ilias, Odyssea, Batrachomyomachia, hymni, poematia aliquot, cum latinâ versione omnium quæ circumferuntur emendatissima aliquot locis jàm castigatiore, perpetuis item justis in Iliada simul et Odysseam J. Spondani commentariis..... Editio ultima superiore limatior. — Basileæ, per Sebastianum Henric. Petri, 1606, 1 vol. in-folio, bas. f. tr. dor.	1
«	553	**Homeri** in Odysseam scholia antiqua, maximam partem è codicibus Ambrosianis ab Angelo Maio prolata, nunc è codice Palatino et aliundè auctiùs et emendatiùs edita a Philippo Buttmanno; accedunt fragmentorum Iliadis Ambrosianorum notitia et excerpta. — Berolini, Mylian, 1821, 1 vol. in-8, dem. rel. maroq. rouge.	1

Lettre du genre de l'ouvrage	Numéros des volumes	H	Nombre total des volumes
O	554	**Homeri** Ulyssea, Batrachomyomachia, hymni XXXII. — Lovanii, apud Theodoricum Martinum Alostensem, 1523, 1 vol. grand in-8, dem. rel. v. br. N. B. — Les huit premières pages de l'Odyssée possèdent une traduction manuscrite interlinéaire et assez ancienne.	1
«	112 bis	**Homeri** Ulyssea, Batrachomyomachia, hymni XXXII, græcè. — Lovanii, Græavius, ex officinâ Rutgeri Rêscii, 1535, 1 vol. in-4, rel. vélin.	1
«	117	**Homeri** Ulyssea unà cum Didymi, autoris antiquissimi, interpretatione, græcè. — Basileæ, apud J. Hervagium, 1541, 1 vol. in-4, bas. br. (En mauvais état.)	1
«	599	**Homeri** Ulyssea, Batrachomyomachia, hymni XXXII, edidit A. Fr. Warchius (s. l. n. d.), 1 vol. in-8, rel. parchemin.	1
«	99	**Homerica** carmina, Ilias et Odyssea, a rhapsodorum interpolationibus repurgata et in pristinam formam, quatenus, recuperanda esset,..... redacta; cum notis ac prolegomenis in quibus de eorum origine, auctore et ætate itemque de priscæ linguæ progressu et precoci maturitate diligenter inquiritur operâ et studio Rich. Payne Knight. — Londini, Valpy, 1820, 1 vol. in-4, dem. rel. maroq. violet.	1
«	557	**Homerici** hymni cum reliquis carminibus minoribus Homero tribui solitis et Batrachomyomachia dialecto vulgari et Theodori Prodromi Galeomyomachia; textum recensuit et animadversionibus illustravit C. D. Ilgen. — Halis Saxonum, Hemmerdean, 1796, 1 vol. in-8, dem. rel. v. vert.	1
«	118	**Homericus** Achilles Caroli Drelincurtii penicillo delineatus per convicia et laudes. (Editio tertia). — Lugduni Batavorum, apud Petrum Wander, 1696, 1 vol. in-4, dem. rel. bas. f.	1
«	573	**Homero** (Omero). Iliade, traduzione del cav. Vincenzo Monti ristampata sulla terza edizione corretta dall' autore colla giunta degli argomenti di G. A. M. — Firenze, Leonardo Chardetti, 1821, 2 vol. in-12, dem. rel. v. violet.	2
«	574	**Homero** (Omero). Odissea, tradotta da Ippolito Pindemonte Veroneze. — Verona, 1822, 2 vol. in-12, dem. rel. v. br.	2
«	575	**Homero** (Omero). Odissea, tradotta da Ippolito Pindemonte Veroneze. — Livorno, Glauco Masi, 1822, 2 vol. in-12, dem. rel. v. violet.	2
«	471	**Homer's** Iliad, translated by Alexandre Pope. — London, Henry Lintot, 1756, 6 vol. petit in-8, bas. br. fil.	6
«	555	**Homers** Ilias und Odyssee als Wolfsgesange die bei Eutstehung der griechischen freistaaten fursten und volfer unmerflich, auf beffre gedoufen bringen follten, dargestellt von M. Karl Gottfried Relle. — Leipsig, Hartmann, 1826, 1 vol. in-8, dem. rel. v. br.	1
«	472	**Homer's** Odyssey, translated from the greek (by Alexandre Pope). — London, B. Lintot, 1725, 5 vol. petit in-8, bas. br. fil.	5
«	25	**Homerus, Hesiodus, Orpheus, Callimachus, Nicandrus, Theocritus, Moschus, Bion, Dionysius, Coluthus, Musæus, Theognis, Phocylides,** poetæ græci principes; Pythagoræ aurea carmina; fragmenta aliorum; Henrici Stephani tetrastichon de hâc suâ editione, etc. — s. l., 1566, excudebat Henricus Stephanus, 1 fort vol. in-folio, maroq. vert, fil. tr. dor. (93).	1

Lettre du genre de l'ouvrage	Numéros des volumes	H	Nombre total des volumes
O	196	**Hoogeveen** (Henrici) doctrina particularum græcarum recensuit, breviavit et auxit Chr. God. Schütz. — Dessaviæ, 1782, 1 vol. in-8, bas. br.	1
«	353	**Horace.** Art poétique, traduit en vers français, suivi de la chute de Rufin, poëme en deux chants, traduit de Claudien, par le marquis de Sy. — Londres, Bossange, 1816, 1 vol. in-8 broché.	1
«	748	**Horace.** Art poétique, traduit en vers français par D. Toulouzet. — Clermont-Ferrand, Veysset, 1809. (*Recueil.*)	
«	1156	**Horace.** Art poétique, traduit en vers français par J.-B. Poupar, précédé de l'éloge de l'auteur, par M. Dumas. — Lyon, 1828. (*Recueil.*)	
«	346	**Horace.** Odes, traduites en français par un ancien général de division de la grande armée. — Paris, Lecointe, 1831, 1 vol. in-8, dem. rel. v. bl.	1
«	344	**Horace.** Œuvres, en latin et en français, avec des remarques critiques et historiques par M. Dacier (3me édition). — Paris, Ballard, 1709, 10 vol. in-12, bas. f. racin.	10
«	345	**Horace.** Poésies lyriques, traduction nouvelle accompagnée d'études analytiques et du texte, par J.-F. Stiévenart. — Paris, Hachette, 1828, 1 vol. in-8, dem. rel. v. bl.	1
«	342	**Horatii** (Quinti Flacci) carmina cum annotationibus gallicis Lud. Poinsinet de Sivry. — Parisiis, Lacombe, 1777, 2 vol. in-8, rel. v. racin.	2
«	1156	**Horatii** (Flacci Quinti) de arte poeticâ librum cum notis J.-B. Vici, nunc primum edidit A. C. Giordano. — Neapoli, 1819. (*Recueil.*)	
«	83	**Horatii** (Quinti Flacci) opera a Dionysio Lambino....., ex fide atque auctoritate complurium librorum, a se emendata et cum diversis exemplaribus antiquis comparata, commentariisque copiossissimis explicata et ab eodem antè pauló, quàm è vitâ decederet, aliquoties recognita, atque a mendis omnibus perpugata, dilucidiùsque quàm primâ et secundâ editione, commentariis auctis atque amplificatis illustrata. — Francofurti, apud Wecheli hæredes, Cl. Marnium et Aubrium, 1596, 2 vol. in-4, rel. vélin.	2
«	343	**Horatii** (Quinti Flacci) opera omnia ex editione Zeunii, cum notis et interpretatione, variis lectionibus, notis variorum, recensu editionum et codicum et indice locupletissimo, accuratè recensita. — Londini, Valpy, 1825, 4 vol. in-8, dem. rel. maroq. rouge, non rogné.	4
«	82	**Horatius** (Quintus Flaccus) ex recensione et cum notis atque emendationibus Richardi Bentleii. — Amstelædami, apud R. et G. Wetstenios, 1713, 1 vol. in-4, v. f. (94)	1
«	1134	**Horapolle.** Hieroglyphes dits d'Horapolle, ouvrage traduit du grec par Requier. — Paris, Bastien, 1779. (Numéro à double emploi.)	
«	1109	**Hospital** (Michel de l', chancelier de France). Œuvres complètes, précédées d'un essai sur sa vie et ses ouvrages, par P. J. Dufey. — Paris, Boulland, 1824-1825, 3 vol. in-8, dem. rel. v. vert.	3
		— Œuvres inédites, ibid., 1825, 2 vol. in-8, dem. rel. v. vert.	2
		— Planches dessinées, gravées et décrites par Ambroise Tardieu (pour les œuvres complètes). — Paris, 1824, 1 vol. in-8, dem. rel. v. vert.	1

Lettre du genre de l'ouvrage	Numéros des volumes	H	Nombre total des volumes
O	730	***Hues de Tabarie.** L'Ordene de chevalerie avec une dissertation sur l'origine de la langue française ; un essai sur les étimologies, quelques contes moraux et un glossaire pour en faciliter l'intelligence. — Paris, Herissant, 1759, 1 vol. in-8, v. f. fil. (95)	1
«	913	**Huet.** Traité de l'origine des romans (7me édition). — Amsterdam, G. Gallet, 1693, 1 vol, petit in-12, v. f. fil. tr. dor.	1
«	698	**Hugo** (A.). Romances historiques traduites de l'espagnol. — Paris, Pélicier, 1822, 1 vol. in-12, dem. rel. v. f.	1
I	104	**Humbert** (F.). Du système universitaire considéré comme mesure d'utilité publique et de ses rapports avec les administrations communales et les écoles libres. — Paris, Casimir, 1831. (*Recueil.*)	
«	101	**Huzard.** Rapport sur le concours pour des observations et des mémoires de médecine vétérinaire. — Paris, Huzard, 1827. (*Recueil.*)	
O	1007	***Hyacinthe** (Saint), aidé de **'s Gravesande, Sallengre, Prosper Marchand et autres.** Le chef-d'œuvre d'un inconnu, poëme heureusement découvert et mis au jour, avec des remarques savantes et recherchées. On trouve de plus une dissertation sur Homère et sur Chapelain ; deux lettres sur des Antiques ; la préface de Cervantès sur l'histoire de don Quixotte de la Manche ; la deïfication d'Aristarchus Masso, etc..... — Lausanne, Bousquet, 1758, 2 vol. in-12, v. f. racin.	2
U	146	**Hygini** quæ hodiè extant, adcurante Joh. Scheffero qui simul adjecit notas, cum indice verborum locutionumque rariorum et dissertatione ; accedunt Thomæ Munckeri in fabulas Hygini annotationes. — Hamburgi, Schultzen, 1674, 1 vol. in-8, dem. rel. bas. f. tr. dor.	1
«	168	**Hyginus, Planciades, Lactantius Albricius,** mythographi latini, edidit Th. Munckerus, cum notis ; præmissa est dissertatio de auctore, stylo et ætate mythologiæ quæ C. J. Hygini Aug. Lib. nomen præfert. — Amstelodami, Someren, 1681, 1 vol. in-8, rel. vélin.	1

Lettre du genre de l'ouvrage	Numéros des volumes	I	Nombre total des volumes
O	106	**Ilgen.** Disquisitio actionis principis in Iliade Homeri. — Lipsiæ, 1792. (*Recueil.*)	
I	9	**Imbard** (E.-F.). Tombeau de François premier, dessiné, gravé et publié. — Paris, P. Didot, 1812, 1 vol. in-folio, broché.	1
«	10	— Id. — ..... ibid..... 1817, 1 vol. in-folio, dem. rel. v. f.	1
«	11	— Id. — ..... ibid..... 1815, 1 vol. in-folio, dem. rel. v. f.	1
O	280	**Isæi** orationes XI cum aliquot deperditarum fragmentis (græcè), recognovit, annotationem criticam et commentarios adjecit G. Fr. Schomann. — Gryphiswaldiæ, Mauritius, 1831, 1 vol. in-8, dem. rel. v. br.	1
«	284	**Isocrate.** Œuvres complètes, auxquelles on a joint quelques discours analogues à ceux de cet orateur, tirés de Platon, de Lycias, de Thucydide, de Xénophon, etc.....; traduites en français par l'abbé Auger. — Paris, Debure, 1781, 3 vol. in-8, bas. f. racin.	3
		N. B. — Le titre du premier volume est raccommodé.	
«	281	**Isocratis** opera quæ exstant omnia (græcè), ad optimorum exemplorum fidem emendavit, varietate lectionis, animadversionibus criticis, summario et indice instruxit Wilhelmus Lange. — Halis Saxonum, ex officinâ Hemmerdeâna, 1803, 1 vol. in-8, bas. f. racin. (96)	1
«	282	**Isocratis** orationes et epistolæ cum scholiis antiquis (græcè). — Paris, Didot, 1807, 2 vol. in-8, bas, f. fil. (97)	2
		N. B. — Ces volumes font partie de la bibliothèque grecque de Coray.	
«	283	**Isocratis** panegyricus, græcè, recensuit et animadversionibus illustravit D. S. F. N. Morus. — Lipsiæ, Weidmann, 1786.	
		— Isocratis Evagoræ encomium, græcè, è recensione Wolfii, cum varietate lectionis, animadversionibus et indice verborum græcorum edidit C. Godofr. Findeiscnus. — Lipsiæ, Weidman, 1777.	
		En tout : 1 vol. in-8, dem. rel. bas. f.	1

Lettre du genre de l'ouvrage	Numéros des volumes	J	Nombre total des volumes
O	846	**Jacquelin.** Cinq et deux font trois ou le marchand d'esprit, comédie-proverbe en un acte, en vers et en vaudeville. — Paris, Marchand, 1802. (*Recueil.*)	
U	77	**Jamblici** Chalcidensis ex Syriâ-Cœle de vitâ Pythagoræ, et protrepticæ orationes ad philosophiam libri III, nunquàm hactenus visi : nunc verò græcè et latinè primùm editi cum necessariis castigationibus et notis, græcè et latinè; additæ sunt in fine Theanus, Myiæ, Melissæ et Pythagoræ aliquot epistolia, J. Theodoreto interprete. — (Parisiis), Commelin, 1598, 1 vol. petit in-4, rel. parchemin.	1
«	389	**Jamblici** Chalcidensis ex Cœle-Syriâ de vitâ Pythagoricâ liber, græcè et latinè, textum recognovit, Ulrici Obrechti interpretationem latinam passim mutavit, Kusteri aliorumque, animadversionibus adjecit suas Th. Kiessling ; accedunt præter Porphyrium de vitâ Pythagoræ..... variæ lectiones in Jamblici librum tertium « péri tès koïnèss mathématikès, etc..... » — — Lipsiæ, Vogel, 1815, 1 vol. in-8, bas. (98)	1
«	94	**Joannidos** (J. Smyrnéen). Géographie physique, en grec moderne. — Paris, Didot, 1815, 1 vol. in-12, dem. rel. v. rouge.	1
O	316	**Joannis** secundi Juvenilia.— Lugduni Batavorum, 1757. (*Recueil.*)	
		— Joannis Bonefonii Pancharis. (*Même Recueil.*)	
«	821	**Jodelle** (Estienne, sieur du Lymodin). Les œuvres et meslanges poétiques, reveües et augmentées en ceste dernière édition. — Paris, chez Robert le Fizelier, à la Bible d'Or, 1583, 1 vol. petit in-12, maroq. rouge, fil. tr. dor. (99)	1
U	245	**Joly** (conseiller du Roy au Châtelet de Paris). Mémoires pour servir d'éclaircissement et de suite aux mémoires de M. le cardinal de Retz. — Rotterdam, Leers, 1718, 2 tomes en 1 vol. in-12, bas. f. racin.	1
«	244	**Jonville** (Jean, sénéchal de Champagne, témoin oculaire de la vie de saint Louis, 44me roy de France, sire de). Mémoires, avec la généalogie de la maison de Bourbon. — Paris, Jacques Cottin, 1666, 1 vol. in-12, bas. br.	1
«	295	**Jordan** (C.). Opinion sur la loi de la presse. — 1817. (*Recueil.*)	
		— La session de 1817, aux habitants de l'Ain et du Rhône. — (*Même Recueil.*)	
«	12	**Joseph** (Flavius). Histoire des Juifs, écrite sous le titre de Antiquités Judaïques, traduite du grec reveü sur divers manuscrits par M. Arnaud d'Andilly ; édition enrichie de figures en taille-douce. — Amsterdam, Pierre Mortier, 1700, 1 vol. in-folio, bas. br.	1
«	11	**Josephi** (Flavii) opera omnia græcè et latinè cum notis variorum, edidit S. Havercampus. — Amstelodami, Weststen, 1726, 2 vol. in-folio, rel. vélin. (100)	2
O	1151	**Jourdain** (A.). Lettre à M. Michaud sur une singulière croisade d'enfants. — Paris, Michaud, 1817. (*Recueil.*)	
«	747	**Jourdan** (F.-L.). Variétés littéraires. — Paris, 1824. (*Recueil.*)	
«	849	**Jouy** (E.). Sylla, tragédie en cinq actes. — Paris, Ponthieu, 1822. (*Recueil.*)	
«	152	**Juliani** (Imperatoris) opera quæ quidem reperiri potuerunt omnia, græcè et latinè, cum notis. -- Parisiis, Seb. Cramoisy, 1630, 1 vol. in 4, v. f.	1

Lettre du genre de l'ouvrage	Numéros des volumes	J	Nombre total des volumes
O	1111	**Julien** (l'empereur). Œuvres complètes, traduites du grec en français, accompagnées d'arguments et de notes et précédées d'un abrégé historique et critique de sa vie, par R. Tourlet. — Paris, 1821, 3 vol. in-8, dem. rel. v. vert.	3
«	1153	**Julien** (Stanislas). Vindiciæ phylologicæ in linguam Sinicam. Parisiis, 1830. (*Recueil.*)	
		— Lettre au président de l'Académie des Inscriptions et Belles-Lettres. — Paris, Eberhart, 1832. (*Même Recueil.*)	
U	148	**Justini** historiæ philippicæ, ex editione Abr. Gronovii cum notis et interpretatione, variis lectionibus, notis variorum, recensu editionum et codicum et indice locupletissimo. — Londini, Valpy, 1822, 2 vol. in-8, dem. rel. mar. rouge, non rogné.	2
O	350	**Juvénal.** Satires, traduites par Dussault. — Paris, Lambert et Beaudouin, 1782, 1 vol. in 8, bas. f. racin.	1
«	348	**Juvenalis** (Decimi Junii) satiræ, ad codices Parisinos recensitæ, lectionum varietate et commentario perpetuo illustratæ a Nic. Lud. Achaintre; accedunt Valesiorum notæ adhùc ineditæ. — Parisiis, Firmin Didot, 1810, 2 vol. in-8, dem. rel. maroq. rouge.	2
«	349	**Juvenalis** opera omnia, ex editione Rupertianâ, cum notis et interpretatione in usum Delphini, varietate lectionum, notis variorum, recensu codicum et editionum. — Londini, Valpy, 1820, 2 vol. in-8, dem. rel. maroq. rouge, non rogné.	2
«	50	***Juvencius** (Jos.). Novus apparatus græco-latinus ex Isocrate, Demosthene, aliisque præcipuis autoribus græcis concinnatus in quo præter infinita vocabula vulgaribus dictionariis incognita huic editioni adjecta; exquisitissimæ phrases, etc. ab uno è Societate Jesu. — Parisiis, apud Simonem Bernard, 1665, 1 fort vol. in-4, bas. br.	1

Lettre du genre de l'ouvrage	Numéros des volumes	K	Nombre total des volumes
O	916	**Kératry.** Frédéric Styndall ou la fatale année. — Paris, 1827, 5 vol. reliés en 3 in-12, dem. rel. v. vert.	3
U	247	**Kératry.** La France telle qu'on l'a faite ou suite aux documens pour servir à l'intelligence de l'histoire de France en 1820 et 1821. — Paris, Maradan, 1821. (*Recueil.*)	
O	562	**Klotzii** (Christ. Adolphi) epistolæ homericæ. — Altenburgi, Richter, 1764, 1 vol. petit in-8, dem. rel. v. br.	1
«	62	**Knigt** (Richardi Payne). An analytical essay on the greek alphabet. — London, 1791, 1 vol. in-4, dem. rel. v. f.	1
«	578	**Knigt** (Richard Payne) prolegomena ad Homerum sive de carminum homericorum origine, auctore et ætate, itemque de priscæ linguæ progressu et precoci maturitate ; paucula præfatus est Ruhkoff. — Lipsiæ, Hahn, 1816, 1 vol. in-8, dem. rel. bas. f.	1
«	822	**Knowles** (J. S.). Virginius, tragédie en cinq actes (anglais-français. — Paris, Vergne, 1828, 1 vol. in-12, dem. rel. v. br.	1
«	1149	**Koës.** Commentatio de discrepantiis quibusdam in Odysseâ occurentibus. — Hafniæ, Seidelin, 1806. (*Recueil.*)	
«	351	**Kœster** (Hermannus). De Cantilenis popularibus veterum græcorum. — Berolini, Reimer, 1831, 1 vol. in-8, dem. rel. v. f.	1
«	37	**Koliadès** (Constantin). Ulysse-Homère ou le véritable auteur de l'Iliade et de l'Odyssée. — Paris, Debure, 1829, 1 vol. in-folio (avec figures), cartonné, non rogné.	1
«	600	**Koliadès** (Constantin ; J.-B. Lechevalier, auteur du voyage de la Troade, n. ms.). Ulysses-Homer or a discovery of the true author of the Iliad and Odyssey. — London, Murray, 1829, 1 vol. petit in-8, dem. rel. v. br.	1
«	563	**Koppen** (J. H. J.). Erklarende anmerkungen zum Homer. — Hannover, Richter, 1792-1810, 6 vol. in-8, dem. rel. v. br.	6
		— Traduction de Dugas-Montbel. — 5 liasses de feuilles in-4 manuscrites. (Ouvrage non édité.)	5
«	63	**Koumas.** Dictionnaire de la langue grecque ancienne expliqué en grec moderne. — Vienne, 18??, 2 vol. in-4, reliés en 1 vol. dem. rel. v. br.	1
«	943	***Krudner** (la baronne de, née Wittinghoff). Valérie ou lettres de Gustave de Linar à Ernest de G..... — Paris, Henrichs, 1804, 2 vol. in-12, v. br. fil.	2
		N. B. — En tête du premier volume se trouve une note autographe de l'auteur en envoyant cet exemplaire à Dugas-Montbel.	

Lettre du genre de l'ouvrage	Numéros des volumes	L	Nombre total des volumes
O	1	**Labbæi** (Caroli) glossaria latino-græca et græco-latina Cyrilli philoxemi aliorumque veterum in duplicem alphabeticum ordinem redacta, cum variis emendationibus ex. mss. codd. petitis,..... his accedunt glossæ aliquot aliæ latino-græcæ ex iisdem codd. mss., quæ nunc primùm prodeunt, etc..... — Lutetiæ Parisiorum, Lud. Billaine, 1679, 1 vol. in-folio, v. br.	1
U	286	**Labbey de Pompières.** Le ministère Villèle mis en accusation devant la Chambre des députés. — Paris, 1828. (*Recueil.*)	
O	700	**Labé** (Louise, lyonnoise, dite Charly, surnommée la belle Cordière). Œuvres. — Lyon, Duplain, 1762, 1 vol. petit in-8, v. écail. fil.	1
«	701	**Labé** (Lovize, lionnoize). Œuvres. — A Lion, Durand et Perrin, 1824 (réimp.), 1 vol. in-8, v. br. fil.	1
U	287	**Laborde** (A. de). Vœu de la justice et de l'humanité en faveur de l'expédition de don Pedro. — Paris, Bohaire, 1832, (*Recueil.*)	
O	702	**Labouïsse** (de). Les amours à Éléonore, recueil d'élégies. — Paris, 1818, 1 vol. in-18, v. bl. fil. (Manque.)	0
«	747	**Labouïsse.** Préface et rapport. — 1830. — Remercîment à l'Académie des Arcades de Rome. — 1832. — Post-face. — 1833. (*Même Recueil.*)	
«	1147	**Labouïsse.** Voyage à Saint-Léger, campagne du chevalier de Boufflers. — Paris, Trouvé, 1827. (*Recueil.*)	
«	«	**Labouïsse-Rochefort.** Petit voyage sentimental. — Castelnaudary, Labadie, 1828. (*Recueil.*)	
U	95	**Labouïsse-Rochefort.** Voyage à Rennes-les-Bains, avec des fac-simile. — Paris, 1832, 1 vol. in-8, dem. rel. v. f.	1
«	51	**Laboureur** (Claude le). Les mazures de l'abbaye royale de l'Isle-Barbe ou histoire de tout ce qui s'est passé dans ce célèbre monastère depuis sa sécularisation jusqu'à présent. — Paris, Couterot, 1681, 2 vol. in-4, bas. br. (101)	2
I	70	**La Bruyère.** Les Caractères ou mœurs de ce siècle, avec les caractères de Théophraste ; nouvelle édition augmentée de la défense de M. de La Bruyère et de ses Caractères par M. Coste. — Amsterdam, Changuion, 1741, 2 vol. in-12, v. f. racin.	2
«	122	**La Bruyère** et **Théophraste.** Les Caractères, avec des notes par M. Coste. — Paris, David, 1779, 2 vol. in-12, bas. f. racin.	2
«	132	**Lacépède** (de). Histoire naturelle des quadrupèdes ovipares et des serpens. — Paris, 1788-1790, 4 vol. in-12, fig. bas br. fil.	4
«	71	**Lacroix** (de). Constitutions des principaux États de l'Europe et des Etats-Unis d'Amérique (3me édition). — Paris, Buisson, 1793-1801, 6 vol. in-8, dem. rel. bas. f.	6
U	26	**Lacroix du Maine.** Premier volume de la Bibliothèque, qui est un catalogue général de toutes sortes d'autheurs qui ont escrit en françois depuis cinq cens ans et plus jusques à ce jourd'huy, avec un discours des vies des plus illustres et renommez entre les trois mille qui sont compris en cette œuvre; ensemble un récit de leurs compositions tant imprimées qu'autrement. — A Paris, chez Abel L'Angelier, libraire juré tenant sa boutique au premier pillier de la grand' salle du Palais, 1584, 1 vol. in-folio, bas. br.	1

Lettre du genre de l'ouvrage	Numéros des volumes	L	Nombre total des volumes
O	1017	***Lacroze.** Entretiens sur divers sujets d'histoire, de littérature, de religion et de critique. — Cologne, Pierre Marteau, 1740, 1 vol. in-12, bas. br.	1
U	106	**Ladoucette** (C.-F.). Les Hautes-Alpes (extrait de la *France littéraire*). — Paris, Pinard, 1832. (*Recueil.*)	
«	64	**Lafitau** (le P., jésuite). Mœurs des sauvages amériquains, comparées aux mœurs des premiers temps ; ouvrage enrichi de figures en taille-douce. — Paris, 1724, 2 vol. reliés en un in-4, v. fil. tr. dor. (102)	1
O	704	**La Fontaine.** Contes et nouvelles en vers. — La Haye (Cazin), 1778, 2 vol. in-32, v. f. fil. tr. dor. (Manque.)	0
«	703	**La Fontaine.** Œuvres complètes, précédées d'une nouvelle notice sur sa vie, avec les notes les plus importantes des commentateurs et quelques observations nouvelles. — Paris, Pillet, 1817, 2 vol. in-8, dem. rel. v. f.	2
«	1112	**La Fontaine.** Œuvres diverses. — Paris, Pissot, 1744, 4 vol. petit in-18, v. f. racin.	4
«	681	**La Fontaine.** (Numéro à double emploi, voy. Robert.)	
U	96	**La Harpe.** Abrégé de l'histoire générale des voyages contenant ce qu'il y a de plus remarquable, de plus utile et de mieux avéré dans les pays où les voyageurs ont pénétré ; les mœurs des habitants, la religion, les usages, le commerce, etc..... — Paris, 1780-1800, 29 vol. in-8, bas. f. fil.	29
		— Atlas, in-4, dem. rel. bas. f.	1
O	1113	**La Harpe.** Correspondance littéraire adressée à Son A. I. le grand duc, aujourd'hui empereur de Russie, et à M. le comte André Schowalow, depuis 1774 jusqu'à 1789. — Paris, Migneret, 1804, 6 vol. in-8, bas. br.	6
A	28	**La Harpe.** Le pseautier en français, traduction nouvelle avec des notes pour l'intelligence du texte, des argumens à la tête de chaque pseaume, précédée d'un discours sur l'esprit des livres saints et le style des prophètes. — Paris, Migneret, 1811, 1 vol. in-12, v. br.	1
O	198	**La Harpe.** Lycée ou cours de littérature ancienne et moderne. — Paris, Agasse, an VII-an XIII, 16 tomes in-8, rel. en 19 vol. bas. f.	19
«	706	**Lainez.** Poésies. — La Haye, 1753, 1 vol. in-8, v. f.	1
«	1046	***Lainier de Verton** (pseud. pour Adrien Baillet). Des satyres personnelles ; traité historique et critique de celles qui portent le titre d'Anti. — Paris, Dezallier, 1689, 2 vol. in-12, bas. br.	2
«	1153	**Lajar.** Fragments d'un mémoire sur le système théogonique et cosmogonique des Assyriens (extrait du *Journal asiatique*), 1834. (*Recueil.*)	
U	322	**Lajard.** Lettre à M. Panofka sur les peintures des grottes Marzi et Querciola. — Paris, Renouard, 1833. (*Recueil.*)	
«	323	**Lajard.** Réponse à un nouvel article critique de M. le comte de Clarac. — Paris, Didot, 1830. (*Recueil.*)	
A	30	**La Luzerne** (C.-G. de). Explication des évangiles des dimanches et de quelques-unes des principales fêtes de l'année. — Lyon, 1807, 5 vol. in-12, bas. f.	5

Lettre du genre de l'ouvrage	Numéros des volumes	L	Nombre total des volumes
O	156	**Lamarche** (J.-B.). Essai sur la musique considérée dans ses rapports avec la médecine. — Paris, F. Didot, 1815. (*Recueil.*)	
U	290	**Lamartelière.** Conspiration de Bonaparte contre Louis XVIII. — Paris, Dentu, 1815. (*Recueil.*)	
O	564	**Lamberti** (L.). Osservazioni soprà alcune lezioni della Iliade di'Omero. — Milano, 1813, 1 vol. gr. in-8, dem. rel. v. f.	1
I	44	**Lambrechts** (C.-J.-M.). Principes politiques. — Paris, Hacquart, 1815. (Numéro à double emploi, voy. Constant.)	
A	29	***Lamennais** (abbé). Essai sur l'indifférence en matière de religion. — Paris, Tournachon-Molin, 1817, 1 vol. in-8 (1er vol.), dem. rel. v. f.	1
I	105	**Lami** (le P.). Notice sur les traductions de deux ouvrages de M. de Tracy : les éléments d'idéologie et les principes d'économie politique (extrait des *Annales encyclopédiques*). — (*Recueil.*)	
O	558	**La Motte** (M. H. de). L'Iliade, poème en 12 chants, avec un discours sur Homère. — Paris, Dupuis, 1714, 1 vol. in-8, v. f.	1
«	1114	**La Motte** (Houdard de). Œuvres. — Paris, Prault, 1754, 11 vol. in-12, bas. f.	11
«	1024	**La Motte** (Houdard de). Réflexions sur la critique, avec plusieurs lettres de M. l'archevêque de Cambrai et de l'auteur. — La Haye, Du Sauzet, 1715, 1 vol. in-12, bas br.	1
U	52	**Lamure** (J.-M. de). Histoire universelle civile et ecclésiastique du pays de Forez dressée sur des autoritez et des preuves authentiques. — Lyon, Daniel Gayet, 1674, 1 vol. in-4, v. br. fil.	1
O	1021	***Lancelot** (Ant.). L'esprit de Guy-Patin tiré de ses conversations, de son cabinet, de ses lettres et de ses autres ouvrages, avec son portrait historique. — Amsterdam, Pierre de Coup, 1710, 1 vol. in-12, bas. br.	1
		N. B. — Cet ouvrage est aussi attribué à l'abbé Bordelou.	
«	222	***Lancelot, Arnauld** et **Nicole.** Nouvelle méthode pour apprendre facilement la langue grecque, mise en français dans un ordre très-clair et très-abrégé; avec un grand nombre de remarques très-solides et très-nécessaires pour la parfaite connaissance de cette langue et pour l'intelligence de ses auteurs. — Paris, 1696, Delaulne, 1 vol. in-8, bas. br.	1
«	748	**Lancival** (Luce de). Achille Scyros, poême en six chants. — Paris, Lenormand, 1805. (*Recueil.*)	
«	120	**Lange** (Georgii) disquisitiones Homericæ : particula I. — Argentorati, Silbermann, 1828. (*Recueil.*)	
«	565 bis	**Lange** (Georges). Versuch die poetische einheit der Iliade zu bestimmen ein sendschreiben an Gœthe. — Darmstadt, 1826, 1 vol. in-12 cartonné.	1
«	565	**Lange** (Georges). Versuch die poetische einheit der Iliade zu bestimmem ein sendschreiben an Gœthe. — Darmstadt, 1826, 1 vol. in-12, dem. rel. v. br.	1
U	410	**Langeac** (l'abbé de). Éloge de Corneille. — Paris, 1788. (*Recueil.*)	
O	1156	**Lannoy.** Lettre sur un point d'histoire littéraire. — Lyon, 1828. (*Recueil.*)	

Lettre du genre de l'ouvrage	Numéros des volumes	L	Nombre total des volumes
I	151	**Laprade** (R. de). Discours sur l'institution du médecin suivant Hippocrate. — Lyon, Ballanche, 1822. (*Recueil.*)	
		— Discours sur l'union des sciences médicales et leur indépendance réciproque. — Lyon, Perrin, 1827. (*Même Recueil.*)	
U	149	**Larcher.** Mémoire sur la déesse Vénus. — Paris, Valade, 1776, 1 vol. in-12, v. violet, fil.	1
«	285	**Larreguy** (F.). Le dernier venu à MM. les électeurs. — 1828. (*Recueil.*)	
O	542	**Laseine** (Petrus). Homeri nepenthes seu de abolendo luctu liber in quinque divisus partes; opus doctrinâ et eruditione refertum, in quo et nonnula utriusque linguæ scriptorum loca illustrantur, emaculantur. — Lugduni, L. Prost, 1624, 1 vol. in-8, bas. br.	1
U	248	**Lauzun** (le duc de). Mémoires. — Paris, Barrois, 1822, 1 vol. in-8, bas. f. racin.	1
O	200	**Laveaux** (J.-Ch.). Dictionnaire raisonné des difficultés grammaticales et littéraires de la langue française. — Paris, Lefèvre, 1818, 1 vol. in-8, dem. rel. v. f.	1
«	1150	**La Verne** (de). Lettre à M. Charles de Villers relativement à son essai sur l'esprit et l'influence de la réformation de Luther. — 1804. (*Recueil.*)	
«	1152	**La Verne** (de). Lettre à M. Charles de Villers relativement à son essai sur l'esprit et l'influence de Luther. — Paris, 1804. (*Recueil.*)	
«	747	**Labas.** Épitre au roi. — Paris, 1833. (*Recueil.*)	
U	150	**Lebeau.** Histoire du Bas-Empire, nouvelle édition revue, corrigée et augmentée d'après les historiens orientaux, par M. de Saint-Martin. — Paris, Firmin Didot, 1824-34, 17 vol. in-8, dem. rel. v. br.	17
O	354	**Le Bossu** (le R. P.). Traité du poème épique (nouvelle édition revue et corrigée). — Paris, Nyon, 1708, 1 vol. in-12, bas. f.	1
U	97	**Lebrun** (Pierre). Le voyage de Grèce, poème. — Paris, Ponthieu, 1828, 1 vol. in-8, dem. rel. v. br.	1
«	98	**Lechevalier** (J.-B.). Voyage de la Troade fait dans les années 1785 et 1786. — Paris, Dentu, 1802, 3 vol. in-8, dem. rel. v. f.	3
		— Recueil de cartes, plans, vues et médailles pour servir au voyage de la Troade. — Paris, Dentu, 1802, 1 vol. in-4, dem. rel. v. f.	1
O	979	***Leclerc** (Jean). Parrhasiana ou pensées diverses sur des matières de critique, d'histoire, de morale et de politique, avec la défense de divers ouvrages de M. Leclerc, par Théodore Parrhase. — Amsterdam, Schelte, 1699, 2 vol. in-12, bas. br.	2
		N. B. — C'est ce même Leclerc, cité à la fin du titre, qui est l'auteur de cet ouvrage : il prend le nom de Théodore Parrhase, faisant sans doute dériver ce mot de « parrèssia », franc-parler.	
«	823	**Leclercq** (Théodore). Proverbes dramatiques (4me édition). — Paris, Sautelet, 1827, 6 vol. in-18, dem. rel. v. br.	6
«	201	**Lécluze** (Fl.). Lexique français-grec avec le mot latin, ouvrage entièrement neuf. — Paris, Delalain, 1823, 1 vol. in-8, bas. br.	1

Lettre du genre de l'ouvrage	Numéros des volumes	L	Nombre total des volumes
O	707	**Lefèvre** (Jules). Le parricide, poême, suivi d'autres poésies. — Paris, Amyot, 1823, 1 vol. in-8, dem. rel. v. f.	1
«	1115	**Legeay** (A.). L'Athénée français, nouveaux exercices littéraires; application d'une méthode d'enseignement, essais oratoires et analytiques, tableaux historiques dans l'ordre chronologique. — Paris, Périsse, 1831, 1 vol. in-12, dem. rel. v. br.	1
U	249	**Legendre** (abbé). Les mœurs et coutumes des Français dans les premiers temps de la monarchie; précédés des mœurs des anciens Germains, traduits du latin de Tacite et d'une préface, etc..... — Paris, Briasson, 1753, 1 vol. in-12, v. f. racin.	1
O	842	**Legouvé.** Épicharis et Néron ou Conspiration pour la liberté, tragédie en cinq actes et en vers. — Paris, André, 1800. (*Recueil.*)	
U	250	**Legrand d'Aussy.** Histoire de la vie privée des Français depuis l'origine de la nation jusqu'à nos jours; nouvelle édition avec des notes, corrections et additions par J.-B. de Roquefort. — Paris, 1815, 3 vol. in-8, bas. f. racin.	3
O	566	**Lehrs** (K.). De Aristarchi studiis Homericis ad præparandum Homericorum carminum textum Aristarcheum. — Regimontii Prussorum, Borntraeger, 1833, 1 vol. in-8, dem. rel. v. f.	1
U	403	**Lemercier.** Éloge du comte de Cornet. (*Recueil.*)	
O	708	**Lemercier** (Louis). Homère, Alexandre, poëmes. — Paris, Renouard, 1800, 1 vol. in-8, dem. rel. bas. f.	1
U	287	**Lemercier** (Népommème). Vœu d'un membre du comité polonais. — 183? (*Recueil.*)	
«	247	**Lemontey.** De la peste de Marseille et de la Provence en 1720-1721. — Paris, Firmin Didot, 1821. (*Recueil.*)	
O	155	**Lemontey.** Éloge historique de Vicq-d'Azir. — 25 août 1825. (*Recueil.*)	
U	251	**Lemontey.** Essai sur l'établissement monarchique de Louis XIV et sur les altérations qu'il éprouva pendant la vie de ce prince; précédé de nouveaux mémoires de Dangeau, avec des notes et des anecdotes. — Paris, Deterville, 1818, 1 vol. in-8, dem. rel. bas. verte.	1
O	1153	**Lemontey.** Étude littéraire sur la partie historique du roman de Paul et Virgine. — Paris, 1823. (*Recueil.*)	
I	103	**Lemontey.** Moyen sûr et agréable de s'enrichir ou les trois visites de M. Bruno. — Paris, Hacquart. (*Recueil.*)	
U	409	**Lemontey.** Notice sur les vies et les ouvrages de Mesdames Lafayette et Deshoullières. — 1822. (*Recueil.*)	
		— Notice sur J.-A. de Thou, historien. — Paris, Cussac, 1821. (*Recueil.*)	
«	403	**Lemontey.** Notice sur l'abbé de Chaulieu. — (*Recueil.*)	
		— Notice sur J.-B. Colbert. (*Même Recueil.*)	
O	1116	**Lemontey.** Œuvres. — Paris, Sautelet, 1829-1832, 7 vol. in-8, dem. rel. v. f.	7
«	1117	**Lemontey.** Raison, folie, chacun son mot; petit cours de morale mis à la portée des vieux enfans. — Paris, Deterville, 1801, 1 vol. in-8, dem. rel. v. f.	1

Lettre du genre de l'ouvrage	Numéros des volumes	L	Nombre total des volumes
U	153	**Lenglet du Fresnoy** (abbé). Méthode pour étudier l'histoire avec un catalogue des principaux historiens, accompagné de remarques sur la bonté de leurs ouvrages et sur le choix des meilleures éditions. — Paris, Debure, 1772, 15 vol. in-12, v. f. racin.	15
«	154	**Lenglet du Fresnoy** (abbé). Tablettes chronologiques de l'histoire universelle sacrée et prophane, ecclésiastique et civile depuis la création du monde jusqu'à l'an 1762. — Paris, Debure, 1763, 2 vol. in-8, v. f. racin.	2
O	202	**Lennep** (J. D.). Etymologicum linguæ græcæ sive observationes ad singulas verborum nominumque stirpes ; editionem curavit atque animadversiones tùm aliorum, tùm suas adjecit Everardus Scheidius. Editio altera auctior et emendatior cum præfatione Nagel. — Trajecti ad Rhenum, 1808, 1 vol. in-8 cartonné.	1
E	12	**Lenoir** (le sieur). Mémoire présenté au roi sur l'affaire Kornmann. — (*Recueil.*)	
U	323	**Lenoir** (A.). Projet d'un musée historique formé par la réunion du palais des Thermes et de l'Hôtel de Cluny. — Paris, Renouard, 1833. (*Recueil.*)	
E	7	**Léopold.** Manuel des prud'hommes et guide des marchands-fabricants, contre-maîtres, etc....., dans lequel on traite de la composition, organisation, juridiction et attributions des conseils de prud'hommes ; de la procédure à exercer devant eux ; des principaux articles de droit applicables aux affaires les plus ordinaires de leur compétence ; suivi d'un recueil de lois. — Paris, Blanchard, 1811, 1 vol. in-12, dem. rel. bas. br.	1
O	1045	***Leroy, Gillot, Passerat,** etc..... : Satyre Ménippée de la vertu du catholicon d'Espagne et de la tenue des Estats de Paris, augmentée de notes tirées des éditions de Dupuy et de Leduchat, par Verger, et d'un commentaire historique, littéraire et philologique par Ch. Nodier. — Paris, Delangle, 1824, 2 vol. in-8, dem. rel. v. br.	2
«	1064	**Leroy** (A.), **Leglay, Dinaux** (A.). Archives historiques et littéraires du nord de la France et du midi de la Belgique. — Valenciennes, 1829-1832, 3 vol. in-8, dem. rel. v. br.	3
U	13	**Lesage** (A.). Atlas historique, généalogique, chronologique et géographique. — s. l. n. d. (18??), 1 vol. in-folio, dem. rel. bas f. non rogné.	1
O	917	**Lesage.** Histoire de Gil Bas de Santillane. — Lille, Danel, 1796, 6 vol. in-18, bas. br. fil.	6
«	356	**Lessing** (G. E.). Du Laocoon ou des limites respectives de la poésie et de la peinture, traduit de l'allemand par Charles Vanderbourg. — Paris, Renouard, 1802, 1 vol. in-8 cartonné, non rogné.	1
«	192	**Letellier** (Ch.). Grammaire française traduite en grec moderne et augmentée d'une introduction et de remarques essentielles par Georges Théocharopoulos de Patras. — Paris, Firmin Didot, 1827, 1 vol. in-8, dem. rel. v. br.	1
U	322	**Letronne.** Deux inscriptions grecques gravées sur le pilône d'un temple égyptien restituées et traduites. — (*Recueil.*) — Mémoire sur le tombeau d'Osymandias, décrit par Diodore de Sicile. — Paris, Imprimerie royale, 1822. (*Recueil.*)	

Lettre du genre de l'ouvrage	Numéros des volumes	L	Nombre total des volumes
O	1144	**Letronne.** Explication d'une inscription grecque en vers. — Paris, 1825. (*Recueil.*)	
U	65	***Letronne.** La statue vocale de Memnon considérée dans ses rapports avec l'Egypte et la Grèce ; étude historique faisant suite aux recherches pour servir à l'histoire de l'Egypte pendant la domination des Grecs et des Romains. — Paris, Imprimerie royale, 1833, 1 vol. in-4, fig. dem. rel. v. br.	1
«	39	***Letronne.** Matériaux pour l'histoire du christianisme en Égypte, en Nubie et en Abyssinie contenus dans trois mémoires académiques sur des inscriptions grecques des Ve et VIe siècles. — Paris, Imprimerie royale, 1832, 1 vol. in-4, dem. rel. v. br.	1
«	404	**Letronne.** Notice sur la vie et les ouvrages de Xénophon. — Paris, Evérat. (*Recueil.*)	
O	157	**Letronne.** Nouvel examen de l'inscription grecque déposée dans le temple de Taluis en Nubie par le roi Silco. — 1825. (*Recueil.*)	
«	1151	**Letronne.** Projet de diviser en sections l'Académie des Inscriptions et Belles-Lettres. — Paris, Firmin Didot, 1834. (*Recueil.*)	
U	155	**Letronne.** Recherches pour servir à l'histoire de l'Égypte pendant la domination des Grecs et des Romains, tirées des inscriptions grecques et latines relatives à la chronologie, à l'état des arts, aux usages civils et religieux de ce pays. — Paris, Boulland-Tardieu, 1823, 1 vol. in-8, dem. rel. cuir de Russie, non rogné.	1
«	66	**Letronne.** Récompense promise à qui découvrira ou ramènera deux esclaves échappés d'Alexandrie le XVI épiphi de l'an XXV d'Evergète II (10 juin 146 av. J.-C.); annonce contenue dans un papyrus grec, traduit et expliqué. — Paris, Imp. roy., 1833, 1 vol. in-4, dem. rel. v. br.	1
«	323	**Letronne.** Tabulæ octo nummorum, ponderum, etc..... apud Romanos et Græcos. — (*Recueil.*)	
«	156	**Levesque** (P. Ch.). Études de l'histoire ancienne et de celle de la Grèce; de la constitution de la République d'Athènes et de celle de Lacédémone ; de la législation et des tribunaux, des mœurs et usages des Athéniens ; de la poésie, de la philosophie et des arts chez les Grecs. — Paris, Fournier, 1811, 5 vol. in-8, bas. f. racin.	5
«	157	**Levesque** (P. Ch.). Histoire critique de la République romaine; ouvrage dans lequel on s'est proposé de détruire des préjugés invétérés sur l'histoire des premiers siècles de la République, sur la morale des Romains, leurs vertus, leur politique extérieure, leur constitution et le caractère de leurs hommes célèbres. — Paris, Dentu, 1807, 3 vol. in-8, bas. br. fil.	3
O	1119	**Libanii** sophitæ epistolarum adhùc non editarum centuria selecta, cum versione et notis J. Chr. Wolfii. — Lipsiæ, Gleditsch, 1711, 1 vol. in-8, bas. br.	1
U	158	**Liberalis** (Antonini) transformationum congeries ; Phlegontis Tralliani de mirabilibus et longævis libellus ; Apollonii historiæ mirabiles; Antigoni mirabilium narrationum congeries; M. Antonini philosophi de vitâ suâ libri XII; græcè latinèque;omnia, Guil. Xylandro August. interprete, cum adnotationibus et indice. — Basileæ, per Thomam Guarinum, 1568, 1 vol. in-8 parchemin. (Titre fait à la main.)	1

Lettre du genre de l'ouvrage	Numéros des volumes	L	Nombre total des volumes
U	159	**Liberalis** (Antonini) transformationum congeries, Abrahamus Berkelius emendavit. — Lugduni Batavorum, apud Danielum à Gaesberck, 1674, 1 vol. in-12 cartonné.	1
«	160	— Id. — (Editio secunda.) — Ibid. — 1676, 1 vol. in-12, rel. parchemin.	1
«	161	**Liberalis** (Antonini) transformationum congeries, interprete Guilielmo Xylandro, Thomas Munckerus recensuit et notas adjecit. — Amstelodami, apud Janssonio-Waesbergios, 1676, 1 vol. in-12, rel. parchemin.	1
«	162	**Liberalis** (Antonini) transformationum congeries, interprete Guilielmo Xylandro, cum Thomæ Munckeri notis, quibus suas adjecit Henr. Werheyk. — Lugduni Batavorum, Luchtmans, 1774, 1 vol. in-8, rel. parchemin. (103)	1
«	163	**Liberalis** (Antonini) transformationum congeries, cum notis Guilielmi Xylandri, Abr. Berkelii, Th. Munckeri, Verheykii; accesserunt Æsopi fabulæ aliquot quæ in Æsopearum editionibus haud leguntur et Babrii nonnullæ, curavit L. Henr. Teucherus. — Lipsiæ, Sommer, 1791, 1 vol. in-8, v. f. fil. dor. s. tr.	1
«	164	**Liberalis** (Antonini) transformationum congeries græca è codice Parisino auctiora atque emendatiora edidit, latinam G. Xylandri interpretationem, adnotationes integras ejusdem Xylandri, Abr. Berkelii...., et suas adjecit Koch. — Lipsiæ, Dyckian, 1832, 1 vol. in-8, dem. rel. v. corinth.	1
«	359	**Lichtenberger**. Histoire de l'invention de l'imprimerie pour servir de défense à la ville de Strasbourg contre les prétentions de Harlem, avec une préface de M. J. Schweigheuser. — Strasbourg, Heitz, 1825, 1 vol. in-8. (*Recueil.*)	
O	1120	**Ligne** (le prince de). Lettres et pensées publiées par Mme de Staël-Holstein. — Paris, 1809, 1 vol. in-8, dem. rel. bas. verte.	1
«	568	**Limburg-Brouwer** (P. Van). Essai sur la beauté morale de la poésie d'Homère suivi de remarques sur les opinions de M. Benjamin Constant concernant l'Iliade et l'Odyssée développées dans son ouvrage sur la religion; traduit du hollandais. — Liège, 1829, 1 vol. in-8, dem. rel. v. br.	1
«	1053	***Limojon de Saint-Didier**. Le voyage du Parnasse. — Rotterdam, Fritsch et Bohm, 1716, 1 vol. in-12, v. br.	1
		N. B. — A la page 267, se trouve une pièce intitulée : l'Iliade, tragi-comédie.	
«	1053 bis	— Id. — Ibid., bas. br.	1
U	390	**Lion** (Albertus). Mæcenatiana sive de Cilnii Mæcenatis vitâ et moribus, scripsit atque operum fragmenta quæ supersunt collegit A. Lion. — Gottingæ, 1824, 1 vol. in-8, cartonné rouge.	1
«	38	**Livii** (Titi Patavini) historiarum ab Urbe conditâ libri qui supersunt XXXV, cum supplementis librorum amissorum, recensuit et notis illustravit J. B. L. Crevier. — Parisiis, Quillau, 1735-1742, 6 vol. in-4, v. br. (104).	6
«	193	**Livii** (Titi Patavini) historiarum libri qui supersunt, ex editione Ruperti, cum supplementis, notis et interpretatione in usum Delphini, variis lectionibus, notis variorum, recensu codicum, indice et glossario Liviano. — Londini, Valpy, 1828, 20 vol. in-8, dem. rel. maroq. rouge, non rogné.	20

Lettre du genre de l'ouvrage	Numéros des volumes	L	Nombre total des volumes
I	72	**Locke.** Essai philosophique concernant l'entendement humain où l'on montre quelle est l'étendue de nos connaissances certaines et la manière dont nous y parvenons; traduit de l'anglais par M. Coste. — Paris, Letellier, 1795, 4 vol. in-12. bas. verte.	4
U	397	**Longchamp** et **Wagnière.** Mémoires sur Voltaire et sur ses ouvrages; suivis de divers écrits inédits de la marquise du Châtelet, du président Hénault, de Piron, Darnaud, Baculard, Thiriot, tous relatifs à Voltaire. — Paris, André, 1826, 2 vol. in-8, dem. rel. v. vert.	2
O	919	**Longi** pastoralia è codd. mss. duobus Italicis primûm græcè integra edidit P. L. Courier; exemplar romanum emendatiùs et auctiùs typis recudendum curavit L. Sinner. — Parisiis, Didot, 1829, 1 vol. in-8, v. br.	1
«	918	**Longi** pastoralium de Daphnide et Chloe libri IV, curavit, varietatem lectionis ac notas variorum et suas addidit B. Gottl. L. Boden. — Lipsiæ, Junius, 1777, 1 vol. in-8, rel. vélin. (105)	1
«	285	**Longini** (Dionysii) de sublimitate commentarius, græcè et latinè, quem novâ versione donavit, perpetuis notis illustravit, emendavit, additis etiam omnibus ejusdem auctoris fragmentis, edidit Z. Pearce. — Amstelædami, Wetstein, 1733, 1 vol. in-8, v. br.	1
«	969	**Longueruana** ou recueil de pensées, de discours et de conversations de Louis du Four de Longuerue. — Berlin, 1754, 1 vol. in-12. v. f.	1
«	920	**Longus.** Les amours pastorales de Daphnis et Chloé, translatées du grec en français par Jacques Amyot. — Bouillon, 1776, 1 vol. petit in-8, fig. en taille-douce, bas. verte, fil.	1
«	921	**Longus.** Les pastorales ou Daphnis et Chloé, traduction de Jacques Amyot, revue, corrigée, complétée, de nouveau refaite par P.-L. Courier, vigneron. — Paris, Corréard, 1821, 1 vol. in-8, v. f. fil.	1
«	756	**Lorris** (Guillaume de) et **Meung** (Jean de). Le Roman de la Rose; nouvelle édition revue et corrigée sur les mss. par Méon. — Paris, P. Didot, 1814, 4 vol. in-8, dem. rel. maroq. rouge, non rogné. (106)	4
«	890	***Louis XI** (encore dauphin). Les cent nouvelles nouvelles; suivent les cent nouvelles contenant les cent histoires nouveaux qui sont moult plaisans à raconter en toutes bonnes compagnies par manière de joyeuseté. — Cologne, Gaillard, 1701, 2 vol. petit in-8, fig. v. lilas, fil. tr. dor. (107).	2
U	109	**Louis XVIII** (Stanislas-Xavier, roi de France). Relation d'un voyage à Bruxelles et à Coblentz (1791). — Paris, Boucher, 1823, 1 vol. in-18 broché.	1
A	32	**Lowth.** Leçons sur la poésie sacrée des Hébreux, traduites du latin en français par M. (Sicard). — Lyon, Ballanche, 1812, 2 vol. in-8, bas. f.	2
O	665	**Loy** (Aimé de). Préludes poétiques, précédés d'une introduction par M. Charles Durand. — Lyon, Coque, 1827, 1 vol. in-8, dem. rel. v. vert.	1
U	50	***Loyal Serviteur** (le). Histoire du chevalier Bayart, lieutenant-général pour le roy au gouvernement de Dauphiné, et de plusieurs choses mémorables advenues en France, Italie,	

Lettre du genre de l'ouvrage	Numéros des volumes	L	Nombre total des volumes
		Espagne et ès Pays-Bas, du règne des roys Charles VIII, Louis XII et François Ier, depuis l'an 1489 jusques à 1524. — Paris, Pacard, 1619, 1 vol. in-4, couv. parchemin.	1
O	1148	**Loyson.** Guerre à qui la cherche ou petites lettres sur quelques-uns de nos grands écrivains. — Paris, Delaunay, 1818. (*Recueil.*)	
U	295	**Loyson.** Seconde campagne de guerre à qui la cherche ou suite des petites lettres sur quelques-uns de nos grands écrivains. — Paris, 1818. (*Recueil.*)	
O	709	**Loyson.** Le bonheur de l'étude, discours en vers, et autres poésies. — Paris, 1817, 1 vol. in-18, v. vert, fil. (avec figures en taille-douce).	1
«	357	**Lucain** La Pharsale, traduite en vers français par Brébeuf. — 166?, 1 vol. in-18, v. f. (Le titre manque.)	1
«	84	**Lucani** (Annæi) Pharsalia, cum commentario Petri Burmanni. — Leydæ, Wishoff, 1740, 1 vol. in-4, v. f.	1
«	1121	**Luciani** (Samosatensis) opera omnia in duos tomos divisa; Johannes Benedictus ex antiquis libris, locorumque sensu emendavit et latinam versionem ità recognovit ut maximâ ex parte propriam fecerit; editio purissima, cum indice locupletissimo. — Salmurii, typis Piededii, 1619, 2 vol. in-8, rel. parchemin (108)	2
«	153	**Luciani** (Samosatensis) opera cum novâ versione, græcis scholiis ac notis variorum, curavit Tib. Hemsterhusius. — Amstelodami, Wetstein, 1743-46, 4 vol. in-4, rel. vélin. (109)	4
U	327	**Luciani** pseudosophista seu solœcista, cum notis et animadversionibus J. G. Grævii. — Amstelodami, apud Danielum Elzevirium, 1668.	
		Avec cet ouvrage se trouve :	
		— Aristeæ historia LXXII interpretum, græcè et latinè, accessêre veterum testimonia de eorum versione. — Oxonii, Scheldon, 1692, 1 vol. in-8, rel. vélin.	1
O	1122	**Lucien.** Dialogues des morts, traduits en français avec des remarques élémentaires; nouvelle édition revue, corrigée et augmentée par l'abbé Gail. — Paris, Brocas, 1784, 1 vol. in-12, rel. parchemin.	1
«	1123	**Lucien.** Œuvres, traduites du grec avec des remarques historiques et critiques sur le texte de cet auteur, par Belin de Ballu. — Paris, Bastien, 1789, 6 vol. in-8, bas. f. racin. fil.	6
«	358	**Lucilii** (Caii) satyrarum quæ supersunt reliquiæ; Franciscus Dausa collegit, disposuit et notas addidit. — Patavii, excudebat Cominus, 1735, 1 vol. in-8, dem. rel. maroq. rouge.	1
«	922	**Lucius de Patras.** La Luciade ou l'Ane, avec le texte grec revu sur plusieurs manuscrits, traduction de P.-L. Courier. — Paris, Bobée, 1818, 1 vol. in-12, v. br.	1
«	359	**Lucretii** (Cari) de rerum naturâ libri sex ad optimorum exemplarium fidem emendati, cum animadversionibus Bentleii, præfationibus et commentariis Wakefieldi et observationibus selectis cæterorum interpretum, edidit, suas notas et indices adjecit Eichstadt. — Lipsiæ, Wolf, 1801, 1 vol. in-8, bas. f. racin.	1

Lettre du genre de l'ouvrage	Numéros des volumes	L	Nombre total des volumes
O	360	**Lucretii** (Cari) de rerum naturâ libri sex, ex editione Wakefieldi, cum notis et interpretatione in usum Delphini, variis lectionibus, notis variorum, recensu editionum et codicum et indice locupletissimo. — Londini, Valpy, 1823, 2 vol. in-8, dem. rel. maroq. rouge, non rogné.	2
«	23	**Lycophrontis** (Chalcidensis) Alexandra, cum græcis Isaaci Tzetzis commentariis; accedunt versiones, variæ lectiones, emendationes, annotationes et indices necessarii. — Oxonii, Scheldon, 1697, 1 vol. in-folio, rel. vélin.	1
«	361	**Lycophrontis** (Chalcidensis) Alexandra, sive Cassandra, cum versione et commentario Guillielmi Canteri; paraphrasin, notas, indicem græcum, adjecit et præfatus est Henr. Godof. Reichardus. — Lipsiæ, Sigfrid Crusius, 1788, 1 vol. in-8, dem. rel. v. vert.	1
«	286	**Lycurgi**, oratoris attici, quæ una restat contrà Leocratem oratio, præfatus est J. G. Hauptmann. — Lipsiæ, Lanckisian, 1751, 1 vol. petit in-8, maroq. rouge fil.	1
U	165	**Lydi** (Joannis Laurentii) de ostentis quæ supersunt unà cum fragmento libri de mensibus ejusdem Lydi, fragmentumque M. Boëthii de diis et præsensionibus, edidit græcaque supplevit et latinè vertit C. B. Hase. — Parisiis, e typographiâ regiâ, 1823, 1 vol. in-8, dem. rel. v. olive.	1
O	287	**Lysiæ** opera omnia, græcè et latinè, cum versione novâ, triplici indice, variantibus lectionibus et notis, edidit A. Auger. — Parisiis, Didot, 1783, 2 vol. in-8, v. f. fil.	2
«	288	**Lysias.** Œuvres complètes, traduites en français par l'abbé Auger. — Paris, Debure, 1783, 1 vol. in-8, v. f.	1

M

Lettre du genre de l'ouvrage	Numéros des volumes		Nombre total des volumes
O	569	**Maclaren** (Charles). A dissertation on the topography of the plain of Troy including an examination of the opinions of Demetrius, Chevalier, Dr. Clarke and major Rennel. — Edinburgh, 1822, 1 vol. in-8, dem. rel. v. br.	1
«	1026	**Macrobe.** Œuvres, traduites par Ch. de Rosoy. — Paris, Firmin Didot, 1827, 2 vol. in-8, dem. rel. v. br.	2
«	1025	**Macrobii** (Aurelii Theodosii) opera cum notis integris Isaaci Pontani, J. Meursii, J. Gronovii, quibus adjunxit et suas Zeunius. — Lipsiæ, Georgi, 1774, 1 vol. in-8, v. f.	1
U	392	**Mahul** (A.). Annales biographiques ou complément annuel et continuation de toutes les biographies ou dictionnaires historiques. — Paris, Ponthieu, 1827-1830, 3 vol. in-8 cartonnés.	3
«	391	**Mahul** (A.). Annuaire nécrologique ou supplément annuel et continuation de toutes les biographies ou dictionnaires historiques. — Paris, Baudouin, 1820-1825, 6 vol. in-8 cartonnés.	6
I	74	**Mahul** (A.). Tableau de la constitution politique de la monarchie française selon la charte ou résumé du droit public des Français, accompagné du texte des lois fondamentales et de documens authentiques. — Paris, Désauges, 1830, 1 vol. in-8, dem. rel. v. br.	1
«	18	**Maillard d'Invilliers** (Madame). Mémoires sur les établissements intermédiaires de bienfaisance.— Paris, 1833. (*Recueil.*)	
O	986	***Maiseaux** (des). Scaligerana, Thuana, Perroniana, Pithœana et Colomesiana, ou remarques historiques, critiques morales et littéraires de Scaliger, de Thou, du Perron, Pithou et Colombier avec les notes de plusieurs savants. — Amsterdam, Covens et Mortier, 1740, 2 vol. in-12, v. f.	2
U	296	**Maisonfort** (de la). Tableau politique de l'Europe depuis la bataille de Leipsick. — (*Recueil.*)	
I	75	**Maistre** (le comte Joseph de). Les soirées de Saint-Pétersbourg ou entretiens sur le gouvernement temporel de la Providence, suivis d'un traité sur les sacrifices. — Paris, Cosson, 1821, 2 vol. in-8, bas. f. racin.	2
O	204	**Maittaire** (Michel). Græcæ linguæ dialecti, præfationem et appendicem ex Apolloni Dyscoli fragmento inedito addidit Reitzius.— Hagæ-Comitis, Neaulme, 1738, 1 vol. in-8, v. f. (110)	1
«	205	**Maittaire** (Michel). Græcæ linguæ dialecti; post Reitzium qui præfationem et excerpta ex Apollonii Dyscoli grammaticâ addiderat totum opus recensuit, emandavit, auxit Frid. Guil. Sturzius. — Lipsiæ, Weigel, 1807, 1 vol. in-8, dem. rel. v. vert (111).	1
«	710	**Malfilâtre.** Narcisse dans l'Isle de Vénus, poème en quatre chants. — Paris, Maradan, s. d. 17??, fig. en taille-douce, 1 vol. in-8, bas. f. racin. (112)	1
«	711	**Malherbe.** Poésies, rangées par ordre chronologique, avec un discours sur les obligations que la langue et la poésie françaises ont à Malherbe, et quelques remarques historiques et critiques. — Paris, Barbou, 1757, 1 vol. in-8, v. f. racin. (113)	1
«	274	***Mallet.** Essai sur les bienséances oratoires. — Paris, Prault, 1753, 2 vol. in-12, bas. f.	2
«	712	**Mangenot** (abbé). Poésies. — Maestricht, Dufour et Roux, 1776, 1 vol. in-8, v. f.	1

Lettre du genre de l'ouvrage	Numéros des volumes	M	Nombre total des volumes
O	363	**Manilii** Astronomicon, ex editione Bentleianâ, cum notis et interpretatione in usum Delphini, variis lectionibus, notis variorum, recensu editionum et codicum et indice locupletissimo. — Londini, Valpy, 1828, 2 vol. in-8, dem. rel. maroq. rouge, non rogné.	2
U	320	***Marc de Vesoul.** Mémoires historiques ou lettres écrites sous le règne d'Auguste, précédées d'un précis historique sur les Romains et les Gaulois depuis leur origine jusqu'à la bataille d'Actium. — Paris, 1808, 1 vol. in-8, dem. rel. bas. verte.	1
«	254	**Marchangy** (F.). La Gaule poétique ou l'histoire de France considérée dans ses rapports avec la poésie, l'éloquence et les beaux-arts. — Paris, Brasseur, 1813, 2 vol. in-8 reliés en un, dem. rel. bas. f.	1
E	12	**Marchangy** (F.). Plaidoyer dans la cause dn sieur Prudhomme, éditeur du Dictionnaire universel, et les frères Michaud, éditeurs de la Biographie universelle. Question de contrefaçon. — 1811. (*Recueil.*)	
O	713	**Marie de France** (poête anglo-normand du XIIIe siècle). Poésies ou recueil de lais, fables et autres productions de cette femme célèbre, publiées avec une notice sur la vie et les ouvrages de Marie; la traduction de ses lais en regard du texte, avec des notes, des commentaires, des observations sur les usages et coutumes des Anglais et Français dans les XIIe et XIIIe siècles, par B. de Roquefort. — Paris, Chasseriau, 1820, 2 vol. in-8, v. vert, fil.	2
«	923	**Marin** (Jean-Ambroise). Romans héroïques, traduits de l'italien par le comte de Caylus et M. de Séré. — Lyon, Bruysset, 1788, 4 vol. in-12, bas. f. racin.	4
«	1124	**Marivaux** (de). Le spectateur français, suivi du cabinet du philosophe. — Paris, Duchesne, 1755, 2 vol. in-12, v. f. racin.	2
«	207	**Marmontel.** Élémens de littérature. — (Paris), 1787, 6 vol. in-12, bas. f.	6
U	393	**Marmontel.** Œuvres posthumes; mémoires. — Paris, 1804, 4 vol. in-8, dem. rel. bas. verte.	4
O	714	**Marmontel.** Œuvres posthumes, ornées de gravures. — Paris, Verdière, 1820, 1 vol. in-8, dem. rel. v. br.	1
«	715	**Marot** (Clément). Œuvres, augmentées tant de diverses poésies véritablesque de celles qu'on lui a faussement attribuées, avec les ouvrages de Jean Marot son père, ceux de Michel Marot son fils, et les pièces du différend de Clément Marot avec François Sagon; accompagnées d'une préface historique et d'observations critiques. — La Haye, Gosse et Neaulme, 1731, 6 vol. in-12, v. f.	6
«	716	**Marot** (Jean). Œuvres, nouvelle édition. — Paris, Coustelier, 1723, 1 vol. petit in-8, v. br. (Numéro à double emploi, voy. Coquillart.)	1
«	846	**Marsollier.** Alexis ou l'erreur d'un bon père, comédie en un acte et en prose (musique de Dalayrac). — Paris, Barba, 1798. (*Recueil.*)	
		— La pauvre femme, comédie en un acte et en prose, mêlée de musique par Dalayrac. — Paris, Barba, 1796. (*Recueil.*)	
		— Le traicté nul, comédie en un acte et en prose (musique de Gaveaux). — Paris, 1797. (*Recueil.*)	

Lettre du genre de l'ouvrage	Numéros des volumes	M	Nombre total des volumes
		— La maison isolée ou le vieillard des Vosges, comédie en deux actes et en prose (musique de Dalayrac). — Paris, 1797. (*Recueil.*)	
U	394	**Marsollier** (abbé). Vie de la bienheureuse mère de Chantal, fondatrice de l'ordre de la Visitation de Sainte-Marie. — Lyon, Périsse, 1819, 2 vol. in-12, rel. bas. racin.	2
«	395	**Marsollier** (abbé). Vie de saint François de Sales, évêque et prince de Genève. — Paris, Méquignon, 1820, 2 vol. in-12, bas. f.	2
O	717	**Martial de Paris**, dit d'Auvergne (procureur au Parlement). Poésies. — Paris, Coustelier, 1724, 1 vol. petit in-8, v. br.	1
«	365	**Martial.** Épigrammes, traduction nouvelle et complète par feu E.-T. Simon, avec le texte latin en regard, des notes et les meilleures imitations en vers français depuis Marot jusqu'à nos jours. — Paris, Guitel, 1819, 3 vol. in-8, dem. rel. v. f.	3
«	364	**Martialis** (Marci Valerii) epigrammata, ex editione Bipontinâ, cum notis et interpretatione in usum Delphini, variis lectionibus, notis variorum, recensu editionum et codicum et indice locupletissimo. — Londini, Valpy, 1823, 2 vol. in-8, dem. rel. maroq. rouge, non rogné.	2
E	9	**Martignac** (de). Défense de M. le prince Jules de Polignac, ancien président du conseil des ministres, prononcé devant la cour des Pairs le 18 décembre 1830. — Paris, Pinard, 1830. (*Recueil.*)	
U	255	**Martignac** (de). Essai historique sur la révolution d'Espagne et sur l'intervention de 1823. — Paris, Pinard, 1832, tome 1er, broché.	1
«	281	**Martin** aîné. Compte-rendu des travaux de l'académie de Lyon en 1811. — Lyon, Ballanche, 1811. (*Recueil.*)	
«	410	**Martin** (Aimé). Éloge historique de J.-H.-D. Petetin. — Lyon, Ballanche, 1808. (*Recueil.*)	
«	324	**Martinelli** (sior). Roma ricercata nel suo sito con tutte le curiosità, che in effo fi ritrovano tanto antiche, come moderne; ampliata e rinovata colla descrizione delle fabbriche, che fino ad presente fi veggono ed arrichita di varie figure. — Roma, Barbiellini, 1769, 1 vol. in-8, dem. rel. v. br.	1
O	970	**Martiniana,** id est, litteræ, tituli, cartæ, privilegia et documenta tùm fundationis, dotationis et confirmationis per Henrichum I, Philippum I, Ludovicum VI, VII, XII, et Franciscum I, christianissimos Francorum reges, quàm statuta reformationis monasterii seu prioratus conventualis S. Martini a Campis, unà cum Leonis X, Pauli III et aliorum pontificum bullis et arestis. — Parisiis, Dufossé, 1606, 1 vol. in-8, bas. br.	1
«	718	**Massieu** (abbé). Histoire de la poésie française, avec une défense de la poésie. — Paris, Prault, 1739, 1 vol. in-12, v. f. racin.	1
A	33	**Massillon.** Sermons. Petit-Carême, Avent, Mystères, Panégyriques. — Paris, veuve Estienne, 1745, 4 vol. in-12, v. f.	4
		— Conférences et discours synodaux. — Paris, 1746, 3 vol. in-12, v. f.	3
		— Carême. — Paris, 1745, 4 vol. in-12, v. f.	4
		— Pensées. — Paris, 1749, 1 vol. in-12, v. f.	1
		— Oraisons funèbres. — Paris, 1745, 1 vol. in-12, v. f.	1
		— Paraphrase de plusieurs psaumes. — Paris, 1747, 2 vol. in-12, v. f. — En tout : 15 vol. in-12. (114)	2

Lettre du genre de l'ouvrage	Numéros des volumes	M	Nombre total des volumes
O	971	**Matanasiana** ou mémoires littéraires, historiques et critiques du docteur Matanasius. — La Haye, Charles le Vier, 1740, 2 vol. in-12 reliés en un, v. f.	2
U	49	***Mathieu** (Pierre). Les deux plus grandes, plus célèbres et mémorables résiovissances de la ville de Lyon ; la première, pour l'entrée de très-grand, très-chrestien, très-victorieux Prince, Henry III, roy de France et de Navarre ; la seconde, pour l'heureuse publication de la paix avec le cours et la suite des guerres entre les deux maisons de France et d'Austriche. — Lyon, Thibaud Ancelin, 1598, 1 vol. in-4, rel. vélin, tr. dor.	1
		N. B. — Le titre est refait à la main sur la couverture.	
«	362	**Matter** (Jacques). Essai historique sur l'école d'Alexandrie et coup d'œil comparatif sur la littérature grecque depuis le temps d'Alexandre le Grand jusqu'à celui d'Alexandre Sévère. — Paris, 1820, 2 vol. in-18, dem. rel. bas. f.	2
«	431	**Matthiæ** (Aug.). Animadversiones in hymnos Homericos, cum prolegomenis de cujusque consilio, partibus, ætate. — Lipsiæ, Weidmann, 1800, 1 vol. in-8, bas. f.	1
«	208	**Matthiæ** (Aug.). Grammaire raisonnée de la langue grecque, traduite en français sur la seconde édition par Gail et Longueville. — Paris, Delalain, 1831-1836, 3 vol. in-8, dem. rel. v. br.	3
«	570	**Matthiæ** (Aug.). Observationes criticæ in tragicos, Homerum, Appollonium, Pindarum, etc..... — Gœttingæ, Wandenhoeck, 1789, 1 vol. in-12, dem. rel. v. f.	1
«	1027	**Matthiæ** (Aug.). Observationes criticæ in tragicos, Homerum, Apollonium, Pindarum, etc..... — Gœttingæ, Wandenhoeck, 1789, 1 vol. petit in-8 cartonné.	1
«	973	**Maupertuisiana** (ou recueil des bons mots, sentences, histoires, etc..... de M. Maupertuis). — Hambourg, 1753, 1 vol. in-8, bas. br.	1
I	76	**Maxime de Tyr**. Discours philosophiques, traduits du grec par M. Formey. — Leide, Luchtmans, 1764, 1 vol. petit in-8, bas. br.	1
O	1144	**Maximi Tyrii** dissertatio, græcè et latinè, edidit J. A. Schier. — Athenis ad Elmum, 1760. (*Recueil.*)	
I	77	**Maximi Tyrii** dissertationes ex recensione Joannis Davisii, editio altera ad duos codd. mss. emendata notisque locupletioribus aucta, cui accesserunt Jer. Marklandi annotationes, recudi curavit et annotatiunculas de suo addidit Jo. Jacobus Reiske. — Lipsiæ, Th. Georgi, 1774-1775, 2 vol. in-8, v. f. marbré. (115)	2
O	608	***Maximien** (?). L'advocat des dames de Paris touchant les pardons de Sainct-Trotet. — Paris (réimp. moderne faite à Chartres en 1832), 1 vol. petit in-8, dem. rel. v. f. (Numéro à double emploi, voy. Doctrinal, ouvrages sans noms d'auteurs.)	1
«	609	***Maximien** (?). L'advocat des dames de Paris touchant les pardons de Sainct-Trotet (poésies du XVIe siècle réimprimées à Chartres en 1832). — 1 vol. petit in-8, dem. rel. v. f. (116)	1
«	133	**Maynard**. Œuvres. — Paris, chez Augustin Courbé, 1646, 1 vol. in-4, dem. rel. v. br.	1

Lettre du genre de l'ouvrage	Numéros des volumes	M	Nombre total des volumes
O	848	**Mazoïer**. Thésée, tragédie en cinq actes. — Paris, Huet, 1801. (*Recueil.*)	
«	849	**Mazoïer**. Thésée, tragédie en cinq actes. — Paris, Huet, 1801. (*Recueil.*)	
U	256	**Mazure** (J.-A.). Histoire de la révolution de 1688 en Angleterre. — Paris, Gosselin, 1825, 3 vol. in-8, dem. rel. v. f.	3
«	99	**Méla** (Pomponius), traduit en français (texte vis-à-vis), avec des notes critiques, géographiques, historiques, par C.-P. Pradin. — Paris, Pougens, 1804, 3 vol. in-8, dem. rel. maroq. rouge, non rogné.	3
O	1031	**Ménage**. Anti-Baillet ou critique du livre de M. Baillet intitulé : Jugemens des savans. — La Haye, 1690, 2 vol. petit in-8, bas. f.	2
«	12	**Ménage**. Dictionnaire étymologique de la langue française ; avec les Origines Françaises de M. Caseneuve, etc..... ; nouvelle édition dans laquelle on trouve encore les étymologies de MM. Huet, Leduchat, du Vergy ; le tout mis en ordre, corrigé et augmenté par A.-F. Jault. — Paris, 1750, 2 vol. in-folio, v. f.	2
«	824	**Menandri** et **Philemonis** reliquiæ quotquot reperiri potuerunt, græcè et latinè, cum notis Hugonis Grotii et Joannis Clerici, qui etiam novam versionem adornavit indicesque adjecit. — Amstelodami, Humbert, 1712, 1 vol. in-8, dem. rel. bas. f.	1
«	825	**Menandri** et **Philemonis** reliquiæ, græcè, edidit Aug. Meineke ; accedunt Bentleii in Menandrum et Philemonem emendationes integræ. — Berolini, Myl, 1823, 1 vol. in-8, dem. rel. v. br.	1
U	321	**Ménestrier** (le P., jésuite). Dissertation sur l'usage de se faire porter la queue (nouvelle édition avec des notes). — Lyon, Barret, 1829, 1 vol. in-8 cartonné.	1
«	16	**Ménestrier** (le P., jésuite). Histoire civile ou consulaire de la ville de Lyon, justifiée par chartes, titres, chroniques, manuscrits, autheurs anciens et modernes et autres preuves, avec la carte de la ville, comme elle était il y a environ deux siècles. — Lyon, J.-B. et N. Deville, 1696, 1 vol. in-folio, v. br. (117).	1
«	260	**Ménestrier** (le P., jésuite). Les divers caractères des ouvrages historiques avec le plan d'une nouvelle histoire de la ville de Lyon ; le jugement de tous les autheurs qui en ont écrit et des dissertations sur sa fondation et son nom ; sur le passage d'Annibal, la division des champs, le titre de Colonie Romaine et les deux tables d'airain de l'Hôtel de Ville. — Lyon, Deville, 1694, 1 vol. in-12, v. f. racin.	1
O	1032	**Menken**. De la charlatanerie des savans, avec des remarques critiques de différents auteurs ; traduit en français (par Durand). — La Haye, Van Duren, 1721, 1 vol. petit in-8, bas. br.	1
«	629	***Méon** (Dominique-Martin). Blasons, poésies anciennes recueillies et mises en ordre par D. M. M. — Paris, Guillemot, 1807, 1 vol. in-8, bas. f. racin. fil.	1
«	206	***Mercier** (Nic.). Le manuel des grammairiens divisé en trois parties : 1° principes de l'élégance et ordre qu'il faut garder dans la disposition des mots latins ; 2° formaisons des verbes	

Lettre du genre de l'ouvrage	Numéros des volumes	M	Nombre total des volumes
		grecs, accents et syntaxe ; 3° quantité latine et façon de retourner et de faire les vers. — Paris, Brocas, 1729, 1 vol. in-12, bas. br.	1
U	262	**Mérimée** (Prosper, auteur du théâtre de Clara Gazul). Chronique du temps de Charles IX (1572). — Paris, Fournier, 1829, 1 vol. in-8, dem. rel. v. br.	1
«	261	**Mérimée** (Prosper, auteur du théâtre de Clara Gazul). La Jaquerie, scènes féodales, suivies de la famille de Carvajal, drame. — Paris, Brissot-Thivars, 1828, 1 vol. in-8, dem. rel. v. rouge.	1
O	868	***Mérimée** (Prosper). Théâtre de Clara Gazul, comédienne espagnolle. — Paris, Sautelet, 1825, 1 vol. in-8, dem. rel. v. br.	1
U	263	**Mermet.** Histoire de la ville de Vienne, durant l'époque Gauloise et la domination romaine dans l'Allobrogie, contenant une notice sur l'Allobrogie ; la traduction d'une histoire inédite de Vienne sous les douze Césars, par Trebonius Rufinus, etc. — Paris, F. Didot, 1828, 1 vol. in-8, dem. rel. v. br.	1
O	1016	***Mésangère** (M. de). Dictionnaire des proverbes français. — Paris, Treuttel et Wurtz, 1821, 1 vol. in-8, v. vert, écaill.	1
«	209	**Metge** (A.). Grammaire philosophique et raisonnée. — Toulouse, Bénichet, 1828, 1 vol. in-8, dem. rel. v. br.	1
«	65	**Meursii** (Joannis) glossarium græco-barbarum in quo, præter vocabula quinque millia quadraginta, officia atque dignitates Imperii Constantinopolitani tàm in Palatio quàm Ecclesiâ aut militiâ explicantur et illustrantur. — Lugduni Batavorum, Elzevir, 1694, 1 vol. in-4, rel. parchemin.	1
U	264	**Mezeray** (F.-E.). Mémoires historiques et critiques sur divers points de l'histoire de France et plusieurs autres sujets curieux. — Amsterdam, Bernard, 1732, 1 vol. in-8, dem. rel. bas. f.	1
«	370	**Mézières.** Discours prononcé à la distribution des prix du collège royal de Lyon. — Lyon, 1831. (*Recueil.*)	
O	375	**Méziriac** (messire Gaspar Bachet, sieur de). Commentaires sur les épistres d'Ovide, avec plusieurs autres ouvrages du même auteur, dont quelques-uns paraissent pour la première fois. — La Haye, Du Sauzet, 1716, 2 vol. in-8, dem. rel. v. br., non rogné.	2
U	376	**Michaud.** Biographie des hommes vivants ou histoire, par ordre alphabétique, de la vie publique de tous les hommes qui se sont fait remarquer par leurs actions ou leurs écrits. — Paris, Michaud, 1816-1819, 5 vol. in-8 cartonnés.	5
«	377	**Michaud.** Biographie universelle ancienne et moderne ou histoire, par ordre alphabétique, de la vie publique et privée de tous les hommes qui se sont fait remarquer par leurs écrits, leurs actions, leurs talents, leurs vertus ou leurs crimes. — Paris, Michaud, 1811-1828, 52 vol. in-8 cartonnés.	52
O	660	***Michault** (Pierre). La danse aux aveugles et autres poésies du XVe siècle. — Amsterdam, 1749, 1 vol. petit in-8, bas. br. (118)	1
«	1033	**Michault.** Mélanges historiques et philologiques. — Paris, Tilliard, 1754, 2 vol. in-12, v. f.	2
U	396	***Michault.** Mémoires pour servir à l'histoire de la vie et des ouvrages de M. l'abbé Lenglet du Fresnoy. — Paris, Duchesne, 1761, 1 vol. in-12, v. f. (119)	1

Lettre du genre de l'ouvrage	Numéros des volumes	M	Nombre total des volumes
O	720	**Michaux** (Clovis). Les douze heures de la nuit, esquisses en vers. — Paris, Fournier, 1826, 1 vol. in-18, dem. rel. v. br.	1
I	87	***Michaux** (Clovis). Petit manuel philosophique et politique propre à l'éducation d'un jeune prince ; extrait de Fénelon et de Massillon. — Paris, Beaudouin, 1821, 1 vol. petit in-18, v. f. fil. tr. dor.	1
O	924	**Michel** (Francisque). Job ou les pastoureaux (1251). — Audefroi-le-Bâtard (1272). — Paris, Vimont, 1832, 1 vol. in-8, dem. rel. v. vert.	1
U	265	**Mignet** (F.-A.). Histoire de la Révolution française depuis 1789 jusqu'en 1814. — Paris, Firmin Didot, 1826, 2 vol. in-8, dem. rel. v. violet.	2
O	1061	**Millin** (L.-A.) Annales encyclopédiques (années 1817 et 1818). — Paris, 12 vol. in-8, dem. rel. bas. verte.	12
I	144	**Millin** (A.-L.). Minéralogie Homérique ou essai sur les minéraux dont il est fait mention dans les poëmes d'Homère. — Paris, Wasermann, 1816, 1 vol. in-8, dem. rel. bas. f.	1
O	120	**Millin de Grandmaison.** Dissertations sur le Thos dont il est souvent parlé dans Homère, etc..... (Extrait du *Journal de physique*, décembre 1787.) — (*Recueil.*)	
U	323	**Millingen** (J.). Article sur les médailles grecques. (*Recueil.*)	
O	1153	**Millingen** (J.). Some remarks on the state of learning and the fine arts in great Britain. — London, 1831. (*Recueil.*)	
«	211	**Minoïde-Mynas** (C.). Calliope ou traité sur la véritable prononciation de la langue grecque. — Paris, Bossange, 1825. (Numéro à double emploi, voy. Ammonius.)	
«	212	**Minoïde-Mynas** (C.). Calliope ou traité sur la véritable prononciation de la langue grecque. — Paris, Bossange, 1825, 1 vol. in-8, dem. rel. v. br.	1
«	721	**Minoïde-Mynas** (C.). Canaris, chant Pindarique, texte grec et traduction française. — Paris, Bobée, 1830, 1 vol. in-12, dem. rel. v. brun.	1
«	214	**Minoïde-Mynas** (C.). Grammaire grecque contenant les dialectes et la différence avec le grec vulgaire. — Paris, Bossange, 1828, 1 vol. in-8, dem. rel. v. f.	1
«	213	**Minoïde-Mynas** (C.). Théorie de la grammaire et de la langue grecque (avec le grec moderne en regard). — Paris, Bossange, 1827, 1 vol. in-8, dem. rel. v. br.	1
A	34	**Minucius-Félix.** L'Octavius, nouvelle traduction, avec le texte en regard et des notes par Antoine Péricaud. — Lyon, Durand, 1823, 1 vol. in-8, dem. rel. v. f.	1
O	215	**Mœridis** Atticistæ lexicon atticum, græcè, cum notis variorum restituit, emendavit, animadversionibusque illustravit J. Personus ; accedit Ælii Herodiani Philetærus. — Lugduni Batavorum, 1759, 1 vol. in-8, v. f. (120)	1
«	846	**Moissy** (de). La nouvelle école des femmes, comédie en trois actes et en prose. — Paris, Didot, 1772. (*Recueil.*)	
«	216	**Molard** (Étienne). Dictionnaire grammatical du mauvais langage ou recueil des expressions et des phrases vicieuses usitées en France et notamment à Lyon. — Lyon, Barret, 1803, 1 vol. in-12, dem. rel. v. f.	1

Lettre du genre de l'ouvrage	Numéros des volumes	M	Nombre total des volumes
O	749	**Molière.** Deux pièces inédites : La jalousie du barbouillé ; — Le médecin volant. — Paris, 1819. (*Recueil.*)	
«	826	**Molière.** Œuvres, avec un commentaire, un discours préliminaire et une vie de Molière par M. Auger (avec figures en taille-douce). — Paris, Desoer, 1819, 9 vol. in-8, v. br. (121)	9
U	281	**Mollet** (J.). Compte-rendu des travaux de l'académie de Lyon en 1808. (*Recueil.*)	
I	152	**Mollet** (J.). De l'utilité morale des sciences qui ont la nature pour objet. — 1800. (*Recueil.*)	
O	962	**Molto-Curante.** Touquetiana ou biographie pittoresque de M. Touquet. — Paris, Cogez, 1821, 1 vol. in-18, dem. rel. bas. f. (Numéro à double emploi, voy. Frankliniana.)	1
«	989	**Molto-Curante.** Touquetiana ou biographie pittoresque d'un grand homme, en réponse à cette question : Qu'est-ce que M. Touquet ? — Paris, Cogez, 1821, 1 vol. in-18, dem. rel. v. br.	1
U	297	**Monier.** Considérations sur les bases du nouveau projet de constitution. — Lyon, Ballanche, 1814. (*Recueil.*)	
O	1148	**Monier.** Essai sur Blaise Pascal. — Paris, Ponthieu, 1822. (*Recueil.*)	
«	847	**Monier** (Henri). L'amitié des deux âges, comédie en trois actes et en vers. — Paris, Ladvocat, 1826. (*Recueil.*)	
«	1155	**Monin** (Henri). Dissertation sur le Roman de Roncevaux. — Paris, 1832, Imprimerie royale. (*Recueil.*)	
«	611	***Monnet.** Anthologie française ou chansons choisies depuis le XIIIe siècle jusqu'à présent. — s. l., 1765, 3 vol. in-8, v. écaill. fil. (avec la musique gravée).	3
«	974	***Monnoye** (de la). Ménagiana ou les bons mots et remarques critiques, historiques, morales et d'érudition de M. Ménage, recueillies par ses amis (3me édition). — Paris, Delaulne, 1715, 4 vol. in-12, v. f.	4
«	975	***Monnoye** (de la). Ménagiana ou les bons mots et remarques critiques, historiques, morales et d'érudition de M. Ménage. — Amsterdam, Harrevelt, 1762, 3 vol. petit in-12, dem. rel. bas. f. N. B. — Dugas-Montbel n'a jamais possédé le 4me volume de cet ouvrage.	3
U	17	**Monstrelet** (Enguerran de, gentilhomme jadis demeurant à Cambray, en Cambrésis). Chroniques contenans les cruelles guerres civilles entre les maisons d'Orléans et de Bourgongne, l'occupation de Paris et Normandie par les Anglais, l'expulsion d'iceux, et autres choses mémorables advenues de son temps en ce royaume et pays estranges ; histoire de bel exemple et de grand fruit aux François, commenceant l'an 1400 où finist celle de Froissart et finissant en l'an 1467, peu outre le commencement de celle de Messire Philippes de Commines..... — Paris, Marc Orry, 1603, 2 vol. in-folio, dem. rel. v. br.	2
«	294	**Montagne** (D. J.). Avantages pour la France de coloniser la régence d'Alger, avec indication d'un mode de colonisation. — Paris, Dezauche, 1831. (*Recueil.*)	
U	29	**Montaigne** (Michel de). Journal du voyage en Italie par la Suisse et l'Allemagne en 1580 et 1581, avec des notes par M. de Querlon. — Paris, 1774, 1 vol. in-4, v. f. racin. fil.	1

Lettre du genre de l'ouvrage	Numéros des volumes	M	Nombre total des volumes
I	3	**Montaigne** (Michel de). Les Essais ; édition nouvelle exactement corrigée selon le vray exemplaire, enrichie à la marge du nom des autheurs citez et de la version de leurs passages, mise à la fin de chasque chapitre, avecque la vie de l'autheur, plus deux tables..... — Paris, Jean Camusat, 1635, 1 vol. in-folio, v. f. (Mauvais état de reliure.)	1
«	78	**Montaigne** (Michel de). Les Essais; nouvelle édition, exactement purgée des défauts des précédentes, selon le vray original ; ensemble la vie de l'autheur et deux tables. — — Amsterdam, 1781, 3 vol. in-8, v. f. racin.	3
U	266	**Monteil** (A.-A.). Histoire des Français des divers états aux cinq derniers siècles (XIVe siècle). — Paris, Janet et Cotelle, 1826, 2 vol. in-8, dem. rel. v. f.	2
O	1129	**Montesquieu.** Œuvres, précédées de ses éloges par d'Alembert et Villemain, les notes d'Helvétius, de Condorcet et de Voltaire, suivies du commentaire sur l'Esprit des lois, par le comte Destutt de Tracy. — Paris, Dalibon, 1822, 8 vol. in-8, v. br. fil.	8
«	993	***Montfort** (de). Vasconiana ou recueil des bons mots, des pensées les plus plaisantes et des rencontres les plus vives des Gascons. — Paris, Brunet, 1708, 1 vol. in-12, bas. br.	1
U	296	**Montlosier** (de). Quelques vues sur l'objet de la guerre et sur les moyens de déterminer la révolution. — Paris, Egron, 1815. (*Recueil.*)	
O	911	***Montreuil** (Gibert de). Histoire de très-noble et chevaleureux prince Gérard, comte de Nevers et de Rethel et de la très-vertueuse et sage princesse Euriant de Savoye, sa mye ; ouvrage enrichy de nottes critiques et historiques. — Paris, Ravenel (1727), 1 vol. petit in-8, v. f. fil.	1
U	410	**Morellet.** Éloge de Marmontel. — Paris, 1805. (*Recueil.*)	
«	267	**Morellet.** Mémoires sur le dix-huitième siècle et sur la révolution, précédés de l'éloge de l'abbé Morellet par Lemontey. — Paris, Ladvocat, 1821, 2 vol. in-8, bas. f. racin.	2
O	66	**Morellii** (Gulielmi) amalthæum græcæ locutionis sive thesaurus linguæ latinæ, græcæ et gallicæ, editore R. D. Spiritu Aubert. — Lugduni, Morillon, 1613, 1 vol. in-4, bas. br.	1
«	67	**Morellii** (T.) lexicum græco-prosodiacum ; latinam versionem subjecit Ed. Matby. — Cantabrigiæ, excudit J. Smith, 1815, 1 vol. in-4, v. f. fil.	1
U	28	**Moreri.** Le grand dictionnaire historique (19me édition) — Paris, 1743-1749, 8 vol. in-folio, v. f.	8
«	268	**Morgan** (Lady, ci-devant miss Owenson). La France ; ouvrage traduit de l'anglais par A. J. B. D. ; avec des notes du traducteur. — Paris, Treuttel et Wurtz, 1817, 2 vol. in-8, bas. f. racin.	2
O	915	***Morillon** (dom, bénédictin). Joseph, ou l'esclave fidèle, poême. — Bréda, 1705, 1 vol. petit in-12, bas. br.	1
«	217	**Morin** (J.-B.). Dictionnaire étymologique des mots français dérivés du grec; enrichi de notes par d'Ansse de Villoison. — Paris, Imprimerie impériale, 1809, 2 vol. in-8, dem. rel. mar. rouge.	2
I	79	**Morus** (Thomas). L'utopie, idée ingénieuse pour remédier au malheur des hommes et pour leur procurer une félicité complette ; cet ouvrage contient le plan d'une république dont	

Lettre du genre de l'ouvrage	Numéros des volumes	M	Nombre total des volumes
		les lois, les usages et les coutumes tendent uniquement à faire faire aux sociétez humaines le passage de la vie dans toute la douceur imaginable, république qui deviendra infailliblement réelle dès que les mortels se conduiront par la raison; traduite en français par M. Gueudeville et ornée de figures. — Leide, Pierre Vander, 1715, 1 vol. in-8, v. violet, fil. tr. dor.	1
U	100	**Moschini** (abbé). Itinéraire de la ville de Venise et des îles circonvoisines. — Venise, Alvisopola, 1819, 1 vol. in-16, dem. rel. v. br.	1
O	571	**Moschopuli** (Man. Byzantini) scholia ad Homeri Iliados librum I et II, adhùc inedita cum notis et animadversionibus Joannis Scherpezeelii, accedit commentarius Joachimi Camerarii. —Trajecti ad Rhenum, Poolsum, 1719, 1 vol. in-8, dem. rel. v. f.	1
U	278	**Moskowa** (prince de la). Lettre au duc d'Otrante.— Paris, 1815. (*Recueil.*)	
A	50	***Mosneron** (J.) Vie du législateur des chrétiens, sans lacunes et sans miracles. — Paris, Dabin, 1803, 1 vol. in-8, bas. f.	1
O	968	**Moucheron** ! (C. A.). Omniana ou extrait des archives de la société universelle des gobe-mouches. — Paris, Maradan 1808. (N° à double emploi, voy. Nodier.)	
«	218	**Mourcin** (M. de). Lexique grec-français de tous les mots contenus dans divers opuscules grecs d'Esope, de Lucien, de Xénophon, d'Homère, etc... — Paris, Delalain, 1817, 1 vol in-12, bas. br.	1
U	167	**Muller** (Jean). Vue générale de l'histoire du genre humain. — Paris, 1827, 2 vol. in-8, dem. rel. v. br.	2
I	145	**Mulsant** (E.). Lettres à Julie sur l'entomologie, suivies d'une description méthodique de la plus grande partie des insectes de France, ornées de planches. — Lyon, Babeuf, 1830, 2 vol. in-8, dem. rel. v. bl.	2
«	145 bis	— Id. — ..... ibid..... 1er vol seul in-8, dem. rel. v. vert.	1
O	316	**Mureti** (A. M.). Juvenilia.— Lugduni Batavorum, 1757. (*Recueil.*)	
«	366	**Musæi** grammatici de Herone et Leandro carmen, græcè et latinè, cum scholiis græcis, ex recensione Matthiæ Rover qui variantes lectiones et notas adjecit. — Lugduni Batavorum, Haak, 1737, 1 vol. in-8, dem. rel. v. f.	1
«	367	**Musée** le grammairien. Les amours de Léandre et de Héro, poême traduit du grec en français, avec le texte en regard.— Paris, Nyon, 1784, 1 vol in-12. v. violet, fil. tr. dor.	1
«	723	**Musset** (Alfred de). Contes d'Espagne et d'Italie (en vers). — Paris, Levavasseur. 1830, 1 vol. in-8, dem. rel. v. bl.	1
«	1153	**Musset-Pathay**. Examen des confessions et des critiques qu'on a faites sur les lettres inédites de J.-J. Rousseau. (*Recueil.*)	
		— Observations sur les correspondances en général et sur celle de J.-J. Rousseau en particulier. (*Même Recueil.*)	
U	398	***Musset-Pathay.** Histoire de la vie et des ouvrages de J.-J. Rousseau.—Paris, Eberhart, 1821, 2 vol. in-8, dem. rel. v. br.	2
«	398 bis	— Id. — nouvelle édition ..... ibid....., 1827, 1 vol. in-8, dem. rel. v. br.	1

Lettre du genre de l'ouvrage	Numéros des volumes	N	Nombre total des volumes
U	370	**Nadaud**. Discours de rentrée solennelle de la cour royale de Lyon. — Lyon, Rusand, 1834. (*Recueil.*)	
«	375	**Napoléon Ier**. Biographie des contemporains ou recueil des jugements qu'il a portés sur ses contemporains durant son exil. (Extrait du *Mémorial de Sainte-Hélène*). — Paris, 1824, 1 vol. in-8, dem. rel. v. br.	1
O	976	**Naudæana** et **Patiniana** ou singularitez remarquables prises des conversations de MM. Naudé et Patin. — Paris, Delaulne, 1701, 1 vol. in-12, v. f.	1
U	399	**Naudé** (Gustave). Apologie pour les grands hommes soupçonnés de magie, dernière édition où l'on a ajouté quelques remarques. — Amsterdam, Bernard, 1712, 1 vol. petit in-8, v. f. écail. fil. tr. dor.	1
«	403	**Nayral**. Notice littéraire et biographique de Mme Balard de Castres. — Castres, Vidal, 1833. (*Recueil.*)	
«	420	***Née de la Rochelle**. Vie d'Etienne Dolet, imprimeur à Lyon dans le seizième siècle, avec une notice des libraires et imprimeurs-auteurs que l'on a pu découvrir jusqu'à ce jour. — Paris, Gogué et Née de la Rochelle, 1779, 1 vol. in-8, dem. rel. v. f.	1
«	258	***Nemours** (duchesse de, signée M. L. D. D. N.). Mémoires contenant ce qui s'est passé de plus particulier en France pendant la guerre de Paris, jusqu'à la prison du cardinal de Retz, arrivée en 1652 ; avec les différents caractères des personnes qui ont eu part à cette guerre. — Cologne, 1709, 1 vol. petit in-12, bas. f.	1
«	101	**Nibby** (A.). Itinéraire instructif de Rome et de ses environs, rédigé par feu M. Vasi, revu, corrigé et augmenté d'après l'état actuel des monumens. — Rome, 1824, 2 vol. in-12, dem. rel. v. br.	2
O	368	**Nicandri** Colophonii Theriaca, id est, de bestiarum venenis eorumque remediis carmen, cum scholiis græcis auctioribus, græcè et latinè, carminum perditorum fragmentis, recensuit, emendavit et brevi annotatione illustravit Schneider. — Lipsiæ, Fleischer, 1816, 1 vol. in-8, dem. rel. v. f.	1
«	926	**Nicetæ** Eugeniani narrationem amatoriam et Constantini Manassis fragmenta edidit, vertit atque notis instruxit J. Fr. Boissonade. — Parisiis, Bobée, 1819, 2 vol, in-12, dem. rel. v. br.	2
A	35	**Nicole**. Essais de morale. — Paris, Desprez, 1730-1732, 14 vol. petit in-12, bas. br.	14
		— Instruction sur les sacrements. — Ibid., 1727, 2 vol.	2
		— Traité de la prière. — Ibid., 1741, 2 vol.	2
		— Instructions sur le symbole. — Ibid., 1727, 2 vol.	2
		— Instructions sur le décalogue. — Ibid., 1727, 2 vol.	2
		— Instructions sur l'oraison dominicale. — Ibid., 1727, 1 vol. En tout : 23 vol. petit in-12, bas. br.	1
O	121	**Nitzch** (Guilielmi) de historiâ Homeri maximèque de scriptorum carminum ætate maletemata. — Hannoveræ, Hahn, 1830, 1 vol. in-4, dem. rel. v. br.	1
«	121 bis	— Id. — ..... ibid..... 1 vol. in-4, dem. rel. v. br.	1

Lettre du genre de l'ouvrage	Numéros des volumes	N	Nombre total des volumes
O	219	**Nodier** (Charles) et **Verger** (V.). Dictionnaire universel de la langue française, rédigé d'après le dictionnaire de l'Académie. — Paris, 1827, 2 vol. in-8, dem. rel. v. br.	2
«	220	**Nodier** (Charles). Examen critique des dictionnaires de la langue française ou recherches grammaticales et littéraires sur l'orthographe, l'acception, la définition et l'étymologie des mots. — Paris, Delangle, 1828, 1 vol. in-8. dem. rel. v. br. (Exemplaire interfolié avec des notes mss. de Dugas-Montbel.)	1
«	968	***Nodier** (Charles) (?). Infernaliana. — Paris, Sanson, 1822, 1 vol. in-12 bas. br. (Numéro à double emploi, voy. Moucheron.)	1
«	914	***Nodier** (Charles). Jean Sbogar. — Paris, Gide, 1818, 2 vol. in-12, dem. rel. bas. f.	2
«	927	**Nodier** (Charles). La Fée aux Miettes, tome IV de ses œuvres. — Paris, Renduel, 1832, 1 vol. in-8, dem. rel. v. br.	1
«	1130	**Nodier** (Charles). Mélanges tirés d'une petite bibliothèque ou variétés littéraires et philosophiques. — Paris, Crapelet, 1829. 1 vol. in-8, dem. rel. v. br.	1
«	1134	***Nodier** (Charles). Questions de littérature légale. Du plagiat, de la supposition d'auteurs, des supercheries qui ont rapport aux livres; ouvrage qui peut servir de suite au dictionnaire des anonymes et à toutes les bibliographies. — Paris, Barba, 1812, 1 vol. in-8, dem. rel. bas br.	1
«	1035	**Nodier** (Charles). Questions de littérature légale, du plagiat, de la supposition d'auteurs, des supercheries qui ont rapport aux livres. (2me édition). — Paris, Crapelet, 1828, 1 vol. in-8, dem. rel. v. br.	1
U	402	**Nodier** (Charles). Souvenirs de jeunesse, extraits des mémoires de Maxime Odin. — Paris, Levavasseur, 1832, 1 vol in-8, dem. rel. v. br.	1
O	289	**Noë** (M. A. de, évêque de Lescar). Œuvres, contenant ses discours, mandemens et traductions et précédées d'une notice historique sur la vie et les écrits de ce prélat, avec un fac-simile de son écriture. — Paris, Guitel, 1818, 1 vol in-8, dem. rel. v. br.	1
«	68	**Noël** (Fr.). Nouveau dictionnaire français-latin, composé sur le plan du dictionnaire latin-français du même auteur. — Paris, Lenormant, 1819, 1 vol. in-4, bas. f. racin.	1
«	369	**Nonni** (Panopolitæ) Dionysiaca græcè et latinè; Petri Cunæi animadversionum liber; Danielis Heinsii dissertatio de Nonni Dionysiacis et ejusdem paraphrasi; Josephi Scaligeri conjectanea. — Hanoviæ, Wechel, 1610, 1 vol. in-8, rel. velin.	1
A	37	**Nonni** (Panopolitani) paraphrasis, græcè et latinè, sancti secundum Joannem Evangelii; accesserunt notæ P. N. A. Societatis Jesu. — Parisiis, apud Sebastianum Cramoisy, 1623, 1 vol. in-8, couv. parchemin.	1
U	298	**Normand**. Une semaine de révolution ou Lyon en 1830. — Lyon Idt, 1831. (*Recueil*.)	
O	693	***Noue** (de la). Le grand dictionnaire des rimes françoises selon l'ordre alphabétique, diligemment revu, etc..... avec l'interprétation et origine des mots plus rares du Palais, de la milice, venerie et autres, en outre trois traictez : des conjugaisons françoises, de l'orthographe françoise, des épithètes tirées des œuvres de Guillaume de Salluste, seigneur du Bartas. — Genève, Berjon, 1623, 1 vol. in-8, couv. parchemin.	1

Lettre du genre de l'ouvrage	Numéros des volumes	N	Nombre total des volumes
O	1036	**Nougaret.** Tableau mouvant de Paris ou variétés amusantes; avec des notes historiques et critiques. — Paris, Duchesne, 1787, 3 vol. in-12, bas. f.	3
«	726	**Nouguier** (M. de). L'Herculeïde burlesque, autrement la véritable relation de toute la vie, noms, labeurs, actions, amours, mariages, métamorphoses, voyages, fin et trépassement du grand Hercule le Thébain, fidèlement traduit du Ciriaque, poême désabusif. — Orange, Edouard Raban, 1653, 1 vol. in-8, v. f.	1
«	725	**Nouguier** (d'Avignon). Œuvres burlesques, contenant le Jason incognito, le jugement de Pâris, l'Odissée à la mode, etc....., dédiées à Monsieur le Marquis de la Coque. — Orange, Edouard Raban, 1650, 1 vol. in-8, v. f.	1
«	224	**Nunez de Taboada.** Diccionario frances-espanol y espanol-frances. — Paris, Brunot-Labbe, 1820, 2 vol. in-8, dem. rel. v. f.	2

Lettre du genre de l'ouvrage	Numéros des volumes	O	Nombre total des volumes
I	81	**Ocellus Lucanus**, en grec et en français, avec des dissertations sur les principales questions de la métaphysique, de la physique et de la morale des anciens, qui peuvent servir de suite à la philosophie du bon sens, par le marquis d'Argens. — Berlin, Haude et Spener, 1762, 1 vol. in-8, v. f. fil.	1
O	977	**Odryana** ou la boîte au gros sel, recueil complet des bons mots, saillies, rebus, charges, coq-à-l'âne, etc..... de M. Odry, artiste au théâtre des Variétés, suivie d'une historiette farcie d'équivoques, attribuée à l'auteur des « Cinq six bons gendarmes.» — Paris, 1825, 1 vol. in-18, dem. rel. bas. f.	1
«	967	***Olivet** (l'abbé d'). Huetiana ou pensées diverses de M. Huet, évêque d'Avranches. — Paris, Estienne, 1722, 1 vol. in-12, bas. br.	1
«	225	**Olivet** (abbé d'). Remarques sur la langue française. — Paris, Barbou, 1771, 1 vol. in-12, bas. f.	1
«	86	**Oppiani** Anazarbei de piscatu libri V, de venatione, libri IIII, græcè. — Parisiis, apud Turnebum, 1555, 1 vol. petit in-4, dem. rel. v. br. (122)	1
«	85	**Oppiani** Cynegetica, græcè et latinè, recensuit et suis animadversionibus auxit J. N. Belin de Ballu. — Argentorati, 1786, 1 vol. in-4, bas f. racin. fil. tr. dor.	1
«	370	**Oppiani**, poetæ Cilicis, de venatione libri IIII, de piscatu libri V, græcè, cum interpretatione latinâ, commentariis et indice rerum in utroque opere memorabilium locupletissimo, conjectis studio et operâ Conradi Rittershusii. — Lugduni Batavorum, Plantin, 1597, 1 vol. in-12, bas. f. (123)	1
«	371	**Oppiani**, poetæ Cilicis, de venatione libri IV et de piscatione libri V, cum paraphrasi græcâ librorum de aucupio, græcè et latinè, curavit J. Gottl. Schneider. — Argentorati, Konig, 1776, 1 vol. in-8, v. f. fil. (124)	1
«	181	***O'Reilly** (?). Dictionnaire de la prononciation anglaise ou nouveau dictionnaire dans lequel on a essayé de peindre les vrais sons de la langue anglaise. — Paris, Lebreton, 1756, 2 vol. reliés en un, in-8, dem. rel. v. vert.	1
«	372	**Orphei** Argonautica, hymni, libellus de lapidibus et fragmenta cum notis H. Stephani....., textum ad editiones veteres recensuit, notas suas et indicem græcum adjecit Jo. Matthias Gesnerus, curante Hambergero.— Lipsiæ, Fritsch, 1764, 1 vol. in-8, bas. f. (125)	1
«	373	**Orphica** cum notis H. Stephani, M. Gesneri, Th. Tyrwhitti, recensuit Godofr. Hermannus. — Lipsiæ, Casp. Fritsch, 1805, 1 vol. in-8, dem. rel. v. br.	1
«	731	**Orsel** (Jacques). Apologues. — Lyon, Babeuf, 1834, 1 vol, in-12, broché.	1
«	731 bis	— Id. — ..... ibid..... — 1 vol. broché.	1
I	84	**Orsel** (Jacques). Essais sur les hôpitaux et sur les secours à domicile distribués aux indigens malades. — Paris, Lenormant, 1821, 1 vol. in-8, broché.	1
O	846	**Orvigny** (d'). Oui ou non, comédie en un acte et en prose. — Avignon, Berenguier, 1796. (*Recueil.*)	

Lettre du genre de l'ouvrage	Numéros des volumes	O	Nombre total des volumes
O	71	**Osann** (Frédéric). Auctarium lexicorum græcorum præsertim thesauri linguæ græcæ ab H. Stephano conditi; insunt anecdota tàm græca quàm latina permulta. — Darmstadt, 1824, 1 vol. in-4, dem. rel. v. br.	1
«	378	**Ovide**. L'Art d'aimer, suivi du remède d'amour, traduction nouvelle avec des remarques mythologiques et littéraires par F. S. A. D. L..... — Paris, Ancelle, 1803, 1 vol. in-8, cartonné, non rogné.	1
«	377	**Ovide.** Œuvres complettes traduites en français, auxquelles on a ajouté la vie de ce poête, les hymnes de Callimaque, le Pervigilium Veneris; l'épitre de Lingendes sur l'exil d'Ovide et la traduction en vers de la belle élégie d'Ovide sur son départ, par Lefranc de Pompignan, édition imprimée par les soins de Ch. Poncelin. — Paris, Debarle, an VII, 7 vol. in-8, bas. verte fil.	7
«	375	**Ovidii** (Publii Nasonis) opera omnia, ex editione Burmannianâ, cum notis et interpretatione in usum Delphini, variis lectionibus, notis variorum, notitiâ litterariâ, recensu editionum et codicum et indice locupletissimo. — Londini, Valpy, 1821, 9 vol. in-8, dem. rel. maroq. rouge non rogné.	9
«	374	**Ovidii** (Publii Nasonis) operum editio nova. — Amstelodami, Schelte, 1701, 3 vol. petit in-12, bas. br.	3
«	352	**Ovidius** (Albus Juventinus) ?. La Philomèle, poême latin, publié avec de nouvelles leçons et des notes critiques par Charles Nodier. — Paris, Delangle, 1829, 1 vol. in-8, gros papier, broché.	1
I	106	**Ozanam** (A. F.). Réflexions sur la doctrine de Saint-Simon. — Lyon, Perisse, 1831. (*Recueil.*)	

Lettre du genre de l'ouvrage	Numéros des volumes	P	Nombre total des volumes
U	170	**Palæphati** de incredibilibus græcè sextum edidit, denuò recensuit, emendavit, explicavit, indicem verborum græcorum copiosissimum adjecit Frid. Fischerus; accessère prolusiones quatuor in Palæphati tabulas unà cum orationibus duabus.— Lipsiæ, Fritsch, 1789, 1 vol. in-8, dem. rel. v. br.	1
«	364	**Palissot.** Mémoires pour servir à l'histoire de notre littérature depuis François Ier jusqu'à nos jours. — Paris, Crapelet, 1803, 2 vol. in-8, bas. f.	2
O	1131	**Palissot.** Œuvres, nouvelle édition enrichie de figures. — Liège, Plomteux, 1777-1779, 7 vol. in-8. bas. f. racin. fil.	7
«	1154	**Palmezeaux.** Boileau jugé par ses amis et ses ennemis ou le pour et le contre sur Boileau. — Paris, Mongié, 1802. (*Recueil.*)	
«	844	**Palmezeaux.** Hippolyte, tragédie en 3 actes, imitée d'Euripide; exemplaire interfolié, avec nombreuses notes critiques manuscrites. — Paris, Masson, 1803. (*Recueil.*)	
«	732	**Panckoucke** (C. L. F.). Exemples de style extraits de Racine et de Boileau. — Paris, Panckoucke, 1826, 1 vol. in-8, v. br.	1
«	157	**Panofka** (Th.). Le lever du soleil, sur un vase peint du musée Blacas. — Paris, Crapelet, 1833. (*Recueil.*)	
«	123	**Paquelin** (Guillaume). Apologême pour le grand Homère contre la répréhension du divin Platon sur aucuns passages d'iceluy. — A Lyon, par Claude Pesnot, 1577, 1 vol. petit in-4, dem. rel. v. br.	1
U	18	**Paradin de Cuyseaulx** (Guillaume, doyen de Beaujeu). Mémoires de l'histoire de Lyon, avec une table des choses mémorables contenues en ce présent livre. — A Lyon, chez Antoine Gryphius, 1573, 1 vol. in-folio, dem. rel. bas. f.	1
I	107	**Pardessus.** Code de commerce d'Espagne. (*Recueil.*)	
O	810	***Parfaict** " et d'**Abguerbe** " (les frères). Dictionnaires des théâtres de Paris, contenant toutes les pièces qui ont été représentées jusqu'à présent sur les différents théâtres français et sur celui de l'Académie royale de musique, les extraits de celles qui ont été jouées par les comédiens italiens depuis leur rétablissement en 1716, ainsi que des opéras comiques et principaux spectacles des foires Saint-Germain et Saint-Laurent; des faits anecdotes sur les auteurs qui ont travaillé pour ces théâtres et sur les principaux acteurs, actrices, etc..... — Paris, Lambert, 1756, 7 vol. in-12, bas. écail.	7
O	820	***Parfaict** (les frères). Histoire du théâtre françois depuis son origine jusqu'à présent, avec la vie des plus célèbres poëtes dramatiques, un catalogue exact de leurs pièces et des notes historiques et critiques. — Paris, Lemercier, 1745-1749, 15 vol. in-12, v. br. écaill. fil.	15
U	278	**Paris** (E.). Réflexions et observations sur les additions aux constitutions de la France sous la foi de la loi qui constate la liberté de la presse. — 1815. (*Recueil.*)	
O	733	**Parny** (Évariste). Œuvres complètes choisies, précédées d'une notice historique sur sa vie. — Paris et Bruxelles, Roux-Dufort et Wahlen, 1824-1826, 2 vol. in-8, dem. rel. v. br.	2
«	928	**Parthenii** Nicæensis narrationum libellus, emendatus studio Lucæ Legrand in lucem editus curante C. G. Heyne. — Gottingæ, Dieterich, 1798, 1 vol. petit in-8, dem. rel. bas. f.	1

Lettre du genre de l'ouvrage	Numéros des volumes	P	Nombre total des volumes
A	43	**Pascal** (Blaise). Lettres provinciales ou lettres écrites par Louis de Montalte à un provincial de ses amis et aux RR. PP. Jésuites sur la morale et la politique de ces Pères, avec un discours préliminaire contenant un abrégé de la vie de M. Pascal et l'histoire des Provinciales. — S. l. 1767, 1 vol. in-12, bas. f.	1
O	1132	**Pascal** (Blaise). Lettres provinciales et pensées; nouvelle édition augmentée d'un essai sur les meilleurs ouvrages écrits en prose dans la langue française et d'une introduction aux pensées, par Fr. de Neufchâteau, d'une nouvelle table analytique des pensées. — Paris, Lefèvre, 1819, 2 vol. in-8, bas. f. racin.	2
I	85	**Pascal** (Blaise). Pensées sur la religion et sur quelques autres sujets. — Paris, Nyon, 1783, 1 vol. in-12, cartonné.	1
«	152	**Pascal**. Observations sur les causes les plus fréquentes de la carie des dents et les moyens soit d'en prévenir la formation, soit de l'enlever et détruire à sa naissance. — 1809. (*Recueil.*)	
U	19	**Pasquier** (Estienne). Œuvres, contenant ses recherches de la France, son plaidoyé pour M. le duc de Lorraine, celuy de M. Versoris pour les Jésuites; clarorum virorum ad Steph. Pasquierium carmina, épigrammatum libri sex; epitaphiorum liber; ses lettres; ses œuvres meslées et les lettres de Nicolas Pasquier, fils d'Estienne. — Amsterdam, 1723, 2 vol. in-folio, v. br.	2
«	403	**Pasquier** (le baron). Eloge de G. Cuvier. (*Recueil.*)	
O	830	**Passerat**. Œuvres dédiées à Son Altesse Electorale de Bavière, comprenant pièces de théâtre et poésies diverses. — Brusselles, Georges de Backer, 3 parties en 1 vol. in-12, bas. f.	1
«	734	**Passerat** (Jean, lecteur et interprête du roy). Recueil des œuvres poétiques augmenté de plus de la moitié, outre les précédentes impressions dédiées à M. de Rosny. — Paris, Langelier, 1606, 1 vol, petit in-8, v. f. racin. fil.	1
U	403	**Passeron**. Eloge de Girard Audran. (*Recueil.*)	
		— Eloge de Dubost. (*Recueil.*)	
		— Eloge de Ginguenée. (*Recueil.*)	
«	404	**Passeron**. Eloge de P. E. Lemontey. (*Recueil.*)	
		— Eloge de Sarrabat. (*Recueil.*)	
		— Notice sur Lemot, sculpteur lyonnais, 1827. (*Recueil.*)	
«	292	***Passeron**. Mélanges sur les beaux-arts, extraits de la *Gazette universelle de Lyon* en 1825 et 1826. — Lyon, 1826. (*Recueil.*)	
«	298	**Passeron**. Mémoires d'un pauvre diable. (*Recueil.*)	
		— Lettre à MM. les rédacteurs des Archives du Rhône. (*Recueil.*)	
«	297	**Pastoret** (M. de). Des moyens mis en usage par Henri IV pour s'assurer la couronne et pacifier la France au sortir des troubles civils.— Paris, 1815. (*Recueil.*)	
E	10	**Patorni**. L'épée de Napoléon, mémoire à consulter. — Paris, Herhau, 1833. (*Recueil.*)	
O	1118	***Paty** (du). Lettres sur l'Italie en 1785. — Paris, Desenne, 1788, 2 vol. in-8, bas. f.	2

Lettre du genre de l'ouvrage	Numéros des volumes	P	Nombre total des volumes
U	104	**Pausaniæ** Græcæ descriptio, græcè et latinè, recensuit, emendavit, explanavit Jo. Frid. Facius. — Lipsiæ, Schœfer, 1794-1796, 4 vol. in-8, dem. rel. v. f. (126)	4
«	105	**Pausanias**. Description de la Grèce, traduction nouvelle avec le texte grec en regard par M. Clavier. — Paris, Eberhart, 1814-1823, 7 vol. in-8, dem. rel. v. f.	7
«	171	**Pauw** (de). Recherches philosophiques sur les Egyptiens et les Chinois. — Berlin, Decker, 1773, 2 vol. in-12, v. f.	2
«	172	**Pauw** (de). Recherches philosophiques sur les Américains ou mémoires intéressants pour servir à l'histoire de l'espèce humaine; nouvelle édition augmentée d'une dissertation critique par dom Pernetty. — Berlin, 1774, 3 vol. in-12, bas. br.	3
«	173	**Pauw** (de). Recherches philosophiques sur les Grecs. — Berlin, Decker, 1788, 2 vol. in-12, v. f.	2
O	735	**Pavillon**. Œuvres; nouvelle édition augmentée de plusieurs pièces. — Paris, Michel Huart, 1720, 1 vol. in-12, bas. br.	1
«	736	**Pavillon**. Œuvres, nouvelle édition augmentée de plusieurs pièces. — Paris, Charles Huart, 1720, 1 vol. in-12, bas. br.	1
«	831	**Péchantre.** Géta, tragédie. — Paris, Ribou, 1723, 1 vol. petit in-12, couv. parchemin.	1
«	946	**Peignot** (Gabriel). Amusemens philologiques ou variétés en tous genres par G. P. Philomneste (philoss, qui aime, mnestaii, à se ressouvenir). 2me édition. — Dijon, Lagier, 1824, 1 vol. in-8, dem. rel. v. br.	1
«	579	**Peletier du Mans** (J.). Les œuvres poétiques, contenant le premier livre de l'Odyssée d'Homère, etc..... — Paris, Vascosan, 1547, 1 vol. petit in-8, maroq. vert. fil. tr. dor. (Manque). (Voy. même auteur, nº 580, Homère.)	0
U	365	**Pellisson**. Histoire de l'académie française depuis son établissement jusqu'à 1652, avec des remarques et des additions. — Paris, Coignard, 1730, 2 vol. in-12, v. br.	2
O	588	***Pérelle.** Remarques sur Homère, avec la traduction de la préface de l'Homère anglais de Pope et d'un essai sur la vie et les écrits de ce poète, par le même auteur. — Paris, Coustelier, 1728, 1 vol. in-12, v. f.	1
«	589	***Pérelle.** Remarques sur Homère avec la traduction de la préface de l'Homère anglais de Pope et d'un essai sur la vie et les écrits de ce poëte par le même auteur. — Paris, Coustelier, 1728, 1 vol. in-12, bas br. (Numéro à double emploi, voyez Pope.)	1
U	298	**Perenon** (L. M.). Le siège de Lyon, poëme historique et didactique précédé d'un prologue aux muses et d'une préface poétique. — Lyon, 1825. (*Recueil.*)	
«	403	**Péricaud** (A.). Eloge de Ch. Borde. (*Recueil.*)	
		— Eloge de d'Epinay. (*Recueil.*)	
«	404	**Péricaud** (A.) Eloge de F. de Maudelot. (*Recueil.*)	
		— Eloge de Saint-Nizier. (*Recueil.*)	
		— Eloge de Duplessis de Richelieu. (*Recueil.*)	
		— Notice sur Sidoine Apollinaire. (*Recueil.*)	
		— Notice sur Cam. de Neufville, 1829. (*Recueil.*)	

Lettre du genre de l'ouvrage	Numéros des volumes	P	Nombre total des volumes
U	292	**Péricaud** (A.). Séjour de Cagliostro à Lyon de 1784 à 1785. (*Recueil.*)	
O	1156	**Péricaud** (A.). Supplément aux œuvres de Cicéron. — Paris, 1826. (*Recueil.*)	
		— Songe de saint Jérôme. — Lyon, 1826. (*Recueil.*)	
		— Essai sur Martial ou épigrammes choisies de ce poète imitées en vers français. — L'an de Rome 2569. (*Recueil.*)	
U	306	***Péricaud** (A.). Tablettes chronologiques pour servir à l'histoire de la ville de Lyon, de 1700 à 1814. — Lyon, Rusand, 1831-1833, 1 vol. in-8, dem. rel. bas f.	1
O	444	***Perkins** (Georgi) Clavis Homerica sive lexicon vocabulorum omnium quæ in Iliade Homeri, nec non potissimâ Odysseæ parte continentur; accedit brevis appendix de Dialectis, opus primùm in Angliâ concinnatum, deindè auctum et sæpiùs editum, nunc tandèm summo studio correctiùs recusum. — Goudæ, typis Gulielmi Vander Hoeve, 1649, 1 vol. in-12, bas. br.	1
«	445	***Perkins** (Georgi) Clavis Homerica sive lexicon vocabulorum omnium quæ in Iliade Homeri, nec non potissimâ Odysseæ parte continentur; accedit brevis appendix de Dialectis, opus primùm in Angliâ concinnatum, deindè auctum et sæpiùs editum; nunc tandèm summo studio correctiùs recusum. — Roterodami, Arnoldi Leers, 1655. 1 vol. in-12, bas. br.	1
«	446	— Id. — Roterodami, ex officinâ Arnoldi Leers, 1662, 1 vol. in-12, rel. parchemin.	1
U	277	***Pernetty** (abbé). Recherches pour servir à l'histoire de Lyon ou des Lyonnais dignes de mémoire. — Lyon, Duplain, 1757, 2 vol. in-8, bas. f.	2
O	227	**Perrault.** Parallèle des anciens et des modernes en ce qui regarde les arts et les sciences; nouvelle édition augmentée de quelques dialogues. — Paris, Coignard, 1693, 2 vol. reliés en un, in-12, bas br.	1
A	44	**Perrault-Maynand.** Catholicum eucologium in graciam pietatis et linguæ græcæ studio incumbentium. — Lugduni, Périsse, 1834, 1 vol. in-18, bas. verte, fil. tr. dor.	1
I	147	**Perrault-Maynand.** Uranographie de la jeunesse ou leçons de sphères et d'astronomie démontrées sans le secours des mathématiques. — Lyon, Périsse, 1832, 1 vol. in-12, avec figures, v. rouge, fil. tr. dor.	1
O	380	**Persii** (Aulii Flacci) opera omnia ex editione G. L. Kœnig, cum notis et interpretatione in usum Delphini, variis lectionibus, notis variorum et veteris scholiastæ, recensu editionum et codicum et indicibus locupletissimis. — Londini, Valpy, 1820, 1 vol. in-8, dem. rel. maroq. rouge, non rogné.	1
«	379	**Persii** (Aulii Flacci) satiræ ad codd. Parisinos recensitæ, lectionum varietate et commentario perpetuo illustratæ a N. L. Achaintre; accedunt C. Lucilii Suessani satirarum fragmenta, nec non Sulpiciæ Caleni uxoris satira. — Parisiis, Firmin Didot, 1812, 1 vol. in-8, dem. rel. v. br.	1
«	748	**Petit** (A.). Onan ou le tombeau du mont Cindre. — Lyon, 1809, (*Recueil.*)	
«	737	**Petit** (Marc-Antoine). Onan ou le tombeau du mont Cindre, fait historique présenté en 1809 à l'académie des Jeux Floraux de Toulouse. — Lyon, 1809, 1 vol. in-8, dem. rel. v. br.	1

Lettre du genre de l'ouvrage	Numéros des volumes	P	Nombre total des volumes
O	581	**Petiti** (Petri) Homeri nepenthes sive de Helenæ medicamento luctum animique omnem ægritudinem abolente, et aliis quidem eâdem facultate præditis, dissertatio. -- Trajecti ad Rhenum, Rudolphe a Zill, 1689, 1 vol. in-8, rel. velin.	1
«	852	***Petitot.** Répertoire du théâtre français ou recueil des tragédies et comédies restées au théâtre depuis Rotrou, pour faire suite aux éditions in-8 de Corneille, Molière, Racine, Regnard, Crébillon et au théâtre de Voltaire, avec des notices sur chaque auteur et l'examen de chaque pièce. — Paris, Didot, 1803-1804, 23 vol. in-8, bas. f. fil.	23
«	738	**Petrarca** (Fr.). Le rime corrette sovra i testi migliori, si aggiungono le considerazioni rivedute e ampliate di Alessandro Tassoni, le annotazioni di Gir. Muzio et le osservazioni di Muratori. — Roma, 1821-1822, 2 vol. grand in-8. rel. vélin, non rogné.	2
«	143	**Pétronii** (Arbitri Titi) Satyricon quæ supersunt cum integris doctorum virorum commentariis, et notis N. Heinsii, accedunt variæ dissertationes et præfationes, curante Petro Burmanno. — Trajecti ad Rhenum, 1709, 1 vol. in-4, v. br.	1
«	228	**Peuceri** (M. Dan.) commentarius differentium apud Græcos vocum potissimum ex Ammonio Lesbonacte et Philopono collectus et locupletatus, præmissa est dissertatio de usu differentium apud Græcos vocum in theologiâ. — Dresdæ, apud Walterum, 1749, 1 vol. in-8, rel. vélin.	1
«	229	**Peuceri** (M. Dan.) lexicon vocum græcarum synonymicarum potissimum ex Ammonio Lesbonacte et Philopono collectum et locupletatum, præmissa est dissertatio de usu differentium apud græcos vocum in theologiâ. — Dresdæ, Walther, 1766, 1 vol. in-8, rel. vélin. N.-B. — C'est l'édition de 1749 avec un titre nouveau.	1
«	87	**Phædri,** Augusti Cæsaris liberti, fabularum Æsopiarum libri quinque, interpretatione et notis illustravit Petrus Danet, in usum Delphini.— Parisiis, Léonard, 1675, 1 vol. in-4, bas. br.	1
«	381	**Phædri,** Augusti liberti, fabulæ Æsopiæ, ex editione Schwabii, cum notis et interpretatione in usum Delphini, variis lectionibus, notis variorum, recensu codicum et editionum et indice locupletissimo. — Londini, Valpy. 1822, 2 vol. in-8, dem. rel. maroq. rouge, non rogné.	2
«	382	**Philetæ Coï,** Hermesianactis Colophonii, atque Phanoclis reliquiæ disposuit, emendavit, illustravit Nic. Bachius; accedunt Lenneppii et D. Ruhnkenii observationes integræ. — Halis Saxonum, Gebauer, 1829, 1 vol. in-8, dem. rel. v. br.	1
«	1133	**Philostrati** heroïca, græcè et latinè, ad fidem codicum mss. IX recensuit, scholia græca adnotationesque suas addidit J. Fr. Boissonade. — Parisiis, Delance, 1806, 1 vol. in-18, dem. rel. bas. f.	1
«	47	**Philostratorum** quæ supersunt omnia ; vitæ Apollonii libris VIII, vitæ sophistarum libris II, accessère Apollonii Tyanensis epistolæ, Eusebii liber adversùs Hieroclem, Callistrati descriptio statuarum ; omnia recensuit, notis illustravit, versionem totam ferè novam fecit Gottfr. Olearius. — Lipsiæ, Fritsch, 1709, 1 vol. in-folio, v. f.	1

Lettre du genre de l'ouvrage	Numéros des volumes	P	Nombre total des volumes
O	45	**Photii** myriobiblon sive bibliotheca librorum quos legit et censuit Photius patriarcha Constantinopolitanus, græcè edidit David Hæschelius et notis illustravit; latinè reddidit et scholiis auxit Andreas Schottus. — Rothomagi, Berthelin, 1653, 1 vol. in-folio, v. f. (127)	1
«	230	**Photii** patriarchi lexicon è codice Galeano descripsit Ricardus Porsonus. — Lipsiæ, Hartmann, 1823, 2 parties en 1 vol. in-8, dem. rel. v. fauve.	1
«	231	**Phrynichi** eclogæ nominum et verborum atticorum cum notis variorum, edidit, explicuit Chr. Aug. Lobeck; accedunt fragmentum Herodiani et notæ, præfationes Nunnesii et Pauwi et parerga. — Lipsiæ, Weidmann, 1820, 1 vol. in-8. dem. rel. v. f.	1
«	845	**Picard.** Comédies. — Perruque blonde (Paris, 1797). — La petite ville (1801). — Les provinciaux à Paris (1802). — Les trois maris (1800). — Le vieux comédien (1803). — Les voisins (1799). — Le voyage interrompu (1799). — La vraie bravoure (1794). — 1 vol. in-8, dem. rel. bas. verte.	1
«	845 bis	**Picard.** Comédies. — Le collatéral (Paris, 1800). — Les conjectures (1802). — Duhautcours (1801). — Encore des Ménechmes (1802). — L'entrée dans le monde (1802). — Médiocre et rampant (1799). — M. Musard (1803). — 1 vol. in-8, dem. rel. bas. verte.	1
U	55	**Pichard** (J. M.). Eloge de Denis-Mortier, chirurgien en chef de l'Hôtel-Dieu de Lyon. — Lyon, Rusand, 1824. (*Recueil.*)	
«	403	**Pichard** (J. M.). Eloge de F. P. Belley. — Lyon, Barret. (*Recueil.*)	
«	404	— Eloge de Trélis J. J. (*Recueil.*)	
O	972	***Pidanzat de Mairobert.** Maupeouana ou correspondance secrette et familière du chancelier Maupeou, avec son cœur Sorhouet. — 1773, 1 vol. in-12, v. f.	1
I	152	**Piestre** (J. P.) Observations psychologiques et physiognomoniques sur la nouvelle doctrine du professeur Gail, concernant le cerveau. — An XI. (*Recueil.*)	
U	272	**Piganiol de la Force.** Introduction à la description de la France et au droit public de ce royaume. — Paris, 1752, 2 vol. in-12, bas. f. racin.	2
«	273	**Piganiol de la Force.** Nouvelle description de la France dans laquelle on voit le gouvernement général de ce royaume, celui de chaque province en particulier, et la description des villes, maisons royales, châteaux et monumens les plus remarquables, avec figures en taille douce. — Paris, 1753-1754, 13 vol. in-12, bas. f. racin.	13
O	749	**Pigault-Lebrun.** L'amour et la raison, comédie en 1 acte et en prose. — Paris, Barba, 1799. (*Recueil.*)	
«	847	**Pigault-Lebrun.** Les rivaux d'eux-mêmes, comédie en un acte et en prose. — Paris, Barba, 1802. (*Recueil.*)	
«	385	**Pindare.** Les Odes Pythiques, traduites avec des remarques par M. Chabanon. — Paris, Lacombe, 1772, 1 vol. in-8, bas. f. fil.	1
«	386	**Pindare.** Odes, traduction complète en prose poétique par P. L. C. Gin. — Paris, 1801, 1 vol. in-8, bas f. racin.	1

Lettre du genre de l'ouvrage	Numéros des volumes	P	Nombre total des volumes
O	387	**Pindare.** Odes, traduction complète en regard du texte grec avec des notes à la fin de chaque ode par R. Tourlet.—Paris, Agasse, 1818, 2 vol. in-8, dem. rel. v. vert.	2
«	383	**Pindari** carmina, scholis habendis iterum expressa curante Chr. G. Heyne. — Gottingæ, Dieterich, 1797, 1 vol. in-8, bas. br.	1
«	24	**Pindari** Olympia, Nemea, Pythia, Isthmia, unâ cum latinâ omnium versione carmine lyrico per Nicolaum Sudorium ; accedunt scholia græca. — Oxonii, Scheldon, 1698, 1 vol. in-folio, rel. vélin.	1
«	89	**Pindari** Olympia, Pythia, Nemea, Isthmia, græcè et latinè, Joh. Benedictus mendis repurgavit, metaphrasi recognitâ, latinâ paraphrasi additâ et commentariis explanavit. — Salmurii, Piededi, 1620, 1 vol. in-4, rel. parchemin. (128)	1
«	88	**Pindari** opera quæ supersunt, textum restituit, recensuit annotationem criticam, scholia integra, interpretationem latinam, commentarium perpetuum et indices adjecit Aug. Bæckhius. — Lipsiæ, Weigel, 1811-1821, 3 vol. in-4, dem. rel. v. f.	3
«	347	**Pindari Thebani ?** (vulgò), incerti auctoris, epitome Iliados Homericæ cum notis Th. Van Kooten ; edidit, præfatus est suasque animadversiones adjecit Henricus Weytingh. — Lugduni Batavorum, Luchtmans, 1809, 1 vol. in-8, dem. rel. v. f.	1
«	384	**Pindarus**, græcè, curante J. Fr. Boissonade. — Parisiis, Lefèvre, 1825, 1 vol. in-18, dem. rel. maroq. noir.	1
«	1051	***Pinet de la Martelière.** La vie et les bons mots de M. de Santeuil, avec plusieurs pièces de poésies, de mélanges de littérature, le démêlé entre les Jésuites et lui, une autre histoire de ce démêlé et quelques pièces pour ou contre M. de Santeuil ; nouvelle édition corrigée et augmentée. — Cologne, Lenclume, 1735, 2 vol. in-12, v. br.	2
«	1052	***Pinet de la Martelière.** La vie et les bons mots de M. de Santeuil avec plusieurs pièces de poésies, de mélanges de littérature, le démêlé entre les Jésuites et lui, une autre histoire de ce démêlé et quelques pièces pour ou contre M. de Santeuil ; nouvelle édition corrigée et augmentée. — Cologne, Lenclume, 1738, 2 vol. reliés en un, in-12, bas. br.	1
U	114	**Pithoys.** L'apocalypse de Méliton ou révélation des mystères cénobitiques par Méliton. — Saint-Léger, chez Noël et Jacques Chartier, 1662, 1 vol. petit in-12, bas. f.	1
O	846	**Pixérécourt** (G.). Victor ou l'enfant de la forêt, drame en trois actes et en prose. — Paris, Barba, 1800. (*Recueil.*)	
U	403	**Place** (de la). Eloge de Chaptal. (*Recueil.*)	
«	67	**Placentini** (Gregorii) de siglis veterum Græcorum, opus posthumum et de Tusculano Ciceronis nunc crypta-ferrata, etc..... — Romæ, 1757, 1 vol. in-4, dem. rel. maroq. rouge, non rogné.	1
O	233	**Planche.** Dictionnaire grec-français composé sur l'ouvrage intitulé *Thesaurus linguæ græcæ* de Henri Estienne. — Paris, Lenormant, 1809, 1 vol. in-8, bas. (En mauvais état).	1
«	232	**Planche, Alexandre, Defauconpret.** Dictionnaire français-grec. — Paris, Henry, 1826, 1 vol. in-8, v. f.	1

Lettre du genre de l'ouvrage	Numéros des volumes	P	Nombre total des volumes
O	170	**Planche** (J.) et **Vendel-Heyl.** Cours de thèmes grecs précédés d'une grammaire grecque. — Paris, Lenormant, 1818, 1 vol. in-8, cartonné.	1
I	95	**Platon.** Gorgias, dialogue; édition publiée sur le texte revu par Fr. Thurot, traduit en français. — Paris, Hachette, 1830, 1 vol. in-8, dem. rel. v. br.	1
«	94	**Platon.** Œuvres, traduites par Victor Cousin. — Paris, Bossange, 1822-1832, 8 vol. in-8, dem. rel. v. br.	8
«	93	**Platon.** Pensées sur la religion, la morale, la politique, recueillies et traduites par M. Jos. Vict. Leclerc, avec le texte en regard. — Paris, Aug. Delalain, 1819, 1 vol. in-8, bas. f.	1
«	39	**Platon.** La République ou dialogue sur la justice, divisé en dix livres. — Paris, Humblot, 1765, 2 vol. in-12, v. violet. (Numéro à double emploi, voyez Dacier.)	2
«	30	**Platon** et **Xénophon.** Apologie de Socrate, avec des remarques sur le texte grec et la traduction française par Fr. Thurot. — Paris, Firmin Didot, 1806, 1 vol. in-8, dem. rel. v. br.	1
«	30 bis	— Id. — .....ibid.... 1 vol. in-8, dem. rel. v. br.	1
«	89	**Platonis** dialogorum argumenta exposita et illustrata a Diet. Tiedemann. — Biponti, ex typographiâ societatis, 1786, 1 vol. in-8, bas. br. fil.	1
O	1135	**Platonis** epistolarum quæ vulgò feruntur specimen criticum quod concensu et auctoritate amplissimi philosophorum ordinis, in Academiâ Ludovicianâ publicè defendit Guilelmus Wiegand. — Gissæ, 1828, 1 vol. in-8, dem. rel. v. br.	1
I	90	**Platonis** Euthydemus et Gorgias, recensuit, vertit notasque suas adjecit Martinus Jos. Routh. — Oxonii, Clarendon, 1784, 1 vol. in-8, dem. rel. v. br.	1
«	91	**Platonis** Phædon explanatus et emendatus prolegomenis et annotatione Danielis Wyttenbachii. — Lugduni Batavorum, apud Haakios et Honkoopios, 1810, 1 vol. in-8, dem. rel. maroq. rouge.	1
«	92	**Platonis** Phædrus, recensuit, Hermiæ scholiis è codd. monac. XI suisque commentariis illustravit D. Frid. Astius. — Lipsiæ, sumptu Swickerti, 1810, 1 vol. in-8, bas. verte.	1
«	88	**Platonis** philosophi quæ exstant, græcè, ad editionem Henrici Stephani accuratè expressa cum Marsilii Ficini interpretatione præmittitur LIII Laertii de vitâ et dogm. plat., cum notitiâ litterariâ, accedit varietas lectionis. — Biponti, ex typographiâ societatis, 1781-1787, 11 vol. in-8, bas. br. fil.	11
O	832	**Plaute.** Œuvres, en latin et en français, traduction nouvelle, enrichie de figures en taille-douce, avec des remarques sur les endroits difficiles et un examen de chaque pièce selon les règles du théâtre par H. P. de Limiers. — Amsterdam, 1719, 10 vol. in-12, bas. br.	10
«	833	**Plauti** (Marci Accii) comœdiæ, ex editione Gronovii, cum notis et interpretatione in usum Delphini. variis lectionibus, notis variorum, recensu editionum et codicum et indice locupletissimo. — Londini, Valpy, 1829, 5 vol. in-8, dem. rel. maroq. rouge non rogné.	5
«	1137	**Pline le Jeune.** Lettres traduites par M. de Sacy, nouvelle édition à laquelle on a joint le texte latin en regard. — Paris, Barbou, 1808, 3 vol. in 12, bas f. racin.	3

Lettre du genre de l'ouvrage	Numéros des volumes	P	Nombre total des volumes
O	1136	**Plinii** (Cæcilii secundi) epistolarum libri X et panegyricus; accedunt variantes lectiones. — Lugduni Batavorum, Elzevir, 1640, 1 vol. petit in-12. v. f. tr. dor.	1
I	8	**Plinii** (Caii Cæcilii secundi) historiæ naturalis libri XXXVII, quos interpretatione et notis illustravit J. Harduinus, jussu Ludovici magni, etc....., editio altera emendatior et auctior. — Parisiis, Coustelier, 1723, 3 vol. in folio, v. f. racin.	3
«	149	**Plinii** (C. C. secundi) historiæ naturalis libri XXXVII, accedit Chrestomathia indicibus aliquot copiosissimis exposita curante J. Petro Millero. — Berolini, 1766, 5 vol. petit in-8, v. f. fil.	5
«	148	**Plinii** secundi naturalis historiæ libri XXXVII, ex editione Brotier, cum notis et interpretatione in usum Delphini, variis lectionibus, notis variorum, recensu editionum et codicum et indicibus loccupletissimis. — Londini, Valpy, 1826, 8 vol. in-8, dem. rel. maroq. rouge, non rogné.	8
U	286	**Plougoulm.** Réponse à M. de Châteaubriand. — Paris, Ledoux, 1831. (*Recueil.*)	
O	1138	**Plutarchi** Chæronensis quæ supersunt omnia, græcè et latinè, principibus ex editionibus castigavit, virorumque doctorum suisque annotationibus instruxit J. Jacobus Reiske. — Lipsiæ, Georgi, 1774-82, 12 vol. in-8, v. f.	12
U	407	**Plutarchi** vitæ decem oratorum, græcè, recognovit, annotationem criticam et commentarios adjecit Ant. Westermann; accedit de auctore et auctoritate vitarum decem oratorum commentatio. — Lipsiæ, Becker, 1833, 1 vol. in-8, broché.	1
«	147	**Plutarco** Cheronese. Iside e Osiride, opuscolo tradotto dal græco con note filologiche ed osservazioni al testo dal cav. Sebastiano Ciampi. — Firenzi, Piatti, 1823, 1 vol. in-8, broché.	1
O	1139	**Plutarque.** Les vies des hommes illustres traduites du grec par Jacques Amyot, grand aumônier de France; avec des notes et des observations par l'abbé Brotier. — Paris, Cussac, 1783-1787, 22 vol. in-8, v. f.	22
I	96	**Plutarque.** Traité sur la manière de discerner un flatteur d'avec un ami, et le banquet des sept Sages, dialogue du même auteur; avec une version française et des notes. — Paris, imprimerie roy. 1772, 1 vol. in-8, dem. rel. bas. f.	1
U	421	**Plutarque.** Vie de Sertorius, traduction de M. Ricard, avec un sommaire et des remarques, (texte grec à part.) — Paris, Eberhart, 1816, 1 brochure, in-12.	1
«	406	**Plutarque.** Vies parallèles (parallèloii) ou parallèles des hommes illustres de la Grèce et de Rome (texte grec); faisant partie de la bibliothèque grecque de Coray. — Paris, Eberhart, 1809-1815, 6 vol. in-8, bas. f. fil.	6
O	980	**Poggiana** ou la vie, le caractère, les sentences et les bons mots de Pogge Florentin, avec son histoire de la République de Florence et un supplément de diverses pièces importantes. — Amsterdam, Humbert, 1720, 2 vol, in-12, bas. br.	2
U	174	**Poirson** et **Cayx.** Précis de l'histoire ancienne. — Paris, 1828, 1 vol. in-8, dem. rel. bas. br.	1

Lettre du genre de l'ouvrage	Numéros des volumes	P	Nombre total des volumes
O	13	**Pollucis** (Julii) onomasticum, græcè et latinè; præter W. Seberi notas olim editas, accedit commentarius Gothofr. Jungermanni..... aliorumque, cum notis variorum edidit Tiberius Hemsterhuis. — Amstelædami, Wetstein, 1706, 2 vol. in-folio, rel. vélin.	2
I	97	**Polyæni** Strategemata, græcè edidit Coray. — Parisiis, Eberhart, 1809, 1 vol. in-8, v. f. fil.	1
«	97 bis	**Polyæni** Strategematum libri VIII, græcè, (edente Coray). — Paris, Eberhart, 1809, 1 vol. in-8, dem. rel. v. vert.	1
U	40	**Polybe.** Histoire nouvellement traduite du grec par Vincent Thuillier, avec un commentaire ou un corps de science militaire, des notes critiques et historiques par M. de Folard. — Paris, Gaudoin, 1727-1753, 7 vol. in-4, v. f. racin.	7
«	175	**Polybii** Megalopolitani historiarum quidquid superest; recensuit, digessit, emendatiore interpretatione, varietate lectionis, adnotationibus, indicibus illustravit Joh. Schweighœuser. — Lipsiæ, Weidmann, 1789-1795, 8 tomes en 9 vol. in-8, v. vert fil. (129)	9
O	243	***Pomey** (Fr.). Syllabus seu lexicon græco-latino-gallicum in quo, facili juxtà brevique methodo, vocabula quæcumque latina in usum venire solent inter loquendum aut scribendum, refectis superfluis et inutilibus, græcè, gallicèque redduntur, operâ unius de Societate Jesu. — Lugduni, Vidua Molin, etc....., 1703, 1 vol. in-8, bas br.	1
U	296	**Ponchon** (F.). A la France, salut, paix et honneur. — Paris, Michaud, 1815. (*Recueil.*)	
O	741	**Ponchon** (F.). Eulalie ou les quatre âges de la femme, poëme en quatre chants. — Paris, Michaud, 1811, 1 vol. in-8, bas. f. fil.	1
«	748	**Ponchon** (F.). La Vierge au soleil, poème suivi d'une épître à la philosophie. — Paris, Michaud, 1813. (*Recueil.*)	
«	«	— Ode à M. le comte de Bondy. — Paris, Brasseur, 1814. (*Recueil.*)	
U	293	**Poncius** (Montaigne de). Observations contre la réunion du département de la Loire à celui du Rhône. — Lyon, Durand et Perrin, 1825. (*Recueil.*)	
«	409	**Pongerville.** Notice sur la vie et les ouvrages de Thurot; extrait de la *France littéraire*. — Paris, Pinard, 1833. (*Recueil.*)	
O	390	**Pons** (J. M. de). Définition du genre épique et essai sur le plan de l'Iliade. — Clermont-Ferrand, Landriot, an XIII, 1 vol. in-8, v. f. racin. fil.	1
«	583	**Pons** (abbé de). Œuvres. — Paris, Prault, 1738, 1 vol. in-12, v. f. N. B. — A la page 288, se trouve une lettre sur l'Iliade de M. de la Motte.	1
«	584	**Pontiani Tugnonii,** civis Mexicani, Homericæ Iliados libri decem priores latinis versibus expressi. — Forolivii, Marozzi, 1773, 1 vol. in-8, maroq. rouge, fil. tr. dor.	1
«	589	**Pope** (Alexandre). Essai sur l'homme, traduit de l'anglais en français par M. D. S***. — 1736. (Numéro à double emploi, voy. Pérelle.)	
«	742	**Pope** (Alexander). The poetical works. — Glasgow, Foulis, 1768, 4 vol. in-18, v. f. fil. tr. dor.	4

Lettre du genre de l'ouvrage	Numéros des volumes	P	Nombre total des volumes
I	16	**Porphyrii** philosophi de abstinentiâ ab esu animalium libri quatuor, græcè et latinè, cum notis integris P. Victorii et J. Valentini, et intepretatione latinâ J.-B. Feliciani; editionem curavit et suas itemque J. Reiskii notas adjecit J. de Rhoer. — Trajecti ad Rhenum, 1767, 1 vol. in-4, v. br. fil.	1
O	1040	**Porsoni** (Ricardi) adversaria; notæ et emendationes in poetas græcos quas ex. mss. Porsoni deprompserunt, ordinârunt, instruxerunt H. Monk et J. Blomfield. — Lipsiæ, Weigel, 1814, 1 vol. in-8, dem. rel. v. br.	1
«	834	**Porsoni** (Ricardi) notæ in Aristophanem quibus Plutum comœdiam partim ex ejusdem recensione, partim è mss. emendatam et variis lectionibus instructam præmisit et collationum appendicem adjecit P. P. Dobree. — Cantabrigiæ, Smith, 1820, 1 vol. in-8, dem. rel. maroq. violet, non rogné.	1
U	408	**Portalis.** Eloge de A. L. Séguier. — Paris, 1806. (*Recueil.*)	
I	104	**Portier** (F. G.). Rapport au roi (Louis-Philippe) sur l'instruction. — Paris, Lachevardière, 1830. (*Recueil.*)	
U	54	**Poullin de Lumina.** Abrégé chronologique de l'histoire de Lyon, contenant les événements de l'histoire de cette ville depuis sa fondation par les Romains jusqu'à nos jours, les divers gouvernements sous lesquels elle a passé, avec une chronologie des archevêques et du corps municipal. — Lyon, Delaroche, 1767, 1 vol. in-4, bas. f.	1
«	144	***Poullin de Lumina** (?). Histoire de l'établissement des moines mendiants où on traite de l'origine des moines, de leur première ferveur, de leur relâchement, de leur décadence, de leurs différentes réformes jusqu'à saint Dominique et saint François. — Avignon, 1767, 1 vol. in-12, bas. f. N. B. — Cet ouvrage est aussi attribué à d'Alembert; mais l'opinion la plus accréditée est en faveur de Poullin de Lumina.	1
«	404	**Poulo** (Nicolo). Eloge de Zalyk, avec une note manuscrite de Dugas-Montbel sur une feuille séparée. (*Recueil.*)	
O	835	**Pradon.** Œuvres. — Paris, Ribou, 1700, 1 vol. in-12, bas. br.	1
U	274	**Pradt** (de). Histoire de l'ambassade dans le grand-duché de Varsovie, en 1812. — Paris, Pillet, 1815, 1 vol. in-8, dem. rel. bas. verte.	1
O	1041	**Prémontval** (de). Panagiana Panurgica ou le faux évangéliste. — La Haye, Saurel, 1751, 1 vol. petit in-8, bas. f.	1
«	124	**Prescot** (Henrick). Letters concerning Homer, the sleeper in Horace, with additional classic amusements. — Cambridge, 1773, 1 vol. petit in-4, dem. rel. v. vert.	1
«	434	***Prévost** (Amédée). Aristophane et son siècle. Quelques mots sur l'influence de la nouvelle philosophie spéculative sur la philologie. (Article tiré de la *Bibliothèque universelle*, fév. 1831. Il y est question de l'existence d'Homère.) — A cet article est joint un extrait des Archives historiques et littéraires du Rhône (fév. 1830) sur la traduction d'Homère par Dugas-Montbel. — 1 vol. in-8, dem. rel. v. br.	1
U	388	**Prévost** (abbé). Histoire de la vie de Cicéron tirée de ses écrits et des monuments de son siècle, avec les preuves et les éclaircissements, traduite de l'anglais. — Paris, 1784, 4 vol. in-8, cartonnés vert.	4

Lettre du genre de l'ouvrage	Numéros des volumes	P	Nombre total des volumes
I	105	**Prévot** (A.). Philosophie allemande. F. H. Jacobi; Hegel; Ancillon; bulletin philosophique de l'Allemagne. — 1834, (*Recueil.*)	
O	392	**Properce.** Elégies, traduites par M. de Longchamps. — Paris, Lejay, 1772, 1 vol. in-8, v. violet, écail. fil.	1
«	91	**Propertii** (Sex. Aurelii) elegiarum libri quatuor, ad fidem veterum membranarum sedulo castigati; accedunt notæ et terni indices quorum primus omnes voces Propertianas complectitur. — Amstelædami, Wetstein, 1702, 1 vol. in-4, gros papier, rel. vélin. (130)	1
«	391	**Propertii** (Sexti Aurelii) opera omnia, ex editione Kuinælis, cum notis et interpretatione in usum Delphini, variis lectionibus, notis variorum, recensu codicum et editionum et indicibus locupletissimis. — Londini, Valpy, 1822, 2 vol. reliés en un, in-8, dem. rel. maroq. rouge, non rogné.	1
«	393	**Prudentii** (Aurelii) opera omnia, ex editione Parmensi, cum notis et interpretatione in usum Delphini, variis lectionibus, notis variorum, recensu editionum et codicum et indice locupletissimo. — Londini, Valpy, 1824, 2 vol. in-8, dem. rel. maroq. rouge, non rogné.	2
U	370	**Prunelle.** Discours pour l'institution de la Martinière. — Lyon, Ayné, 1833. (*Recueil.*)	
«	298	**Prunelle.** Lettre à ses commettans. — Lyon, Brunet, 1831, (*Recueil.*)	

Lettre du genre de l'ouvrage	Numéros des volumes	Q	Nombre total des volumes
U	25	**Quatremère de Quincy.** Le Jupiter Olympien ou l'art de la sculpture antique considéré sous un nouveau point de vue ; avec un essai sur le goût de la sculpture polychrome, l'analyse explicative de la toreutique et l'histoire de la statuaire en or et en ivoire chez les Grecs et les Romains. — Paris, Debure, 1815, 1 vol. in-folio, fig. dem. rel. maroq. bleu.	1
O	156	**Quatremère de Quincy.** Notice historique sur la vie et les ouvrages de Paisiello, musicien, 1817. (*Recueil.*)	
		— Notice historique sur la vie et les ouvrages de M. Vincent, peintre, 1817. (*Recueil.*)	
U	366	**Quérard** (J. M.). La France littéraire ou dictionnaire bibliographique des savants, historiens et gens de lettres de la France, ainsi que des littérateurs étrangers qui ont écrit en français, plus particulièrement pendant les XVIIIe et XIXe siècles. — Paris, Didot, 1827-1830, 4 vol. in-8, dem. rel. v. br. — Le cinquième (Paris, 1834), broché.	5
O	20	**Quinctiliani** (Marci Fabri) de oratoriâ institutione libri XII, totum textum recognovit, pluribus in locis emendavit, notas variorum recensuit, explanavit, castigavit, novas adjunxit Cl. Capperonerius. — Parisiis, Coustelier, 1725, 1 vol. in-folio, bas. br. fil.	1
«	585	**Quinti Calabri** prætermissorum ab Homero libri XIV, græcè, cum versione latinâ et integris emendationibus Laur. Rhodomanni ; et adnotamentis selectis, curante J. C. de Pauw qui suas etiam emendationes addidit. — Lugduni Batavorum, Abcoude, 1734, 1 vol. in-8, rel. vélin. (131)	1
U	176	**Quinti Curtii Rufi** historiarum libri accuratissimè editi. — Lugduni Batavorum, ex officinâ Elzevirianâ, 1633, 1 vol. in-12, maroq. noir.	1
«	177	**Quinti Curtii Rufi** de rebus gestis Alexandri magni libri superstites, ex editione F. Schmiedercum supplementis, notis et interpretatione, variis lectionibus, recensu editionum et codicum et indice locupletissimo. — Londini, Valpy, 1825, 2 vol. in-8, dem. rel. maroq. rouge non rogné.	2
O	394	**Quinti Smyrnæi** posthomericorum libri XIV, græcè, nunc primùm ad librorum mss. fidem et virorum doctorum conjecturas, recensuit, restituit et supplevit Th. Chr. Tychsen; accesserunt observationes Chr. Gottl. Heynii. — Argentorati, ex typographiâ societatis Bipontinæ, 1807, 1 vol. in-8, dem. rel. v. br.	1
«	294	**Quintilien.** De l'institution de l'orateur, traduit par l'abbé Gédoyn. — Paris, Barbou, 1770, 4 vol. in-12, bas f. fil.	4
«	395	**Quintus de Smyrne.** Guerre de Troie depuis la mort d'Hector jusqu'à la ruine de cette ville, poême en 14 chants, faisant suite à l'Iliade et traduit du grec par M. Tourlet. — Paris, Lesguilliez, 1800, 2 vol. in-8, v. br. fil.	2

Lettre du genre de l'ouvrage	Numéros des volumes	R	Nombre total des volumes
U	370	**Rabanis.** Le major général Martin, poème. — Lyon, Barret, 1828. (*Recueil.*)	
O	931	**Rabelais** (François). Œuvres. — Paris, Bastien, 1783, 2 vol. in-8, v. écail. fil. tr. dor.	2
«	1141	**Rabutin** (Roger de). Lettres. — Paris, Delaulne. 1714, 3 vol. in-12, bas. br.	3
		— Nouvelles lettres. — Paris, Delaulne, 1715, 3 vol. in-12, bas. br.	3
		— Mémoires. — Paris, 1712, 3 vol. in-12, bas br.	3
«	743	**Racan** (Mre Honorat de Bueil, chevalier, sieur de). Les Bergeries, dédiées au Roy. — Paris, Toussainct du Bray, 1625, 1 vol. in-8, v. br. fil.	1
«	744	**Racan** (Honorat de Bueil, seigneur de). Œuvres. — Paris, Coustelier, 1724, 2 vol. reliés en un, in-12, v. br. fil. (132)	1
«	836	**Racine** (Jean). Œuvres, avec des commentaires par Luneau de Boisjermain. — Paris, Cellot, 1768, 7 vol. in-8, v. écail. (133)	7
«	837	**Racine** (Jean). Œuvres complètes avec les notes de tous les commentateurs ; quatrième édition publiée par L. Aimé-Martin. — Paris, Lefèvre, 1825, 7 vol. in-8, dem. rel. v. br.	7
«	745	**Racine** (Louis). La Religion, poëme, suivi du poëme de la Grâce et autres pièces. — Troyes, Gobelet, 1810, 1 vol. in-18, dem. rel. bas. br.	1
«	755	***Racine** (Louis). La Religion, poëme, — Paris, Coignard, 1742, 1 vol. in-8, papier vélin, v. f. (134)	1
«	838	**Racine** (Louis). Remarques sur les tragédies de Jean Racine, suivies d'un traité sur la poésie dramatique ancienne et moderne. — Amsterdam, Rey, 1752, 3 vol. in-12, v. f.	3
U	112	***Racine** (abbé). Abrégé de l'histoire ecclésiastique contenant les événements considérables de chaque siècle avec des réflexions. — Utrecht et Cologne, 1748-1762, 15 vol. in-12, bas br.	15
O	912	***Ramèze (?).** L'histoire de Palanus, comte de Lyon, mise en lumière, jouxte le manuscrit de la Bibliothèque de l'Arsenal, par Alfred de Terrebasse. — Lyon, Perrin, 1833, 1 vol. in-8, papier vélin, cartonné.	1
«	586	**Ramus** (Jona). Tractatus historico-geographicus quo Ulyssem et Outinum unum eundemque esse ostenditur et ex collatis inter se Odyssea Homeri et Edda Island Homerizante, Outini fraudes deteguntur, ac, detractâ larvâ, in lucem protrahitur Ulysses. — Hafniæ, Rothius, 1716, 1 vol. petit in-8, rel. vélin.	1
U	68	**Raoul-Rochette.** Deux lettres à M. d'Aberdeen sur l'authenticité des inscriptions de Fourmont. — Paris, Imp. roy. 1819, 1 vol. in-4, dem. rel. v. f.	1
O	58	**Raoul-Rochette.** Dictionnaire universel de la langue française (spécimen), composé et publié d'après les matériaux recueillis pas M. Boissonade. — Paris, 1819, 1 vol. in-4, dem. rel. bas. verte.	1
«	1152	**Raoul-Rochette.** Discours prononcé pour l'ouverture du cours d'histoire moderne. — Paris, Michaud, 1816. (*Recueil.*)	

Lettre du genre de l'ouvrage	Numéros des volumes	R	Nombre total des volumes
O	870	**Raoul-Rochette.** Le théâtre des Grecs par le P. Brunoy ; seconde édition complétement revue, corrigée et augmentée de la traduction d'un choix de fragments de poëtes grecs, tragiques et comiques ; vol. formant le tome XVIe de l'édition. — Paris, Cussac, 1825, 1 vol. in-8, dem. rel. v. br.	1
«	157	**Raoul-Rochette.** Lettre à M. le duc de Luynes sur les graveurs des monnaies grecques. — Paris, Imp. roy. 1831. (*Recueil.*)	
U	323	**Raoul-Rochette.** Lettre à M. Schorn sur quelques noms d'artistes omis ou insérés à tort dans le catalogue de M. Sillig. — Paris, Firmin Didot, 1832. (*Recueil.*)	
I	5	**Raucourt** (le colonel). L'éducation positive ou l'art ignoré d'être heureux, mise à la portée de tout le monde, réduite en dix tableaux (lithographiés). — Paris, 1832, 1 brochure in-folio.	1
O	1155	**Raynouard.** Fragments d'un poème en vers romans sur Boèce, publié avec des notes et une traduction interlinéaire. — Paris, Firmin Didot, 1817. (*Recueil.*)	
«	848	**Raynouard.** Les Templiers, tragédie. — Paris, Giguet et Michaud, 1805. (*Recueil.*)	
I	104	**Recappé.** Quelques réflexions sur le projet de loi concernant l'instruction primaire. — Paris, Dupont, 1832. (*Recueil.*)	
O	850	**Régnard.** Œuvres ; nouvelle édition revue, exactement corrigée et conforme à la représentation. — Paris, Maradan, 1790, 4 vol. in-8, papier vélin, v. f. racin. fil. tr. dor. (135)	4
U	221	***Regnault-Warin (?).** Chronique indiscrète du XIXe siècle, esquisses contemporaines. — Paris, 1825, 1 vol. in-8, dem. rel. v. br. N. B. — Cet ouvrage est aussi attribué à Roquefort. Il contient des notes mss. de M. Dugas-Montbel.	1
O	754	**Régnier.** Les épistres et autres œuvres avec des remarques. — Londres, chez Lyon et Woodmann, 1730, 1 vol. in-8, bas. br.	1
U	292	**Regny.** Notice sur M. le comte de Fargues, maire de Lyon. — Lyon, Ballanche, 1818. (*Recueil.*)	
O	587	**Reimanni** (Jac. Fr.) Ilias post Homerum, hoc est, incunabula omnium scientiarum ex Homero eruta et systematicè descripta. — Lemgoviæ, Meyer, 1728, 1 vol. in-8, dem. rel. v. f.	1
«	851	**Reiske** (J. Jacobi) ad Euripidem et Aristophanem animadversiones. — Lipsiæ, Gleditsch, 1754, 1 vol. in-8, rel. parchemin.	1
«	235	**Reitzius** (J. Fr.). De ambiguis mediis et contrariis sive de significatione verborum ac phrasium ambiguâ. — Trajecti ad Rhenum, 1736, 1 vol. in-8, rel. vélin.	1
«	236	**Reizius** (Fr. Volg.). De prosodiæ græcæ accentûs inclinatione ; additum est ejusdem carmen sæculum ab inventis clarum ; editio repetita curante Frid. Aug. Wolfio. — Lipsiæ, 1791, 1 vol. in-8, dem. rel. v. br.	1
«	255	**Reizius** (Fr. Volg.). De prosodiæ græcæ accentûs inclinatione. — Lipsiæ, 1791. (*Recueil.*)	
«	728	**Renal** (Antony, ps. p. Charles Billet). Nouvelles esquisses poétiques. — Paris, Dauthereau, 1832, 1 vol. in-12, dem. rel. v. br.	1
«	728 bis	**Renal** (Antony, ps. p. Charles Billet). Nouvelles esquisses poétiques. — Paris, Dauthereau, 1832, 1 vol. in-12, dem. rel. v. br.	1

Lettre du genre de l'ouvrage	Numéros des volumes	R	Nombre total des volumes
O	1152	**Renouard** (A.). Notice sur une nouvelle édition de la traduction française de Longus par Amyot. — Paris, 1810. (*Recueil.*)	
U	411	**Requier.** Vie de Nicolas Claude Peiresc, conseiller au Parlement de Provence; où l'on trouve quantité de choses curieuses concernant la physique, l'histoire et l'antiquité. — Paris, Musier, 1770, 1 vol. in-12, v. f.	1
«	299	**Retz** (cardinal de). Mémoires contenant ce qui s'est passé de remarquable en France pendant les premières années du règne de Louis XIV. — Amsterdam, chez Fr. Bernard, 1723, 4 vol. in-12, v. br.	4
«	278	**Rey** (de Grenoble). Adresse à l'empereur. — Paris, Charles, 1815. (*Recueil.*)	
«	747	**Rey.** Le meunier sans souci, en mai 1829. — 1833. (*Recueil.*)	
U	412	**Rey.** Essais historiques et critiques sur Richard III, roi d'Angleterre. — Paris, Renouard, 1818, 1 vol. in-8, dem. rel. bas. br.	1
I	108	**Rey.** Etudes pour servir à l'histoire des châles. — Paris, Crapelet, 1823, 1 vol. in-8, dem. rel. v. br.	1
«	109	**Rey.** Pétition à la Chambre des députés pour l'adoption d'un nouveau plan d'éducation nationale, suivie de l'essai d'un projet de loi et de l'exposé des motifs. — Paris, Mesnier, 1830, 1 vol. in-8, dem. rel. v. br.	1
O	753	**Riboutté.** Le ministre anglais, comédie en cinq actes et en vers. — Paris, Dentu, 1812. (*Recueil.*)	
U	238	***Ricaud** (Jean) ? Discours du massacre de ceux de la religion réformée, fait à Lyon par les catholiques romains, le vingt-huictième du mois d'aoust et jours ensuivans de l'an 1572, etc.....; avec une amiable remonstrance aux Lyonnois lesquels par timidité et contre leur propre conscience continuent à faire hommage aux idoles. — 1574, 1 vol. petit in-12, v. f. fil. tr. dor. (136)	1
O	853	**Riccoboni** (Louis). De la réformation du théâtre; nouvelle édition augmentée des moyens de rendre la comédie utile aux mœurs, par M. de B***. — Paris, Debure, 1767, 1 vol. in-12, v. f.	1
«	932	**Riccoboni** (Madame). Lettre de Milady Juliette Catesby à Milady Henriette Campley, son amie; en anglais et en français. — Paris, Barrois, 1790, 1 vol. petit in-12, bas. f.	1
«	3	**Richelet** (Pierre). Dictionnaire de la langue française ancienne et moderne; nouvelle édition augmentée d'un très-grand nombre d'articles. — Lyon, Bruyset-Ponthus, 1759, 3 vol. in-folio, v. br. racin.	3
«	591	**Ricii** (Aug. M.) dissertationes Homericæ, curavit et præfatus est Frid. Gottl. Born. — Lipsiæ, Georgi, 1784, 1 vol. in-8, bas. f.	1
I	18	**Rivail.** Mémoire sur l'instruction publique. — Paris, 1831. (*Recueil.*)	
O	72	**Rivarol** (A. C. de). Discours préliminaire du nouveau dictionnaire de la langue française. — Paris, Cocheris, 1797, 1 vol. in-4, dem. rel. v. f.	1
«	945	**Rivarol** (A. C. de). Le petit almanach de nos grands hommes. — 1788, 1 vol. in-12, bas. f.	1

Lettre du genre de l'ouvrage	Numéros des volumes	R	Nombre total des volumes
U	236	***Rivière de Brinais.** Description de la ville de Lyon avec des recherches sur les hommes celèbres qu'elle a produits. — Lyon, Aimé de la Roche, 1741, 1 vol. in-8, bas. f.	1
O	681	**Robert.** (C. A.) Fables inédites des XIIe, XIIIe et XIVe siècles et fables de La Fontaine rapprochées de celles de tous les auteurs qui avaient avant lui traité les mêmes sujets, précédées d'une notice sur les fabulistes ; ornées de 90 gravures en taille-douce. — Paris, Cabin, 1825, 2 vol. in-8, v. br. fil.	2
U	2	**Robert de Vaugondy** et **Delamarche.** Atlas universel. — Paris, Delamarche, 17??..... 1 vol. in-folio, dem. rel. bas. f.	1
«	300	**Robertson.** L'histoire du règne de l'empereur Charles-Quint, précédée d'un tableau des progrès de la société en Europe depuis la destruction de l'empire romain jusqu'au commencement du XVIe siècle. — Maestrich, 1783, 6 vol. in-12, v. f. racin.	6
«	301	**Rœderer** (P. L.). Louis XII et François Ier ou mémoires pour servir à une nouvelle histoire de leur règne, suivis d'appendices comprenant une discussion entre M. le comte Daru et l'auteur concernant la réunion de la Bretagne à la France. — Paris, Bossange, 1825, 2 vol. in-8, dem. rel. v. f.	2
I	110	**Rogniat** (le baron). Considérations sur l'art de la guerre. — Paris, Magimel, 1816, 1 vol. in-8, cartonné, non rogné.	1
«	111	**Rogniat** (le général). Des gouvernements. — Paris, Delaunay, 1819, 1 vol. in-8 cartonné, non-rogné.	1
O	1160	**Rollin.** Œuvres complètes ; nouvelle édition accompagnée d'observations et d'éclaircissements historiques par Letronne. — Paris, Didot, 1821-1825, 30 vol. in-8, dem. rel. v. br.	
		— Histoire ancienne. — 12 vol.	12
		— Histoire romaine. — 12 vol.	12
		— Traité des études. — 4 vol.	4
		— Œuvres diverses. — 1 vol.	1
		— Table et éclaircissements. — 1 vol.	1
		— Atlas de géographie ancienne pour servir aux histoires de Rollin publié par MM. Letronne et Didot. — 1827, 1 vol. in-folio, cartonné.	1
U	24	**Romanis** (Ant. de). Le antiche camere esquiline dette comunemente delle terme di Tito disegnate ed illustrate. — Roma, 1822, 1 vol. in-folio, dem. rel. v. br. non rogné.	1
O	759	**Ronsard** (Pierre de, gentilhomme vandomois, prince des poêtes françois). Œuvres reveües et augmentées. — Paris, Henault, 1629-1630, 5 vol. petit in-12, bas. br.	5
«	758	**Ronsard** (Pierre de). Poésies. — Paris, Buon, 1560, 1 vol. in-18, couv. parchemin. (Le titre manque.)	1
E	13	**Roquefeuil** (de). Triomphe des libertés gallicanes ou traité historique sur les prérogatives et les pouvoirs de l'Eglise de Rome et de ses évêques ; nouvelle édition revue, corrigée et augmentée. — Nevers, Delavau, 1831, 1 vol. in-8, dem. rel. v. br.	1

Lettre du genre de l'ouvrage	Numéros des volumes	R	Nombre total des volumes
O	237	**Roquefort** (B. de). Dictionnaire étymologique de la langue française où les mots sont classés par familles, précédé d'une dissertation sur l'étymologie par J. J. Champollion-Figeac. — Paris, Gœury, 1829, 2 vol. in-8, dem. rel. v. br. N. B. — Il y a, page 67, une note manuscrite de Dugas-Montbel, faite au crayon.	2
«	238	**Roquefort** (J. B. B. de). Glossaire de la langue romane contenant l'étymologie et la signification des mots usités dans les XIe, XIIe, XIIIe, XIVe, XVe, XVIe siècles, avec de nombreux exemples; précédé d'un discours sur l'origine, les progrès et les variations de la langue française. — Paris, Warée, 1808, 2 vol. in-8, cartonnés, non rognés.	2
«	1155	**Roquefort** (J. B. B. de). Mémoire sur la nécessité d'un glossaire général de l'ancienne langue française. — Paris, Sajou, 1811. (*Recueil.*)	
«	156	**Roquefort** (J. B. B. de). Notice historique et critique du roman de Parthenopex de Blois. — Paris, Imprimérie impériale, 1811. (*Recueil.*)	
«	760	**Roquefort-Flaméricourt.** De l'état de la poésie française dans les XIIe et XIIIe siècles. — Paris, Fournier, 1815, 1 vol. in-8, bas. f. racin.	1
«	239	**Rost** (Chr. Fr.). Elementar-Waterbuch der griechischen sprache. — Gotha, 1825, 1 vol. in-8, dem. rel. v. rouge.	1
«	240	**Roubaud** (abbé). Nouveaux synonymes français. — Paris, Moutard, 1785, 4 vol. in-8, v. f.	4
«	761	**Rousseau** (J.-B.) Œuvres, nouvelle édition revue, corrigée et augmentée. — Paris, Poignée, 1795, 4 vol. in-8, bas. f. fil.	4
I	45	**Rousseau** (J.-J.). Contrat social, traduit en grec moderne par Gr. Géorgiade Zalycos. — Paris, Casimir, 18??., 1 vol. petit in-8, rel. vélin.	1
O	1153	**Rousseau** (J.-J.). Lettres inédites. — Paris, 1832. (*Recueil.*)	
«	1161	**Rousseau** (J.-J.). Œuvres complètes, mises dans un nouvel ordre, avec des notes et des éclaircissements par V. D. Musset-Pathay. — Paris, Dupont, 1823-1826, 25 vol. in-8, dem. rel. v. br.	25
U	20	**Rousset** (commissaire). Rapport au maire de Lyon, sur la prostitution clandestine. — 1 cahier lithographié, in-folio.	1
I	102	**Routhier.** De l'organisation du conseil d'Etat en cour judiciaire, de sa juridiction, des conseils de préfecture et de la nécessité de créer des tribunaux administratifs. — Paris, Everat, 1828, (*Recueil.*)	
U	278	**Rouyer.** Question à l'ordre du jour. — 1815. (*Recueil.*)	
O	153	**Royer-Collard.** Discours prononcé à l'ouverture du cours d'histoire de la philosophie. — Paris, Fain, 1811. (*Recueil.*)	
U	295	**Royer-Collard.** Opinion sur le budget de 1816; sur la loi des élections. — 1819. (*Recueil.*)	
«	22	**Rubis** (Claude de). Histoire véritable de la ville de Lyon, contenant ce qui a été omis par maistres Symph. Champier, Paradin et autres, qui cy-devant ont écrit sur ce subject; ensemble ce, en quoy ils se sont forvoyéz de la vérité de l'histoire et plusieurs autres choses notables, concernans l'histoire universelle, tant ecclésiastique que prophane, ou	

Lettre du genre de l'ouvrage	Numéros des volumes	R	Nombre total des volumes
		particulière de la France; avec un sommaire recueil de l'administration politique de ladicte ville; ensemble un petit discours de l'ancienne noblesse de la maison des Médici de Florence. — A Lyon, par Bonaventure Nugo, 1604, 1 vol. in-folio, bas. f.	1
O	1044	**Ruhnkenii** (Davidis) opuscula oratoria, philologica, critica, nunc primum conjunctim edita. — Lugduni Batavorum, Luchtmans, 1807, 1 vol. in-8, dem. rel. v. vert.	1
«	1162	**Rulhière.** Œuvres (ou mélanges). — Paris, Colnet, s. d. 1 vol. in-8, dem. rel. v. br.	1

Lettre du genre de l'ouvrage	Numéros des volumes	S	Nombre total des volumes
A	17	**Saci** (Lemaistre de). La Bible, traduite en français avec l'explication du sens littéral et du sens spirituel. — Paris, Desprez, 1725-1747, 32 vol. in-8, v. f. racin. fil.	32
«	18	**Saci** (Lemaistre de). La Sainte Bible, contenant l'ancien et le nouveau testament, traduite en français sur la Vulgate. — Paris, Desprez, 1730, 10 vol. in-12, v. f.	10
O	1153	**Sacy** (Sylvestre de). Discours prononcé à la séance générale de la société asiatique. — Paris, Imp. roy. 1833. (*Recueil.*)	
U	403	**Sacy** (Sylvestre de). Notice sur la vie et les ouvrages de Champollion le jeune. (*Recueil.*)	
«	404	**Sacy** (Sylvestre de). Notice sur la vie et les ouvrages de Rémusat. (*Recueil.*)	
O	241	**Sacy** (Sylvestre de). Principes de grammaire générale mis à la portée des enfants et propres à servir d'introduction à l'étude de toutes les langues. — Paris, 1824, Belin, 1 vol. in-12, dem. rel. v. br.	1
«	762	**Saint-Amant** (sieur de). Moyse sauvé, idyle héroïque, à la sérénissime reine de Pologne et de Suède. — Leyde, Jean Sambix, 1654, 1 vol. petit in-12, bas. f.	1
«	763	**Saint-Amant** (sieur de) Œuvres, reveües, corrigées et de beaucoup augmentées en cette dernière édition. — Paris, Bobin, 1665, 1 vol. in-12, bas. br.	1
U	23	**Saint-Aubin** (Jean de). Histoire de la ville de Lyon ancienne et moderne, avec les figures de toutes ses veües. — Lyon, Benoît Coral, 1666, 1 vol. in-folio, bas. (En mauvais état.)	1
O	984	**Saint-Evremoniana** ou recueil de diverses pièces curieuses, avec des pensées judicieuses, de beaux traits d'histoires et des remarques très utiles de M. de Saint-Evremont. — Luxembourg, Chevalier, 1702, 1 vol. in-12, v. f.	1
«	1125	**Saint-Evremont** (M. de). Mélange curieux des meilleures pièces qui lui sont attribuées et de quelques autres ouvrages rares ou nouveaux. — Amsterdam, Covens et Mortier, 1726, tomes 2 et 5, petit in-8, v. f.	2
«	1163	**Saint-Evremond** (de). Œuvres, avec la vie de l'auteur par M. des Maizeaux. — Amsterdam, Covens et Mortier, 1726, 4 vol. in-8, fig. v. f.	4
U	302	**Saint-Foix** (de). Essais historiques sur Paris, (3me édition). — Paris, Duchesne, 1763-77, 7 vol. in-12, v. f. racin.	7
O	938	**Saint-Fulchrand** (le chevalier de). Soirées de Frascati ou mémoires publiés par L. E. A. R***. — Paris, Onstant-Chantpie, 1824, 1 vol. in-12, broché.	1
«	764	**Saint-Gelais** (Mellin de). Œuvres poétiques. — Lyon, Harsy, 1574, 1 vol. petit in-8, rel. vélin.	1
«	765	***Saint-Lambert.** Les saisons, poëme (3me édition). — Amsterdam, 1771, 1 vol. in-8, avec figures, v. écail. fil. tr. dor.	1
I	153	**Saint-Pierre** (Bernardin de). Études de la nature (2me édition). — Paris, Didot, 1786-1792, 6 vol. in-12, bas f. racin. fil.	6
O	1164	**Saint-Réal** (abbé de). Œuvres choisies. — Londres, 1783, (édition Cazin), 4 vol. in-18, bas. f. fil.	4
I	106	**Saint-Simon.** Cathéchisme des industriels, trois cahiers. — Paris, 1823-1824. (*Recueil.*)	

Lettre du genre de l'ouvrage	Numéros des volumes	S	Nombre total des volumes
		— Nouveau christianisme, dialogues entre un conservateur et un novateur. — Paris, Bossange, 1825. (*Recueil.*)	
U	178	**Sainte-Croix** (de). Mémoires pour servir à l'histoire de la religion secrète des anciens peuples ou recherches historiques et critiques sur les mystères du paganisme. — Paris, Nyon, 1784, 1 vol. in-8, v. f. fil. tr. dor.	1
«	325	**Sainte-Palaye** (De la Curne de). Mémoires sur l'ancienne chevalerie considérée comme un établissement politique et militaire. — Paris, 1759-1781, 3 vol. in-12, bas. f. racin. fil.	3
O	452	**Sales** (de). Histoire d'Homère et d'Orphée. — Paris, Arthus Bertrand, 1808, 1 vol. in-8, cartonné.	1
«	910	***Salle** (de la). L'histoire et plaisante cronicque du petit Jehan de Saintré, de la jeune dame des belles cousines, sans autre nom nommer ; avecque deux autres petites histoires de Messire Floridan et de la belle Ellinde et l'extrait des cronicques de Flandres, ouvrage enrichi de notes critiques, historiques et cronologiques, d'une préface sur l'origine de la chevalerie et des anciens tournois et d'un avertissement. — Paris, Saugrain, 1724, 3 vol. petit in-12, bas. br. (137)	3
U	413	**Sallengre** (de). Histoire de Pierre de Montmaur, professeur royal en langue grecque dans l'université de Paris. — La Haye, Gosse, 1715, 2 vol. reliés en un, in-8, fig. v. f.	1
O	1029	***Sallengre.** Mémoires de littérature.— La Haye, Du Sauzet, 1715, 2 vol. in-12, en 4 tomes, v. f.	4
U	181	**Salluste.** Œuvres, traduction nouvelle par Dureau de Lamalle. — Paris, Giguet et Michaud, 1808, 2 vol. in-12, bas. f.	2
«	182	**Salluste.** Œuvres, traduction nouvelle de C. L. Mollevaut. — Paris, 1809, 2 parties en un vol. in-18, dem. rel. maroq. rouge.	1
«	180	**Sallustii** (Caii Crispi) opera omnia ex editione Gottlieb Cortii in usum Delphini, variis lectionibus, notis variorum, notitiâ litterariâ, recensu editionum et codicum et indicibus locupletissimis. — Londini, Valpy, 1820, 2 vol. in-8, dem. rel. maroq. rouge, non rogné.	2
«	179	**Sallustii** (Caii Crispi) quæ exstant opera. — Lutetiæ Parisiorum, Steph. David, 1744, 1 vol. in-12, v. f. fil. tr. dor.	1
«	183	**Salvador** (J.). Histoire des institutions de Moïse et du peuple Hébreu. — Paris, Ponthieu, 1828, 3 vol. in-8, dem. rel. v. br.	3
A	45	**Salvien.** Œuvres, traduction nouvelle avec le texte en regard, par J. F. Grégoire et J. B. Collombet. — Lyon, Sauvignet, 1833, 2 vol. in-8, dem. rel. v. rouge.	2
O	1144	**Sappho.** A fragment of an ode from Longinus, etc..... edited by the F. H. Egerton. — Paris, 1815. (*Recueil.*)	
«	92	**Sapphus** et poetriarum octo fragmenta, græcè et latinè, curâ J. C. Wolfii. — Londini, 1733-1734, 1 vol. in-4, rel. vélin.	1
«	766	**Sarasin.** Œuvres. — Paris, Legras, 1683, 2 vol. in-12, bas. br.	2
U	269	***Sautreau de Marsy.** Nouveau règne de Louis XIV ou poésies-anecdotes du règne et de la cour de ce prince, avec des notes historiques et des éclaircissements. — Paris, 1793, 4 vol. in-8, dem. rel. bas. br.	4

Lettre du genre de l'ouvrage	Numéros des volumes	S	Nombre total des volumes
U	214	**Savagnier.** Nouvelles archives statistiques, historiques et littéraires du département du Rhône. — Lyon, Barret, 1832, 2 vol. in-8, dem. rel. v. violet.	2
«	296	**Say** (J. B.). De l'Angleterre et des Anglais. — Paris, d'Hautel, 1815. (*Recueil.*)	
I	112	**Say** (Jean-Baptiste). Traité d'économie politique ou simple exposition de la manière dont se forment, se distribuent et se consomment les richesses. — Paris, Crapelet, 1803, 2 vol. in-8, bas. br. fil.	2
O	14	**Scapulæ** (Joannis) lexicon græco-latinum quo, ex primitivorum et simplicium fontibus derivata atque composita, ordine non minùs naturali quàm alphabetico deducuntur, cum indicibus et græco et latino locupletissimis et auctario dialectorum omnium, accesserunt lexicon etymologicum,..... et Meursii glossarium contractum. — Amtelædami, Wetstein, 1687, 1 vol. in-folio, bas. br.	1
«	935	**Scarron.** Roman comique, nouvelle édition. — Londres, 1781, 4 vol. in-32, dem. rel. bas. f.	4
U	285	**Scheffer** (C. A.). Essais sur quatre grandes questions politiques. — Paris, Plancher, 1817. (*Recueil.*)	
«	303	**Scheffer** (Arnold). Histoire de l'Allemagne sous le règne de l'empereur Henri IV et le pontificat de Grégoire VII (tome 1er). — Paris, Schubart et Heideloff, 1828, 1 vol. in-8, dem. rel. v. br.	1
O	106	**Scheffler.** Varietas interpretationis locorum quorumdam difficiliorum in carminibus Homeri. — Helmstadii, Schnorr, 1786, (*Recueil.*)	
«	767	**Schiller** (F.). Poésies, traduites de l'allemand par C. J. — Paris, Brissot-Thivars, 1822, 1 vol. in-8, dem. rel. v. noir.	1
«	1146	**Schlegel** (A. W.). Comparaison entre la Phèdre de Racine et celle d'Euripide. — Paris, 1807. (*Recueil.*)	
«	854	**Schlegel** (A. W.). Cours de littérature dramatique ; traduit de l'allemand. — Paris, Paschoud, 1814, 3 vol. in-8, bas. f. racin.	3
«	592	**Schlegel** (A. G.) de geographiâ Homericâ commentatio quæ in concertatione civium academiæ Augustæ..... pronuntiata est. — Hanoveræ, Schmid, 1788, 1 vol. petit in-8, cartonné.	1
«	106	**Schlichthorst.** Geographia Homeri. — Gottingæ, 1787. (*Recueil.*)	
«	125	**Schlichthorst** (Hermanni) Geographia Homeri. — Gottingæ, 1787, 1 vol. in-4, dem. rel. bas. br.	1
U	367	**Schœll** (F.). Histoire abrégée de la littérature grecque depuis son origine jusqu'à la prise de Constantinople par les Turcs. — Paris, Schœll, 1813, 2 vol. in-8, dem. rel. bas br.	2
O	144	**Schott** (Andrea). Adagia sive proverbia græcorum ex Zenodoto, Diogeniano, et Suidæ collectaneis, partìm edita nunc primùm, partìm latinè reddita. — Antverpiæ, Plantin, 1612, 1 vol, in-4, bas. f. fil.	1
«	242	**Schrevelii** (Cornelii) lexicon manuale græco-latinum et latino-græcum, adjectæ sunt sententiæ græcò-latinè, quibus omnia primitiva græca comprehenduntur, item tractatus duo, alter de resolutione verborum, alter de articulis, uterque perutilis. — Lutetiæ Parisiorum, Lemercier, 1718, 1 vol. in-8, bas br.	1

Lettre du genre de l'ouvrage	Numéros des volumes	S	Nombre total des volumes
U	141	**Schweighæuser** (Johannes). Lexicon Herodoteum quo et styli Herodotei universa ratio enucleatè explicatur et quàm plurimi musarum loci ex professo illustrantur, passim etiam, partim græca lectio, partìm versio latina. — Argentorati, Treuttel et Wurtz, 1824, 2 vol. in-8, reliés en un, v. br. fil.	1
O	1165	**Scott** (Walter). Essais historiques et littéraires, traduits de l'anglais. — Paris, Sautelet, 1825, 2 vol. in-12, reliés en un, dem. rel. v. vert.	1
«	847	**Sedaine.** La gageure imprévue, comédie en un acte et en prose. — Paris, Prault, 1788. (*Recueil.*)	
U	281	**Segault.** Compte-rendu des travaux de l'académie de Lyon, en 1809. — (*Recueil.*)	
O	768	**Segrais** (de). Œuvres, nouvelle édition corrigée et revue avec soin. — Paris, Durand, 1755, 2 vol. in-12, bas. f.	2
«	178	***Séguier.** De l'emploi des conjonctions suivies des modes conjonctifs dans la langue grecque. — Paris, Eberhart, 1814, 1 vol. in-8, broché.	1
«	186	***Séguier.** De l'emploi des conjonctions suivies des modes conjonctifs dans la langue grecque. — Paris, Eberhart, 1814, 1 vol. in-8, bas. f. racin. (Nº à triple emploi, voy. Giraudeau et Siret.)	1
E	11	**Sellon** (J. J. de). Lettre à un membre de la Chambre des députés sur l'abolition de la peine de mort. — Genève, Vignier, 1830. (*Recueil.*)	
I	114	**Senault** (le R. P. J. F.). De l'usage des passions. — A Paris, chez Christophe Journel, au soulier volant. S. d. (16??, première moitié.) 1 vol. petit in-12, v. f. aux armes. (138)	1
«	115	**Senecæ** (Lucii Annæi philosophi) opera omnia quæ supersunt, ex optimis exemplaribus emendata, cum notis criticis et indicibus. — Argentorati, 1809, 5 vol. in-8, v. f. tr. dor.	5
O	139	**Senecæ** (Lucii Annæi philosophi) tragœdiæ cum notis integris J. Fr. Gronovii et selectis variorum ; omnia recensuit, notas, animadversiones atque indicem novum adjecit J. Casp. Schroderus. — Delphis, apud Adrianum Beman, 1728, 1 vol. in-4, v. f.	1
I	116	**Senecæ** (Marci Annæi rhetoris) opera, ad optimas editiones collata studiis Societatis Bipontinæ. — Argentorati, 1810, 1 vol. in-8, bas. f. racin.	1
U	414	**Servan de Sugny** (Edouard). Eloge historique du duc de la Rochefoucauld. — Paris, Pichon et Didier, 1830, 1 vol. in-8, dem. rel. v. br.	1
O	937	**Servan de Sugny** (Edouard). La chaumière d'Oullins. — Paris, Canel, 1830, 1 vol. in-8, dem. rel. v. f.	1
«	747	**Servan de Sugny** (Edouard). Réveil de la liberté, ode dédiée aux Polonais. — Paris, 1831. (*Recueil.*)	
«	1168	**Sévigné** (Madame de). Lettres à sa fille et à ses amis ; édition augmentée d'éclaircissements et de notes historiques, de lettres, fragments, notices sur Madame de Sévigné et sur ses amis, éloges et autres morceaux inédits ou peu connus, par A. Grouvelle. — Paris, Bossange, 1806, 11 vol. in-12, bas. f. racin.	11

Lettre du genre de l'ouvrage	Numéros des volumes	S	Nombre total des volumes
O	398	**Sidonii** (Caii Sollii Apollinaris, Arvernorum episcopi) opera castigata et restituta.— Lugduni, apud Joannem Tornæsium, 1552, 1 vol, in-8, rel. parchemin.	1
«	255	**Siebenkees** (J. Ph.). Anecdota grœca è præstantissimis italicarum bibliothecarum codicibus descripsit Siebenkees. — Norimbergæ, Stein, 1798. (*Recueil.*)	
«	399	**Silius Italicus.** Seconde guerre punique, poême, traduit avec le texte en regard par Lefebvre de Villebrune. — Paris, 1781, 3 vol. in-12, rel. v. racin.	3
«	679	***Sinner.** Extraits de quelques poésies des XIIe, XIIIe et XIVe siècles. — Lausanne, Grasset, 1759, 1 vol. in-12, v. f. racin.	1
«	186	**Siret.** Eléments de la langue anglaise. — Paris, 1780. (Numéro à triple emploi ; voy. Giraudeau et Séguier.)	
E	11	**Sismondi** (J. L. de). De l'avenir, extrait de la revue encyclopédique. — Paris, 1830. (*Recueil.*)	
O	1047	**Smids** (Lud.) Pictura loquens, sive heroïcarum tabularum Hadriani Schoonebeeck enarratio et explicatio. — Amstelædami, Schoonebeeck, 1695, 1 vol. petit in-8, fig. v. f. (139)	1
I	106	**Smith.** Aperçu sur l'état de la civilisation en France. — Lyon, 1828, Pézieux. (*Recueil.*) — Examen de deux brochures ; l'une, de l'intolérance considérée comme devoir du chrétien, par un catholique ; l'autre, de la nécessité de ne tolérer que les sectes tolérantes, par un homme. (*Recueil.*)	
U	279	**Smith.** Aperçu sur l'état de la civilisation en France. — Lyon, Perrin, 1828. — Coup d'œil sur Saint-Etienne. — 1828. — De l'importance de l'arrondissement de Saint-Etienne, considéré sous le rapport de l'administration judiciaire. — Saint-Etienne, Boyer, 1831. — Le Rôdeur stéphanois. — Saint-Etienne, Gaudelet. — Statistique criminelle de l'arrondissement de Saint-Etienne en 1831. — Réquisition sur l'émeute de Bourg-Argental. — 1832. — Conclusions prononcées dans le procès des concessionnaires des mines de houille de Couzon contre la compagnie du chemin de fer de Saint-Etienne à Couzon. — 1834. (Le tout : Recueil 279.)	
E	10	**Smith.** Plaidoyer sur cette question : un juge auditeur peut-il présider un tribunal ? ou, en d'autres termes, un tribunal composé de juges-auditeurs seuls, est-il régulièrement formé ? — Saint-Etienne, Gaudelet. (*Recueil.*)	
I	117	**Smith.** Recherches sur la nature et les causes de la richesse des nations ; traduit de l'anglais. — Paris, Duplain, 1788, 2 vol. in-8, v. f. racin.	2
O	603	**Snedorf** (Frid.). De hymnis veterum Græcorum, accedunt tres hymni Dionysio adscripti. — Hafniæ, Prost, 1786. (N° à double emploi, voy. Wolfii.)	
«	73	**Somavera** (Alessio de). Tesoro della lingua græca-volgare ed italiana, cioe richissimo dizzionario græco-volgare ed italiano. — Parigi, Guignard, 1709, 2 vol. in-4, v. br.	2

S

Lettre du genre de l'ouvrage	Numéros des volumes		Nombre total des volumes
E	14	**Sonyer du Lac.** Observations sur l'état ancien et actuel des tribunaux de justice de la province du Forez, sur les grands hommes de ce pays et sur plusieurs questions concernant les censives et droits seigneuriaux. — Paris, Société typographique, 1781, 1 vol. in-8, bas. f.	1
O	862	**Sophocle.** Electre, expliquée en français suivant la méthode des collèges par deux traductions ; l'une interlinéaire et littérale, l'autre conforme au génie de la langue française, par Vendel-Heyl. — Paris, Delalain, 1831, 1 vol. in-12, dem. rel. v. violet.	1
«	848	**Sophocle.** Philoctète, tragédie en trois actes et en vers, traduite du grec par La Harpe. — Paris, Prault, 1793. (*Recueil.*)	
«	861	**Sophocle.** Philoctète, expliqué en français suivant la méthode des collèges, par deux traductions ; l'une interlinéaire et littérale, l'autre conforme au génie de la langue française, par Vendel-Heyl. — Paris, Delalain, 1830, 1 vol. in-12, dem. rel. v. violet.	1
«	859	**Sophocle.** Tragédies, traduites par Dupuy. — Paris, Bauche, 1762, 2 vol. in-12, v. f. racin.	2
«	860	**Sophocle.** Tragédies, traduites par M. Artaud. — Paris, Brissot-Thivars, 1827, 3 vol. in-32, dem. rel. v. bl.	3
«	857	**Sophocles**, græcè, curante J. Fr. Boissonade. — Parisiis, Lefèvre, 1824, 2 vol. in-32, dem. rel. maroq. violet, non rogné.	2
«	858	**Sophocles.** The Œdipus Coloneus, the Œdipus rex, the Trachiniæ, the Antigone, græcè, with critical, philological and explanatory notes, illustrations of peculiar idioms and examination questions by John Brasse. — London, Baldwin, 1829-1830, 4 vol. in-8, cartonnés.	4
«	140	**Sophoclis** tragœdiæ (græcè), Electra, Œdipus rex, Antigone, Œdipus in Colonâ, Trachiniæ, Philoctetes ; Demetrii Triclinii in Sophoclem commentarius. — Parisiis, apud Adr. Turnebum, 1552, 2 tomes en 1 vol, petit in-4, rel. toile bl. (140)	1
«	855	**Sophoclis** tragœdiæ septem, græcè et latinè, ad optimorum exemplarium fidem emendatæ, cum versione et notis ex editione Rich. Fr. Brunck. — Argentorati, Treuttel, 1786, 4 vol. in-8, v. br.	4
«	856	**Sophoclis** tragœdiæ septem, græcè, ac deperditarum fragmenta emendavit, varietatem lectionis, scholia notasque tùm aliorum tùm suas adjecit Car. Gottl. Erfurdt, accedit lexicon Sophocleum et index verborum. — Lipsiæ, Fleischer, 1802-1825, 7 vol. in-8, bas. f. fil.	7
«	988	**Sorberiana,** sive excerpta ex ore Samuelis Sorbière prodeunt ex musæo Fr. Graveroi ; accedunt ejusdem tùm epistola de vitâ et scriptis Sorbière, tùm epulæ ferales..... — Tolosæ, Colomiez, 1694, 1 vol. in-12, bas. br.	1
«	1048	**Sorel** (C.). La bibliothèque françoise (2me édition.) — Paris, 1667, 1 vol. in-12, bas. br.	1
U	280	**Soumet** (Alex.). L'Illusion, ode. — Paris, Michaud, 1810. (*Recueil.*)	
O	747	**Soumet** (Alex.). L'Illusion, ode. — 1810 (*Recueil.*) Manque.	
«	770	**Soumet** (Alex.). L'Incrédulité, poëme (2me édition). — Paris, Michaud, 1810, 1 vol. in-18, dem. rel. maroq. rouge.	1

Lettre du genre de l'ouvrage	Numéros des volumes	S	Nombre total des volumes
U	70	**Spon.** Recherches curieuses d'antiquités, contenues en plusieurs dissertations sur des médailles, bas-reliefs, statues, mosaïques et inscriptions antiques, enrichies d'un grand nombre de figures en taille-douce. — Lyon, Thomas Amaulry, 1683, 1 vol. petit in-folio, dem. rel. v. br.	1
«	276	***Spon.** Recherche des curiosités et antiquités de la ville de Lyon, ancienne colonie des Romains et capitale de la Gaule Celtique, avec un mémoire des principaux antiquaires et curieux de l'Europe. — Lyon, Jacques Faeton, 1673, 1 vol. in-8, bas. br.	1
«	304	**Staël** (Madame de). Considérations sur les principaux événements de la Révolution française, ouvrage posthume, publié par M. le duc de Broglie et M. le baron de Staël. — Paris, Delaunay, 1818, 3 vol. in-8, bas f. racin.	3
«	304 bis	— Id. — ..... ibid..... 3 vol. in-8, dem. rel. v. br.	3
O	1170	**Staël** (Madame de). Œuvres inédites publiées par son fils. — Paris, Treuttel et Wurtz, 1821, 3 vol. in-12, bas f. racin.	3
«	939	**Staël-Holstein** (Mme de). Corinne ou l'Italie. — Paris, Nicolle, 1807, 3 vol. in-12, bas. br.	3
«	940	**Staël-Holstein** (Mme de). Corinne ou l'Italie, (8me édition). — Paris, Nicolle, 1818, 2 vol. in-8, bas. br.	2
U	368	**Staël-Hostein** (Mme de). De l'Allemagne (2me édition.) — Paris, Mame, 1814, 3 vol. in-8, bas. f.	3
O	863	**Stanleii** (Thomæ) commentarius in Eschyli tragœdias, ex Schedis auctoris mss. multò auctior ab Samuele Buttlero editus ; accedunt Caroli Reisigii emendationes in Prometheum. — Halis Saxonum, Gebauer, 1832, 1 vol. in-8, dem. rel. v. br.	1
«	401	**Statii** (Publii Papinii) opera omnia, ex editione Bipontinâ, cum notis et interpretatione in usum Delphini, variis lectionibus, notis variorum, recensu editionum et codicum et indice locupletissimo. — Londini, Valpy, 1824, 3 vol. in-8, dem. rel. maroq. rouge, non rogné.	3
«	400	**Statii** (Publii Papinii) Sylvarum libri V, Thebaïdos libri XII, Achilleïdos libri II, cum notis variorum, accuratissimè illustrati a Johanne Veenhusen. — Lugduni Batavorum, Hack, 1671, 1 vol. in-8, rel. vélin. (141)	1
U	110	**Stendhal** (M. de) Beyle. Rome, Naples et Florence, (3me édition). — Paris, Delaunay, 1826, 2 vol. reliés en un, in-8, dem. rel. v. br.	1
«	4	**Stephani** Byzantini gentilia per epitomen, antehàc de urbibus inscripta, græcè, quæ ex mss. codd. Palatinis restituit, supplevit, ac latinâ versione et integro commentario illustravit Abr. Berkelius ; accedunt variæ lectiones collatæ ab Jacobo Gronovio. — Lugduni Batavorum, Frid. Haaring, 1694, 1 vol. in-folio, rel. vélin.	1
O	864	**Stephani** (Henrici) annotationes in Sophoclem et Euripidem quibus variæ lectiones examinantur et pro mendosis emendatæ substituuntur ; ejusdem tractatus de orthographis quorumdam vocabulorum Sophocli cum cæteris tragicis communium ; ejusdem dissertatio de Sophocleâ imitatione Homeri. — S. l. 1568, 1 vol. in-8, v. f. fil. tr. dor.	1
«	15	**Stephani** (Henrici) thesaurus græcæ linguæ. — (Parisiis.) Excudebat H. Stephanus, 1572, 4 vol. in-folio, v. f. racin. (142)	4

Lettre du genre de l'ouvrage	Numéros des volumes	S	Nombre total des volumes
O	16	**Stephani** (Roberti) thesaurus linguæ latinæ in IV tomos divisus, cui accesserunt H. Stephani annotationes, novâ curâ recensuit, digessit, repurgavit suasque passim animadversiones adjecit Antonius Birrius. — Basileæ, Turnisii, 1740-1743, 4 vol. in-folio, v. f. racin.	4
U	3	**Stephanus** de Urbibus, quem primus Thomas de Pinedo Lusitanus Latii jure donabat et observationibus illustrabat; his additæ præter ejusdem Stephani fragmentum collationes Jacobi Gronovii cum codice Perusino unâ cum gemino rerum et verborum indice ad Stephanum et Thomæ de Pinedo observationes. — Amstelodami, typis Jacobi de Jonge, 1678, 1 vol. in-folio, rel. velin, fil. arm. s. pl.	1
I	118	**Stewart** (Dugald). Esquisses de philosophie morale, traduites de l'anglais par Th. Jouffroy. — Paris, Johanneau, 1826, 1 vol. in-8, dem. rel. v. br.	1
O	120	**Stiévenart** (J. F.). Considérations sur les dieux d'Homère. — Strasbourg, Silbermann, 1827. (*Recueil.*)	
U	404	**Stiévenart** (J. F.) Eloge de Schweighæuser. — Strasbourg, Levrault. 1830. (*Recueil.*)	
O	1144	**Stiévenart** (J. F.). Une séance de l'agora ou Démosthènes à la tribune. — Paris, Hachette, 1833. (*Recueil.*)	
«	1049	**Stobæi** (Joannis) eclogarum physicarum et ethicarum libri duo, græcè et latinè, suppleti et castigati, annotatione et versione latinâ instructi ab Lud. Heeren. — Gottingæ, Vandenhoek, 1792-1794, 4 vol. in-8, dem. rel. v. f. non rogné.	4
«	1050	**Stobæi** (Joannis) florilegium ad mss. fidem emendavit et supplevit Th. Gaisford. — Oxonii, Clarendon, 1822, 4 vol. in-8, dem. rel. cuir de Russie.	4
«	129	**Stoltz** (Matth.). Dissertatio de ingenio Homeri. — Lundæ, Berlingian, 1789, 1 vol. in-4, dem. rel. bas. verte.	1
U	30	**Strabon.** Géographie traduite du grec en français (par MM. de la Porte du Theil, Coray, Gosselin, Letronne). — Paris, imp. impériale, 1805-1819, 5 vol. in-4, dem. rel. v. br.	5
«	5	**Strabonis** rerum geographicarum libri XVII, græcè et latinè; accedunt notæ integræ variorum, subjiciuntur Chrestomathiæ. — Amstelædami, apud Joannem Wolters, 1707, 2 vol. petit in-folio, bas. br.	2
«	204	**Sturzius.** Lexicon Xenophonteum. — Lipsiæ, Gleditsch, 1801, 4 vol. in-8, bas. br. fil.	4
U	291	**Sudan** (l'abbé). Recherches sur le retour de la ville de Lyon à la monarchie sous Henri IV. — Lyon, Ballanche, 1814. (*Recueil.*)	
«	184	**Suetonii** Tranquilli opera omnia cum notis et interpretatione in usum Delphini, variis lectionibus, notis variorum, recensu editionum et codicum et indice locupletissimo. — Londini, Valpy, 1826, 3 vol. in-8, dem. rel. maroq. rouge non rogné.	3
«	41	**Suetonius** Tranquillus cum notis integris variorum, curante Petro Burmanno, qui et suas adnotationes adjecit. — Amstelædami, 1736, 2 vol. in-4, fig. bas. f. fil.	2
O	17	**Suidæ** lexicon, græcè et latinè; textum græcum quamplurimis mendis purgavit, notisque perpetuis illustravit, versionem latinam Æmili Porti correxit indicesque adjecit Lud. Kusterus. — Cantabrigiæ, typis academicis, 1705, 3 vol in-folio, v. f. (143)	3

Lettre du genre de l'ouvrage	Numéros des volumes	S	Nombre total des volumes
U	305	**Sully** (Maximilien de Béthune, duc de). Mémoires, mis en ordre avec des remarques par M. L. D. L. D. L. — Londres, 1763, 8 vol. in-12, bas f. racin.	8
«	185	**Sulpicii Severi** quæ extant opera omnia, in duos tomos distributa, quorum prior continet antehàc edita cum notis J. Worstii, alter epistolas anteà cum reliquis operibus nondùm editas ex recensione et cum notis Joannis Clerici. — Lipsiæ, Fritsch, 1709, 1 vol. in-12, bas. br.	1
A	46	**Sumner** (J. B.). Vérité du christianisme prouvée par la nature même de cette religion et par le fait de son établissement; traduit de l'anglais par P. E. Lanjuinais. — Paris, 1826, 1 vol. in-8, dem. rel. v. bl.	1
O	649	**Surville** (Marguerite-Eléonore de Vallon-Chalys, depuis Mme de), poête (supposé) du XVme siècle. Poésies, publiées par Charles Vanderbourg. — Paris, Henrichs, 1803, 1 vol. in-8, bas. f.	1
«	106	**Suttinger.** De rectè legendo Homero in scholis inferioribus. — Lubbenæ, 1786. (*Recueil.*)	
«	59	**Sylburgii** (Fr) etymologicon magnum seu magnum grammaticæ penu, græcè, in quo et originum et analogiæ doctrinâ ex veterum sententiâ copiosissimè præponitur historiæ item et antiquitatis monumenta passìm attinguntur. — Lipsiæ, Weigel, 1816, 1 vol. in-4, v. f. racin.	1

Lettre du genre de l'ouvrage	Numéros des volumes	T	Nombre total des volumes
U	370	**Tabareau.** Rapport au maire de Lyon sur l'organisation d'une école d'arts et métiers. — Lyon, Perrin, 1826. (*Recueil.*)	
O	1003	***Tabourot.** Les bigarrures et touches du seigneur des accords, avec les apophtegmes du sieur Gaulard et les escraignes dijonnoises ; dernière édition de nouveau augmentée de plusieurs épitaphes, dialogues et ingénieuses équivoques. — Paris, Arnould Cotinet, au petit Jésus, 1662, 1 vol. in-12, dem. rel. bas f.	1
U	31	**Tacite.** La Germanie, traduction de C. L. F. Panckoucke. — Paris, 1824, 1 vol. in-4, dem. rel. bas. verte.	1
		Ce même volume contient des notices et examens littéraires de cet ouvrage, extraits de divers journaux.	
«	187	**Tacite.** Œuvres, nouvelle traduction par Dureau de Lamalle ; 2me édition. — Paris, Giguet et Michaud, 1808, 5 vol. in-8, bas. f. racin. fil.	5
«	188	**Tacite.** Œuvres, traduites par C. L. F. Panckoucke. — Paris, Panckoucke, 1830-1831, 2 premiers vol. in-8, gros papier vélin, dem. rel. v. br.	2
«	186	**Taciti** (C. Cornelii) opera omnia cum notis et interpretatione in usum Delphini, variis lectionibus, Justi Lipsii excursibus, recensu codicum et indice..... — Londini, Valpy, 1821, 8 vol. in-8, dem. rel. maroq. rouge, non rogné.	8
O	266	**Tacitus's** dialogus de oratoribus. — London, Longman, 1829. (Numéro à double emploi, voy. Cicero's.)	
«	771	**Tahureau** (Jacques, du Mans). Poésies, mises toutes ensemble et dédiées au Révérendissime Cardinal de Guyse. — A Paris, pour Jean Ruelle, à l'imasge de saint Jérôme, 1574, 1 vol. petit in-8, v. f. fil. tr. dor.	1
I	18	***Taillasson.** Le danger des règles dans les arts, poëme, suivi d'une traduction libre en vers d'un morceau du XVIe chant de l'Iliade et d'une élégie sur la nuit. — Venise, 1785. (*Recueil.*)	
U	293	**Talabot.** Note sur un procédé nouveau proposé pour la condition publique des soies. — Lyon, Barret, 1832. (*Recueil.*)	
O	1171	**Talairat** (le baron de). Album littéraire, philosophique et politique. — Paris, Delaunay, 1834, 1 vol. in-18, broché.	1
I	20	**Talleyrand-Périgord.** Rapport sur l'instruction publique fait au nom du comité de constitution à l'Assemblée nationale les 10, 11 et 19 septembre 1791. — Paris, 1791, 1 vol. in-4, dem. rel. v. br.	1
O	1152	**Target.** Observations sur le procès de Louis XVI. (*Recueil.*)	
U	416	**Taschereau** (Jules). Histoire de la vie et des ouvrages de Pierre Corneille. — Paris, Mesnier, 1829, 1 vol. in-8, dem. rel. v. br.	1
«	417	**Taschereau** (Jules). Histoire de la vie et des ouvrages de Molière. — Paris, Ponthieu, 1825, 1 vol. in-8, dem. rel. v. br.	1
O	772	***Tasse** (le). Jérusalem délivrée, poëme, traduit de l'italien ; nouvelle édition revue et corrigée, enrichie de la vie du Tasse, ornée de son portrait et de vingt gravures. — Paris, Bossange, 1803, 2 vol. in-8, cartonnés vert, non rogné.	2
A	13	**Tatiani** oratio ad Græcos ; Hermiæ irrisio Gentilium philosophorum, græcè et latinè ; ex vetustis exemplaribus recensuit adnotationibusque integris variorum, suasque adjecit Wilhelmus Worth. — Oxoniæ, Scheldon, 1700, 1 vol. in-8, v. f. (144)	1

Lettre du genre de l'ouvrage	Numéros des volumes	T	Nombre total des volumes
O	749	**Tercy.** La mort de Louis XVII, idylle dans le goût antique. — Paris, Didot, 1818. (*Recueil.*)	
«	156	**Tercy.** La naissance du roi de Rome, idylle. — Paris, Pierre Didot, 1811. (*Recueil.*)	
«	867	**Térence** (Publ.). Comédies, traduction nouvelle, avec le texte latin à côté et des notes, par l'abbé Lemonnier. — Paris, Cellot, 1771, 3 vol. petit in-8, v. f.	3
«	74	**Terentianus Maurus.** De litteris, syllabis, pedibus et metris, è recensione et cum notis Laurentii Santenii ; opus morte Santenii interruptum absolvit D. J. V. Lennep. — Trajecti ad Rhenum, Altheer, 1825, 1 vol. in-4, dem. rel. v. br.	1
«	865	**Terentii** (Publii Carthaginiensis Afri) comœdiæ VI ; his accedunt integræ notæ variorum, cum indice locupletissimo. — Lugduni Batavorum, Hack, 1686, 1 vol. in-8, rel. vélin. (145)	1
«	866	**Terentii** (Publii C. Afri) comœdiæ sex, ex editione Westerhovianâ, cum notis et interpretatione in usum Delphini, variis lectionibus, notis variorum, recensu editionum et codicum et indice locupletissimo. — Londini, Valpy, 1824, 5 vol. in-8, dem. rel. maroq. rouge, non rogné. (Il manque 2 vol.)	3
I	101	**Ternaux.** Mémoire sur la conservation des grains dans les silos ou fosses souterraines, d'après les expériences faites à Saint-Ouen. — 1825. (*Recueil.*)	
		— Essai sur la fabrication de la Pollenta. — 1825. (*Recueil.*)	
O	594	**Terpstra** (J.). Antiquitas Homerica. — Lugduni Batavorum, Luchtmans, 1831, 1 vol. in-8, dem. rel. v. br.	1
«	595	**Terrasson** (abbé). Dissertation critique sur l'Iliade d'Homère, où, à l'occasion de ce poëme, on cherche les règles d'une poétique fondée sur la raison et sur les exemples des anciens et des modernes. — Paris, Fournier, 1715, 2 vol. in-12, bas. br.	2
U	307	**Terrebasse** (Alfred de). Histoire de Pierre Terrail, seigneur de Bayart, dit le bon chevalier sans peur et sans reproche, suivie d'annotations généalogiques, pièces et lettres inédites. — Lyon, Laurent, 1832, 1 vol. in-8, gros papier, v. br. fil.	1
«	383	**Tessier** (Ant.). Les éloges des hommes savans tirez de l'histoire de M. de Thou, avec des additions contenant l'abrégé de leur vie, le jugement et le catalogue de leurs ouvrages. — Leyde, Haak, 1715, 4 vol. petit in-8, v. f. fil.	4
O	846	**Testard.** La bible à ma tante, folie en un acte. — Paris, 1798, (*Recueil.*)	
«	156	**Tezenas.** Napoléon, ode. — 1814. (*Recueil.*)	
U	326	**Theis** (le baron de). Voyage de Polyclète ou lettres romaines. — Paris, Maradan, 1821, 3 vol. in-8, bas. racin.	3
O	1030	***Thémiseul de Saint-Hyacinthe.** Mémoires littéraires par S. D. L. R. G. — La Haye, Charles Levier, 1716, 2 vol. petit in-8, bas. br.	2
«	405	**Théocrite.** Idylles, traduites en prose, avec quelques imitations en vers, par Chabanon. — Paris, 1777, 1 vol. in-12, dem. rel. bas. br.	1

Lettre du genre de l'ouvrage	Numéros des volumes	T	Nombre total des volumes
O	407	**Théocrite.** Idylles, traduites en vers français, précédées d'un essai sur les poêtes bucoliques et suivies de notes, par M. Servan de Sugny. — Paris, Pinard, 1829, 1 vol. in-8, dem. rel. v. br.	1
«	408	**Théocrite.** Idylles, suivies de ses inscriptions, traduites en vers français par Firmin Didot.—Paris, Firmin Didot, 1833, 1 vol. in-8, dem. rel. v. br.	1
«	404	**Théocrite.** Les idylles traduites du grec en vers français, avec des remarques. — Paris, Emery, 1688, 1 vol. in-12, v. f. fil. tr. dor. (146)	1
«	406	**Théocrite, Bion, Moschus, Anacréon** et autres, appelés vulgairement petits poètes, publiés par l'abbé Gail, (texte grec). — Paris, Didot, 1788, 1 vol. in-12, bas. br.	1
«	402	**Théocriti** quæ exstant cum græcis scholiis, notis et indicibus, græcè et latinè.—Oxoniæ, Scheldon, 1699, 1 vol. in-8, maroq. rouge. fil. tr. dor. (147)	1
«	403	**Theocritus, Bion, Moschus,** græcè, curante J. Fr. Boissonade. — Parisiis, Lefèvre, 1823, 1 vol. in-32, dem. rel. maroq. violet, rogné à blanc.	1
«	409	**Theognidis, Phocylidis, Pithagoræ, Solonis** aliorumque veterum poemata gnomica cum latinâ versione, græcè et latinè. — Parisiis, Libert, 1627, 1 vol. in-12, bas.	1
«	388	**Theognis, Tyrteius, Solon, Simonide, Pythagoras, Phocylide,** poetæ græci gnomici, græcè, curante Jo. Fr. Boissonade. — Parisiis, Lefèvre, 1823, 1 vol. in-32, dem. rel. maroq. violet.	1
«	773	**Théophile.** Œuvres, divisées en trois parties : 1° l'immortalité de l'âme ; 2° les tragédies ; 3° les pièces qu'il a faites pendant sa prison jusques à présent ; de plus est augmenté la lettre contre Balzac avec la Solitude du sieur Amand, œuvre d'excellente invention. — Rouen, Dare, 1632, 1 vol. in-8, rel. vélin.	1
I	121	**Théophraste.** Les caractères, d'après un manuscrit du Vatican, traduction nouvelle avec le texte grec, des notes critiques et un discours préliminaire sur la vie et les écrits de Théophraste par Coray. — Paris, Fusch, 1799, 1 vol. in-8, v. f. fil. tr. dor.	1
«	120	**Theophrasti** characteres recensuit, animadversionibus illustravit atque indicem verborum adjecit Joh. Frid. Fischerus ; accessit commentarius Is. Casauboni. — Coburgi, Findesius, 1763, 1 vol. in-8, rel. vélin.	1
O	48	**Theophrasti** opera, quæ quidem à tot sæculis adhùc restant, sommo studio in unum veluti corpus redacta repurgataque ; accessit quoque Joachimi Camerarii præfatio, item autoris vita ex Diogene Laertio, ac librorum qui in hoc opere continentur catalogus. — Basileæ, 1542, 1 vol. petit in-folio, bas. br.	1
«	1172	**Theophrasti** Eresii quæ supersunt opera et excerpta librorum quatuor tomis comprehensa, græcè, emendavit ediditque J. Gottl. Schneider. — Lipsiæ, Vogel, 1818-1821, 5 vol. in-8, dem. rel. v. br.	5
«	774	**Théveneau** (Ch.) Plan du poème de Charlemagne, suivi du premier chant en vers et d'un choix de poésies diverses. — Paris, Courcier, 1804, 1 vol. in-12, dem. rel. bas. f.	1

Lettre du genre de l'ouvrage	Numéros des volumes	T	Nombre total des volumes
O	839	**Théveneau** (Ch.). Poême sur la dernière campagne. — Paris, 1806. (*Recueil.*)	
«	739	***Thibaud**, roy de Navarre. Poésies, avec des notes et un glossaire français, précédées de l'histoire des révolutions de la langue française, depuis Charlemagne jusqu'à Saint-Louis; d'un discours sur l'ancienneté des chansons françaises et de quelques autres pièces. — Paris, Guérin, 1742, 2 vol. reliés en un, in-8, v. f. fil.	1
U	308	***Thibaudeau** (A. C.). Mémoires sur le consulat (1799 à 1804). — Paris, 1827, 1 vol. in-8, dem. rel. bas. br.	1
«	309	**Thierry** (Augustin). Histoire de la conquête de l'Angleterre par les Normands, de ses causes et de ses suites jusqu'à nos jours, en Angleterre, en Ecosse, en Irlande et sur le continent. — Paris, Sautelet, 1826, 4 vol. in-8, dem. rel. v. vert.	4
		— Atlas de la conquête de l'Angleterre par les Normands. — 1 vol. in-4 oblong, dem. rel. v. vert.	1
«	310	**Thierry** (Augustin). Lettres sur l'histoire de France pour servir d'introduction à l'étude de cette histoire. — Paris, 1827, 1 vol. in-8, dem. rel. v. br.	1
«	287	**Thiers** (A.). La monarchie de 1830. — Paris, 1831. (*Recueil.*)	
A	48	**Thilus** (J. C.). Codex apocryphus novi testamenti è libris editis et manuscriptis collectus, notisque et prolegomenis illustratus. — Lipsiæ, Vogel, 1832, 1 vol. (tomus primus) in-8, dem. rel. v. f.	1
O	244	**Thomæ** magistri atticorum nominum eclogæ ex dispositione Nic. Blancardi animadversiones collegit partim digessitque J. Steph. Bernard, qui et suas notas adjecit, editionem curavit Carolus Jacobitz. — Lipsiæ, Hartmann, 1833, 1 vol. in-8, dem. rel. v. br.	1
«	1173	**Thomas.** Œuvres diverses. — Lyon, Périsse, 1767, 2 vol. in-12, bas. f.	2
U	43	**Thucydide.** Histoire grecque, accompagnée de la version latine, des variantes, d'observations historiques, littéraires et critiques, de cartes géographiques et d'estampes, par J. B. Gail. — Paris, Gail, 1807-1808.	
		— Texte grec-latin. — 4 vol.	
		— Notes et traduction. — 3 vol.	
		En tout : 7 vol. in-4 reliés en quatre, dem. rel. v. br.	4
«	189	**Thucydide** (fils d'Olorus). Histoire, traduite du grec par P. Charles Levesque. — Paris, Gail, 1795, 4 vol. in-8, bas. verte fil.	4
«	190	**Thucydide.** Histoire de la guerre du Péloponnèse, traduction française par Firmin Didot, avec des observations par de Brussy et Firmin Didot. — Paris, Firmin Didot, 1833, 4 vol. in-8, dem. rel. v. br.	4
«	191	**Thucydide.** La guerre du Péloponnèse, traduction en grec moderne par Néophyte Douka. — Vienne, 1805-1806, 10 vol. in-8, dem. rel. maroq. rouge. (Le titre du 1er vol. manque.)	10
«	192	**Thucydides.** The history of the Peloponnesian war, a new recension of the text (græcè), with an amended ponctuation accompanied with original notes critical, philological and	

Lettre du genre de l'ouvrage	Numéros des volumes	T	Nombre total des volumes
		exegetical, examination questions, indexes, etc..... by the rev. Bloomfield. — London, Longman, 1830, 3 vol. in-8, cartonnés.	3
U	42	**Thucydidis** de bello Peloponnesiaco libri VIII ad editionem Dukeri; accesserunt variæ lectiones, animadversiones, notæ, ediderunt Baverus et Beckius. — Lipsiæ, sumptibus Swickerti, 1790-1804, 2 vol. in-4, dem. rel. bas. f. (148)	2
O	411	**Tibulle.** Elégies, traduites par Mirabeau, avec 14 figures. — Paris, 1798, 3 vol. in-8, bas. f. fil.	3
«	412	**Tibulle.** Elégies, traduites en vers français par C. L. Mollevaut; 2me édition. — Paris, Fain, 1808, 1 vol. in-12 cartonné.	1
«	410	**Tibulli** (Albii) opera omnia ex editione Huschkii, cum notis et interpretatione in usum Delphini, variis lectionibus, notis variorum, recensu editionum et codicum et indice locupletissimo. — Londini. Valpy, 1822. 1 vol. in-8, dem. rel. maroq. rouge non rogné.	1
«	1174	**Tilladet** (abbé de). Dissertations sur diverses matières de religion et de philologie contenues en plusieurs lettres écrites par des personnes savantes de ce temps. — Paris, Léonard, 1712, 2 vol. in-12, bas. br.	2
I	123	**Timæi** sophistæ lexicon vocum Platonicarum, ex codice manuscripto Sangermanensi nunc primûm edidit atque animadversionibus illustravit David Ruhnkenius. — Lugduni Batavorum, Luchtmans, 1754, 1 vol. in-8. v. br. fil. tr. dor.	1
«	124	**Timée de Locres,** en grec et en français, avec des dissertations sur les principales questions de la métaphisique, de la phisique et de la morale des anciens, etc..... par le marquis d'Argens. — Berlin, Haude et Spener, 1763, 1 vol. in-8, v. f. fil.	1
O	245	**Tirocinii** linguæ græcæ pars prima. — (Paris, 1675.) 1 vol. in-12, bas. br. (Le titre manque.)	1
I	154	**Tissot** (docteur en médecine). Œuvres complètes, nouvelle édition précédée d'un précis historique sur la vie de l'auteur et accompagnée de notes par J. N. Hallé. — Paris, Allut, 1809, 5 vol. in-8, dem. rel. bas. f.	5
O	1152	**Tissot** (P. F.) successeur de M. Delille au collège de France; Réponse à un article du *Journal de Paris* du 14 février 1821, s. l. n. d. (*Recueil.*)	
I	160	**Tofanelli** (Augustin). Description des objets de sculpture et de peinture qui se trouvent au Capitole. — Rome, Mordacchini, 1821, 1 vol. in-12, dem. rel. v. br.	1
«	100	**Torombert.** Discours sur la dignité de l'homme. — Lyon, 1823. (*Recueil.*)	
U	404	**Torombert.** Éloge de C. A. Vouty de la Tour. — Lyon, Perrin, 1826. (*Recueil.*)	
«	286	**Torombert.** Plaidoyer en faveur des peuples. — Paris, Baudouin, 1825. (*Recueil.*)	
I	125	**Torombert** (Honoré). Principes du droit politique mis en opposition avec le contrat social de J. J. Rousseau; avec la réfutation du chapitre intitulé : *De la religion civile,* par M. Lanjuinais; suivis du texte entier du Contrat social. — Paris, 1825, 1 vol. in-8, dem. rel. v. br.	1

Lettre du genre de l'ouvrage	Numéros des volumes	T	Nombre total des volumes
O	246	**Toup** (Joannis) emendationes in Suidam et Hesychium et alios lexicographos græcos. — Oxonii, Clarendon, 1790, 4 vol. in-8, bas. f. racin. fil.	4
«	106	**Trangott**. De Homeri loco Iliadis lib. IV dissertatio (v. 231-309). — Lipsiæ, 1786. (*Recueil.*)	
		— Interpretatio allegoriæ Homericæ de errore et precibus. — Lipsiæ, 1784, (*Même recueil*).	
«	994	***Travenol** et **Mannory**. Voltariana ou éloges amphigouriques de Fr. Marie Arrouet, sieur de Voltaire, discutés et décidés pour sa réception à l'Académie française. — Paris, 1748, 1 vol. in-8, bas. f.	1
«	775	**Trellon** (sieur de). Le cavalier parfait où sont comprinses toutes ses œuvres (poésies) divisées en quatre livres; le tout dédié à Mgr le duc de Guise. — Lyon, Thibaud Ancelin, 1605, 1 vol. in-12, dem. rel. v. br.	1
«	247	**Trippault** (Léon, sieur de Bardis, conseiller au siège présidial d'Orléans). Celt'Hellenisme ou étymologie des mots français tirez du grec plus preuves en général de la descente de nostre langue. — Orléans, par Eloy Gibier, 1583, 1 vol. in-8, v. f. (149)	1
«	776	**Trippault** (Emmanuel, sieur de Linières, lieutenant particulier civil et criminel au siège royal de Neufville). Discours du siège d'Attila, roy des Huns, dit le fléau de Dieu, devant la ville d'Orléans en 455. — Orléans, Fremont, 1635. (Réimp. faite à Chartres, en 1832). 1 vol. petit in-8. dem. rel. v. bl.	1
«	1062	**Trognon** (Alphonse). Annuaire français ou journal de l'année 1825. — Paris, 1826, 1 vol. in-18, dem. rel. v. br.	1
		— Id. — année 1826. — Paris, 1827, 1 vol. in-18, dem. rel. v. br.	1
«	1175	**Trublet** (abbé). Essais sur divers sujets de littérature et de morale; édition à laquelle on a joint les réflexions du même auteur sur l'éloquence en général et sur celle de la chaire en particulier. — Amsterdam, 1762, 4 vol. in-12, bas. f.	4
«	414	**Tryphiodori** Ægypti grammatici excidium Trojæ, græcè et latinè, accedit interpretatio italica Ant. Mar. Salvini; varias lectiones et selectas adnotationes adjecit Mar. Bandinius. — Florentiæ, typis Cæsareis, 1765, 1 vol. in-8, v. f. fil.	1
«	415	**Tyrtæi** quæ supersunt omnia collegit, commentario illustravit, edidit Chr. Adolph. Klotzius. — Altenburgi, ex officinâ Richteriâ, 1767, 1 vol. in-8, v. f. fil. tr. dor.	1
«	416	**Tyrtée.** Les chants, traduits en vers français par Firmin Didot. — Paris, Firmin Didot, 1826, 1 vol. in-12, dem. rel. v. f.	1
«	93	**Tyrtée.** Les Messéniques, chants militaires, traduits en vers français par Firmin Didot. — Paris, Firmin Didot, 1831, 1 vol. in-4, dem. rel. v. br.	1
«	598	**Tzetzæ** (Joannis) antehomerica, homerica et posthomerica è codicibus edidit et commentario instruxit Frid. Jacobs. — Lipsiæ, Weidmann, 1793, 1 vol. in-8, dem. rel. bas. f.	1

Lettre du genre de l'ouvrage	Numéros des volumes	U	Nombre total des volumes
O	942	**Urfé** (Messire Honoré d'). L'Astrée, où, par plusieurs histoires et sous personnes de bergers et d'autres, sont déduits les divers effects de l'honneste amitié. — Rouen, Adrien Ovyn, 1616-1638, 5 vol. in-8, couv. parchemin.	5
		V	
O	1177	**Valerii Maximi** factorum dictorumque memorabilium libri IX, ex editione J. Kappii, cum notis et interpretatione in usum Delphini, variis lectionibus, notis variorum, recensu editionum et codicum. — Londini, Valpy, 1823, 2 vol. in-8, dem. rel. maroq. rouge, non rogné.	2
«	1176	**Valerius Maximus** cum selectis variorum observationibus et novâ recensione A. Thysii. — Lugduni Batavorum, Hack, 1670, 1 vol. in 8, rel. vélin.	1
«	990	**Valesiana** ou les pensées critiques, historiques et morales et les poésies latines de M. de Valois, recueillies par M. de Valois, son fils. — Paris, Delaulne, 1694, 1 vol. in-12, v. br.	1
«	991	**Valpoliana,** (texte anglais). — London, J. Scharpe, 1819, 1 vol. in-18, dem. rel. v. br.	1
I	100	**Van de Weyer.** Discours prononcé à l'ouverture du cours de l'histoire de la philosophie. — Bruxelles, Hayez, 1827. (*Recueil.*)	
O	75	**Vanierii** (Jacobi) dictionnarium poeticum ; secunda editio recognita atque emendata. — Lugduni, Bruyset, 1720, 1 vol. in-4, bas. f.	1
«	417	**Vanierii** (Jacobi) prædium rusticum ; nova editio. — Parisiis, Bordelet, 1756, 1 vol. in-12, v. br.	1
I	126	**Vannoz** (Madame de). Conseils à une femme sur les moyens de plaire dans la conversation, suivis de poésies fugitives. — Paris, Michaud, 1812, 1 vol. in-8, v. f. fil.	1
O	748	**Vannoz** (Madame de). Profanation des tombes royales de Saint-Denis en 1793, poème élégiaque. — Paris, Michaud, 1807. (*Recueil.*)	
		— Le vingt-et-un janvier, élégie. — Paris, Michaud, 1814. (*Recueil.*)	
I	151	**Vareliand.** Essai sur les monographies médicales. — Paris, Migneret, 1804. (*Recueil.*)	
O	249	**Varronis** de linguâ latinâ libri qui supersunt cum fragmentis ejusdem ; accedunt notæ Ant. Augustini, Adr. Turnebi, Jos. Scaligeri et Aus. Popinæ. — Biponti, 1788, 1 vol. in-8, bas. f. racin.	1
«	778	**Vasselier.** Poésies. — Paris, Louis, 1800, 1 vol. in-8, bas. f. fil.	1
«	779	**Vasselier.** Poésies. — Paris, Louis, 1800, 1 vol. in-8, v. f. fil. tr. dor.	1
		— Contes. — Londres, 1800, 1 vol. in-8, v. f. fil. tr. dor.	1

Lettre du genre de l'ouvrage	Numéros des volumes	V	Nombre total des volumes
O	250	**Vaugelas** (de). Remarques sur la langue française, utile à ceux qui veulent bien parler et bien escrire. — Paris, Joly, 1672, 1 vol. in-12, bas. br.	1
«	1178	**Vauvenargues.** Œuvres complètes, revues et augmentées ; accompagnées de notes et terminées par une table analytique des matières. — Paris, Delance, 1797, 2 vol. in-12, papier vélin, v. f. fil. tr. dor.	2
U	195	**Valleii Paterculi** historia romana, ex editione J. C. H. Krausii, cum notis et interpretatione in usum Delphini, variis lectionibus, notis variorum, recensu editionum et indicibus locupletissimis. — Londini, Valpy, 1822, 1 vol. in-8, dem. rel. maroq. rouge, non rogné.	1
«	194	**Velleius Paterculus** cum selectis variorum notis ; Antonius Thysius J. C. edidit et accuratè recensuit. — Lugduni Batavorum, ex officinâ Francisci Hackii, 1653, 1 vol. in-8, v. f. écail. fil. tr. dor.	1
«	311	**Velly, Villaret, Garnier, Dufau.** Histoire de France depuis l'établissement de la monarchie jusqu'au règne de Louis XIV. — Paris, Desaint et Saillant, 1763-1821, 38 vol. in-12, bas. f.	38
		— Histoire de la Gaule. — Paris, 1819, 1 vol. in-12, bas. f.	1
		N.-B. — Ce dernier volume doit servir d'introduction à l'histoire de France ci-dessus.	
O	251	**Vendel-Heyl.** Cours de thèmes grecs précédé d'une grammaire grecque. — Paris, Lenormant, 1830, 2 vol. in-8, dem. rel. v. br.	2
U	418	**Vergile** (Polydore). Les livres des inventeurs des choses, traduictz de latin en françois et de nouveau reveüz et corrigez. — A Paris, pour Jean Longis et Robert le Mangnier, 1561, 1 vol. petit in-12, maroq. rouge, fil. tr. dor.	1
«	297	**Vernay.** De la restauration de la monarchie ou la clémence de Louis XVIII. — Lyon, Pelzin. 1814. (*Recueil.*)	
O	747	**Vernet.** A la reine. — Paris, 1834. (*Recueil.*)	
«	252	**Verrii Flacci** quæ extant et Sexti Pompeii Festi de verborum significatione libri XX, ex editione Andreæ Dacerii cum notis et interpretatione in usum Delphini, variis lectionibus, notis variorum, recensu editionum et codicum et indicibus locupletissimis, accuratè recensiti. — Londini, Valpy, 1826, 3 vol. in-8, dem. rel. maroq. rouge non rogné.	3
U	196	**Vertot.** Histoire des révolutions arrivées dans le gouvernement de la république romaine. — Lyon, Bruyset, 1806, 2 vol. in-12, dem. rel. bas. verte.	2
O	780	**Viancin** (Charles). Les deux génies, hommage poétique à Mme Amable-Tastu. — Besançon, Houthenin-Chalandre, s. d. (183 ?) 1 brochure in-32.	1
«	747	**Viancin** (Charles). Les sapins. — Besançon, Daclin, 1826. (*Recueil.*)	
U	198	**Vico** (J. B.). Principes de la philosophie de l'histoire, traduits de la *Scienza nuova* et précédés d'un discours sur le système et la vie de l'auteur par Jules Michelet. — Paris, Renouard, 1827, 1 vol. in-8, dem. rel. v. br.	1
«	197	**Vico** (Giambattista). Principi di scienza nuova, colla vita dell'autore scritta da lui medesimo. — Napoli, presso Gaetano Eboli, 1811, 3 vol. in-8, dem. rel. bas. f.	3

Lettre du genre de l'ouvrage	Numéros des volumes	V	Nombre total des volumes
U	278	**Viennet** (J. P. G.). Opinion d'un Français sur l'acte additionnel. — Paris, 1815. (*Recueil.*)	
		— Opinion d'un homme libre sur la constitution proposée. — Paris, Delaunay, 1815. (*Recueil.*)	
I	102	**Vigarosy.** Considérations sur les brevets d'invention. — Castelnaudary, Labadie, 1829. (*Recueil.*)	
O	747	**Vigarosy.** Oswal ou la Vengeance. — Castelnaudary, Labadie, 1829. (*Recueil.*)	
«	253	**Vigeri** (Francisci) de præcipuis græcæ dictionis idiotismis libellus, editio novissima cum prioribus, et præsertim omnium prima, diligenter composita, inque locis quamplurimis emendata, curâ J. H. Lederlini. — Argentorati, impensis Lerse, 1788, 1 vol. petit in-8, rel. parchemin vert.	1
«	254	**Vigeri** (Francisci) de præcipuis græcæ dictionis idiotismis liber cum animadversionibus variorum et adnotationibus Godofr. Hermanni ; editio quarta auctior et emendatior. — Lipsiæ, Hahn, 1834, 1 vol. in-8, v. f. fil. tr. dor.	1
U	152	***Vignier** (Nic., le fils). Légende dorée ou sommaire de l'histoire des frères mendians de l'ordre de Dominique et de François, comprenant briefvement et véritablement l'origine, le progrez, la doctrine et les combats d'iceux, tant contre l'église gallicane principalement, que contre les papes et entr'eux-mêmes depuis quatre cens ans. — A Leyden, pour Jean le Maire, 1608, 1 vol. in-8, v. f.	1
O	1028	**Vigneul-Marville** (de) Bonard d'Argonne. Mélanges d'histoire et de littérature. — Paris, Claude Prud'homme, 1725, 3 vol. in-12, bas. br.	3
U	369	**Villemain.** Cours de littérature française. Examen des ouvrages de Thompson, Young, Hume, Robertson, Gibbon, Ossian, Beccaria, Filangieri et Alfieri. — 1 vol. in-8.	1
		— Tableau du XVIIIe siècle. — 2 vol.	2
		En tout : Paris, Pichon et Didier, 1828, 3 vol. in-8, dem. rel. v. br.	
«	409	**Villemain.** Eloge de Montaigne. — Paris, Firmin Didot, 1812. (*Recueil.*)	
O	1179	**Villemain.** Mélanges historiques et littéraires. — Paris, Ladvocat, 1827, 3 vol. in-8, dem. rel. v. br.	3
«	49	**Villoison** (d'Ansse de). Anecdota græca è regiâ Parisiensi et è Veneta S. Marci bibliothecis deprompta edidit. — Venetiis, Collet, 1781, 2 vol. in-folio, reliés en un, v. br.	1
«	781	**Villon** (Francoys, de Paris). Œuvres, reveües et remises en leur entier par Clément Marot, valet de chambre du Roy ; avec distique dudict Marot. — On les vend à Paris, en la grant salle du Palais, en la bouctique de Galiot du Pré, 1533, 1 vol. petit in-8, rel. vélin. (150)	1
«	782	**Villon** (François). Œuvres. — Paris, Coustelier, 1723, 1 vol. petit in-8, bas. f.	1
«	827	***Villon (?).** Le nouveau Pathelin, comédie en vers. — 1748, 1 vol. in-8, maroq. citron. fil.	1
«	429	**Virgile.** Bucoliques et Géorgiques, traduction nouvelle, avec le texte en regard et des remarques par J. B. Morin. — Paris, Brunot-Labbe, 1825, 1 vol. in-8, dem. rel. v. f.	1

Lettre du genre de l'ouvrage	Numéros des volumes	V	Nombre total des volumes
O	422	**Virgile.** Les Bucoliques, traduites en vers français par Bertholon de Pollet. — Paris, 1832, 1 vol. in-8, gros papier, v. br. fil.	1
«	427	**Virgile.** Les Géorgiques, traduites en vers français, avec le texte en regard et des remarques sur la traduction de Delille, suivies de la traduction en vers de la première églogue, par C. L. Mollevaut. — Paris, Langlois, 1832, 1 vol. in-18, dem. rel. v. br.	1
«	424	**Virgile.** Les Géorgiques, traduites en vers français par l'abbé Delille. — Paris, Bleuet, 1785, 1 vol. in-12, bas. f.	1
«	334	**Virgile.** L'Enéide, traduite en vers français par l'abbé Dellile. — Paris, Giguet et Michaud, 1804, 2 vol. in-8, v. f.	2
«	425	**Virgile.** L'Enéide, traduite en vers par Hyacinthe de Gaston, avec le texte et des notes. — Paris, Collin, 1808, 4 vol. in-12, bas. verte.	4
«	94	**Virgile.** L'Enéide, traduction de M. de Segrais. — Paris, 1668, 2 vol. in-4, v. f.	2
«	426	**Virgile.** L'Enéide, traduction de C. L. Mollevaut. — Paris, Carez, 1810, 2 vol. in-12, dem. rel. maroq. rouge.	2
«	428	**Virgile.** L'Enéide, traduction nouvelle avec le texte en regard et des remarques par J. B. Morin. — Paris, Brunot-Labbe, 1819, 2 vol. in-8, dem. rel. v. f.	2
«	423	**Virgile.** Œuvres, traduites en français, le texte vis-à-vis la traduction, par l'abbé Desfontaines. — Amsterdam, 1759, 2 vol. in-12, rel. v. f. fil.	2
«	1156	**(Virgilii)** Æneidos liber secundus cum selectis Heynii notis. — Metis, Devilly, 1809. (*Recueil.*)	
«	95	**Virgilii** opera cum integris et emendatioribus commentariis Servii, Philargyrii, etc..... ; accedunt variorum, præcipuè N. Heinsii, notæ quibus et suas animadversiones addidit P. Burmannus. — Amstelædami, Westein, 1746, 4 vol, in-4, bas. f. fil. (151)	4
«	418	**Virgilii** (Publii Maronis) opera, interpretatione et notis illustravit Carolus Ruæus, jussu Chr. regis ad usum ser. Delphini; nova editio. — Parisiis, Barbou, 1805, 3 vol. in-12, bas. br.	3
«	419	**Virgilii** (Publii Maronis) opera omnia, ex editione Heynianâ cum notis et interpretatione in usum Delphini, variis lectionibus, notis variorum, excursibus Heynianis, recensu editionum et codicum et indice locupletissimo. — Londini, Valpy, 1819, 7 vol. in-8, dem. rel. maroq. rouge non rogné.	7
«	421	**Virgilius** (Publius Maro), varietate lectionis et perpetuâ adnotatione illustratus a Gottl. Heyne ; editio tertia. — Lipsiæ, Fritsch, 1803, 4 vol. in-8, reliés en cinq tomes, dem. rel. maroq. rouge.	5
«	420	**Virgilius** collatione scriptorum græcorum illustratus, operâ et industriâ Fulvii Ursini; accesserunt L. G. Walkenarii epistolæ in diversa, etc.... — Leovardiæ, Coulon, 1747, 1 vol. in-8, dem. rel. v. br.	1
E	11	***Virieu** (A. de). Ebauche d'un cours préliminaire de droit naturel, ayant pour objet de ramener la morale et la politique à la loi de Dieu et de nature et aux maximes de l'Evangile. — Lyon, Barret, 1829, (tome I et tome IV). (*Recueil.*)	

Lettre du genre de l'ouvrage	Numéros des volumes	V	Nombre total des volumes
U	312	***Vitet** (L.). Les Barricades, scènes historiques, mai 1588. — Paris, Brière, 1826, 1 vol. in-8, dem. rel. v. br.	1
«	313	**Vitet** (L.). Les Etats de Blois ou la mort de M. M. de Guise ; scènes historiques, décembre 1588. — Paris, Ponthieu, 1827, 1 vol. in-8, dem. rel. v. vert.	1
«	314	**Vitet** (L.). La mort de Henri III, août 1589, scènes historiques, faisant suite aux *Barricades* et aux *Etats de Blois*. — Paris, H. Fournier, 1829, 1 vol. in-8, dem. rel. v. br.	1
O	944	**Voiart** (Madame Elise). La vierge d'Arduène, traditions gauloises ou esquisses des mœurs et des usages de la nation avant l'ère chrétienne. — Paris, Chasseriau, 1822, 1 vol. in-8, bas. br. racin.	1
«	1180	**Voiture** (M. de). Œuvres ; cinquiesme édition, reveüe, corrigée et augmentée. — Paris, 1657, 1 vol. petit in-12, v. br. fil. (152)	1
«	1181	**Voiture** (M. de). Œuvres ; nouvelle édition corrigée. — Paris, veuve Mauger, 1685, 2 vol. reliés en un, in-12, bas. br.	1
«	843	**Voltaire.** Adélaïde du Guesclin, tragédie en cinq actes et en vers. Paris, 1806. (*Recueil.*)	
«	1183	**Voltaire.** Lettres philosophiques. — Paris, Péronneau, 1818, 1 vol. in-12, dem. rel. bas. verte.	1
«	846	**Voltaire.** Mahomet ou le Fanatisme, tragédie en cinq actes et en vers. — Avignon, Bonnet, 1793. (*Recueil.*)	
«	1182	**Voltaire.** Œuvres complètes avec préfaces, avertissements, notes, etc..... de M. Beuchot. — Paris, Lefèvre, 1834, 70 vol. in-8, brochés.	70
«	1184	**Voltaire.** Œuvres complètes. — Paris. Imprimerie de la Société littéraire typographique, 1785, 71 vol. in-8, (édition piquée), bas. racin.	
		— Théâtre. — 9 vol.	9
		— Henriade. — 1 vol.	1
		— Poëmes. — 1 vol.	1
		— Histoire du Parlement. — 1 vol.	1
		— Contes et satires. — 1 vol.	1
		— Lettres en vers. — 1 vol.	1
		— Essais sur les mœurs. — 4 vol.	4
		— Siècle de Louis XIV. — 2 vol.	2
		— Siècle de Louis XV. — 1 vol.	1
		— Histoire de Charles XII. — 1 vol.	1
		— Histoire de Russie. — 1 vol.	1
		— Annales de l'empire. — 1 vol.	1
		— Epîtres. — 1 vol.	1
		— Mélanges historiques. — 2 vol.	2
		— Politique et législation. — 2 vol.	2
		— Physique. — 1 vol.	1
		— Philosophie. — 4 vol.	4
		— Dialogues. — 1 vol.	1
		— Dictionnaire philosophique. — 7 vol.	7

Lettre du genre de l'ouvrage	Numéros des volumes	V	Nombre total des volumes
		— Romans. — 2 vol.	2
		— Facéties. — 1 vol.	1
		— Mélanges littéraires. — 3 vol.	3
		— Commentaires sur Corneille. — 2 vol.	2
		— Correspondance générale. — 12 vol.	12
		— Id. — avec le Roi de Prusse. — 3 vol.	3
		— Id. — avec d'Alembert. — 2 vol.	2
		— Id. — avec l'Impératrice de Russie. — 1 vol.	1
		— Vie de Voltaire. — 1 vol.	1
		— Table des matières. — 2 vol.	2
O	783	**Voltaire.** Poésies. — Paris, J. Didot, 1823, 5 vol. in-8, dem. rel. v. br.	5
U	111	**Vosgien.** Dictionnaire géographique portatif, ou description des royaumes, provinces, villes, etc..... ; ouvrage traduit de l'anglais. — Paris, libraires associés, 1785, 1 vol. in-8, bas. f.	1
O	255	**Walchius** (J. E. J.). Introductio in linguam græcam. — Jenæ, Croecker, 1772, 1 vol. in-8, dem. rel. bas. f.	1
U	297	**Waldbourg-Truchsess** (le comte de). Réponse à la lettre d'un Français au roi, nouvelle relation de l'itinéraire de Napoléon, de Fontainebleau à l'isle d'Elbe. — Paris, 1815. (*Recueil.*)	
«	423	**Walkenaer** (C. A.). Histoire de la vie et des ouvrages de J. de La Fontaine. — Paris, Nepveu, 1820, 1 vol. in-8, dem. rel. v. f.	1
O	137	**Walkenarii** (L. C.) diatribe in Euripidis perditorum dramatum reliquias. — Lugduni Batavorum, 1767. (N° à double emploi, voy. Euripidis.)	
«	248	**Walkenarii** (L. C.) observationes academicæ, quibus via munitur ad origines græcas investigandas, lexicorumque defectus resarciendos ; et J. Dan. Lennep prælectiones academicæ, de analogiâ linguæ græcæ, sive rationum analogicarum linguæ græcæ expositio ; recensuit suasque animadversiones adjecit Everardus Scheidius. — Trajecti ad Rhenum, Paddenburg, 1805, 1 vol. in-8, cartonné.	1
«	210	**Wandelincourt.** Méthode raisonnée pour apprendre la langue latine très-facilement et en peu de temps. — Paris, Durand, 1785, 1 vol. in-12, cartonné.	1
I	127	**Warburton.** Dissertation sur l'union de la religion, de la morale et de la politique. — Londres, Darrés, 1742, 2 vol. in-12, v. f. racin.	2
O	601	**Weise** (C. H.) Veber das studium des Homer und sein bedentung für unser Zeitalter. — Leipsig, Fleischer, 1826, 1 vol. in-8, dem. rel. v. br.	1
«	256	**Weiske** (Benjamin). Pleonasmi græci sive commentarius de vocibus quæ in sermone græco abundare dicuntur. — Lipsiæ, Barth, 1807, 1 vol. in-8, dem. rel. v. br.	1
U	32	**Wesselingiæ** (P.) curante. Vetera Romanorum itineraria sive Antonini Augusti itinerarium, cum notis variorum. — Itinerarium Hierosolymitanum et Hieroclis grammatici synecdemus. — Amstelædami, Wetsten, 1735, 1 vol. in-4, bas. br.	1

Lettre du genre de l'ouvrage	Numéros des volumes	V	Nombre total des volumes
O	257	**Wolfgangi** (Seberi Sulani) index vocabulorum in Homeri Iliado atque Odysseâ cæterisque quotquot extant poematis. — Oxonii, Clarendon, 1780, 1 vol. in-8, rel. v. f.	1
«	130	**Wolfgangi** (Seberi) index vocabulorum in Homeri non tantùm Iliade atque Odysseâ, sed cæteris etiam quotquot extant poematis, cum rerum, epithetorum et phrasium insigniorum annotatione. — S. l. Commelin, 1604, 1 vol. petit in-4, dem. rel. v. br.	1
«	603	**Wolfii** (Fred. Aug.) prolegomena ad Homerum sive de operum Homericorum priscâ et genuinâ formâ variisque mutationibus et probabili ratione emendandi. — Halis Saxonum, 1795, 1 vol. in-8, dem. bas. f. (Nº à double emploi, voy. Snedorf.)	1
«	602	**Wolfii** (Fred. Aug.) prolegomena ad Homerum sive de operum Homericorum priscâ et genuinâ formâ variisque mutationibus et probabili ratione emendandi. — Halis Saxonum, 1795, 2 vol. in-8, v. rouge, fil. dor. s. tr. N. B. — L'Iliade est à la suite des prolégomènes et remplit la deuxième moitié du tome I et le tome II.	2
«	604	**Wood** (Robert). An essay of the original genius and writings of Homer, with a comparative view of the ancient and present state of the Troade. — London, Richardson, 1824, 1 vol in-8, cartonné, non rogné.	1
«	605	**Wood** (Robert). Essai sur le génie original d'Homère, avec l'état actuel de la Troade comparé à son état ancien, traduit de l'anglais par (Démeunier).) — Paris, Debure, 1777, 1 vol. in-8, bas. f.	1

Lettre du genre de l'ouvrage	Numéros des volumes	X	Nombre total des volumes
I	155	**Xenocratis** et **Galeni** de aquatilium esu libri, græcè, edidit Coray. — Paris, Eberhart, 1814, 1 vol. in-8, dem. rel. v. violet.	1
«	129	**Xénophon.** Du commandement de la cavalerie ; traduction française avec le texte grec par P. L. Courier. — Paris, 1812, 1 vol. in-8, dem. rel. v. vert.	1
U	203	**Xénophon.** Expédition de Cyrus dans l'Asie supérieure et la Retraite des Dix mille, traduite du grec avec des notes historiques, géographiques et critiques par M. Larcher. — Paris, Debure, 1778, 2 vol. in-12, bas. f.	2
«	203 bis	— Id. — ..... ibid..... 2 vol. in-12, v. br. écail.	2
I	128	**Xénophon.** Hiéron ou portrait de la condition des rois, en grec et en français, de la traduction de Pierre Coste. — Amsterdam, Henri Schelte, 1711, 1 vol. petit in-8, v. br. fil.	1
U	202	**Xénophon.** La Cyropédie ou histoire de Cyrus, traduite du grec par M. Dacier. — Paris, Moutard, 1777, 2 vol. in-12, v. br.	2
«	44	**Xénophon.** Œuvres complètes, traduites en français et accompagnées du texte grec, de la version latine, de notes critiques, des variantes, d'estampes, de plans de batailles, de cartes géographiques, etc..... par J. B. Gail. — Paris, imp. roy. et impériale, 1815, 8 vol. reliés en 11 tomes in-4, dem. rel. v. br.	11
«	205	**Xenophon.** The Anabasis, (græcè), chiefly according to the texte of Hutchinson, with explanatory notes and illustrations of idioms from viger, examination questions and copious indexes by F. C. Belfour. — London, Baldwin, 1830, 1 vol. in-8, cartonné.	1
«	206	**Xenophon.** The Cyropedia, chiefly from the text of Dindorf, with notes critical and explanatory, from various men, accompanied by the editor's comments to which are added examination questions and copious indices by E. Barker. — London, Baldwin, 1831, 1 vol. in-8, cartonné.	1
«	199	**Xenophontis** de Cyri institutione libri octo, græca recognovit, plurimis in locis emendavit, versionem latinam reformavit, observationibus suis tabulâque geographicâ auxit et illustravit, notas variorum adjunxit Thomas Hutchinson. — Londini, Bettenham, 1756, 1 vol. in-8, v. f.	1
«	200	**Xenophontis** opera, græcè et latinè, ex recensione Edvardi Wells, accedunt dissertationes et notæ virorum doctorum curâ Car. Thieme, cum præfatione Ernesti. — Lipsiæ, Gleditsch, 1763-1764, 4 vol. in-8, dem. rel. bas. f.	4
«	201	**Xenophontis** quæ extant, ex librorum scriptorum fide et virorum doctorum conjecturis, recensuit et interpretatus est Jo. Gottlob. Schneider. — Lipsiæ, Hahnian, 1815-1829, 6 vol. in-8, dem. rel. v. br.	6

Lettre du genre de l'ouvrage	Numéros des volumes	Z	Nombre total des volumes
O	258	**Zalikoglos** (Q.). Lexicon gallicæ linguæ (en grec moderne). — Parisiis, Eberhart, 1809, 1 vol. in-8, dem. rel. maroq. rouge.	1
U	208	**Zosimi** historiæ, græcè et latinè, recensuit, notis criticis et commentario historico illustravit Jo. Frid. Reitemeier ; ad calcem subjectæ sunt animadversiones nonnullæ Heynii. — Lipsiæ, Weidmann, 1784, 1 vol. in-8, rel. vélin.	1
«	208 bis	— Id. — bas. f. racin.	1
O	747	**Zuntz** (Ch.). Strophes poétiques. — 1830. (*Recueil.*)	

Lettre du genre de l'ouvrage	Numéros des volumes	OUVRAGES SANS NOMS D'AUTEURS	Nombre total des volumes
A	15	**Abrégé** du nouveau Testament, suivi de prières chrétiennes. — Paris, Gratiot, 1825, 1 vol. in-12, bas. f. racin.	1
O	1054	**Académie** des sciences, belles-lettres et arts de Besançon. Séance publique du 28 janvier 1830 et 1832, du 24 août et 28 janvier 1833, du 24 août et 28 janvier 1828, 28 janvier 1829 et 28 janvier 1831. — 3 vol. in-8, dem. rel. v. br.	3
U	113	**Alexandre** le Grand d'après les auteurs orientaux, par G. A. M*** citoyen grec ; (extrait de son cours fait à Genève en 1828). — Genève, Cherbuliez, 1828, 1 vol. in-8, broché.	1
«	211	**Almanach** historique et politique de la ville de Lyon et du département du Rhône pour l'an de grâce 1834. — Lyon, Rusand, 1 vol. in-8, bas. f.	1
O	304	**Analecta** veterum poetarum græcorum editore Rich. Fr. Phil. Brunck. — Argentorati, apud Jo. Gothofr. Bauer, 1776, 3 vol. in-8, v. f. fil.	3
«	176	**Analogiâ** (de) contractionum linguæ græcæ regulæ generales, præmissæ sunt nominum declinationes et adjectæ regulæ de temporibus formandis, in usum Tironum juniorum classis grœcæ in academiâ Glasguensi. — Glasguæ, R. et A. Foulis, 1759, 1 vol. in-8, v. f.	1
«	948	**Aneries révolutionnaires** ou balourdisiana, bourdisiana, etc..... anecdotes de nos jours recueillies et publiées par Cap..... L..... — Paris, Capelle, an x, 1 vol. in-18, bas. f. N. B. — Le nom de l'auteur, ou plutôt du rhapsode de ces anecdotes (Cap.....L.....), serait-il le même que celui de l'imprimeur ou du libraire cité plus bas? Nous sommes porté à le croire.	1
I	130	**Annuaires** du bureau des longitudes pour 1831, 1833 et 1834. — 3 vol. in-18, brochés.	3
O	949	**Anonimiana** ou mélanges de poésies, d'éloquence et d'érudition. — Paris, Nicolas Pépie, 1700, 1 vol. in-12, bas. br.	1
«	306	**Anthologia** græca ad fidem codicis olim Palatini, nunc Parisini, ex apographo Gothano edita, curavit, epigrammata in codice Palatino desiderata et annotationem criticam adjecit Fridericus Jacobs. — Lipsiæ, Hertelius-Breitkopfianis, venditur in librariâ Dyckianâ, 1813-1817, 4 vol. in-8, dem. rel. cuir de Russie, non rogné.	4
«	878	**Aresta** amorum LI accuratissimis Benedicti Curtii Symphoriani commentariis ad utriusque juris rationem forensiumque actionum usum quàm accuratissimè accommodata, etc..... — Lugduni, apud Seb. Gryphium, 1546, 1 vol. petit in-8, v. br.	1
«	435	**Arlequin**, défenseur d'Homère, pièce d'un acte par M. F***, représentée à la foire de St-Laurent, en 1715. — 1 vol. in-12, dem. rel. v. br. N. B. — Cette pièce a été composée à l'occasion de la fameuse querelle qu'il y avait dans ce temps entre les auteurs au sujet d'Homère.	1
«	616	**Bailleux** (les) des ordures du monde. — Rouen, Couturier, (réimp. à Chartres en 1832), 1 vol. petit in-8, dem. rel. v. br.	1
A	1	**Biblia sacra** cum universis Franc. Vatabli et variorum interpretum annotationibus; latina interpretatio duplex est, altera vetus, altera nova. — Parisiis, sumptibus Societatis, 1729, 2 vol. in-folio, v. f. racin.	2

Lettre du genre de l'ouvrage	Numéros des volumes	OUVRAGES SANS NOMS D'AUTEURS (suite).	Nombre total des volumes
A	8	**Biblia sacra** vulgatæ editionis Sixti V Pont. Max. jussu recognita et Clementis VIII auctoritate edita, distincta versiculis. — Lugduni, Fr. Bruyset, 1743, 1 fort vol. in-4, bas. f.	1
O	954	**Carnavaliana et Caremiana** ou variétés sur le carême et le carnaval, bons mots, anecdoctes plaisantes, chansons, etc..... ornées d'une scène de carnaval. — Bacchopolis et Paris, 1 vol. in-12, cartonné rouge.	1
U	334	**Catalogue** des livres de la bibliothèque de C. L. F. Andry. — Paris, Debure, 1830, 1 vol. in-8, dem. rel. v. br.	1
«	335	**Catalogue** des livres de la bibliothèque de Barbier de Neuville. — Paris, Debure, 1822. 1 vol. in-8, bas. br.	1
«	336	**Catalogue** des livres de jurisprudence, d'économie politique, de finance et d'administration composant la bibliothèque actuelle de la Chambre des députés. — Paris, Firmin Didot, 1833, tome 1er, in-8, broché.	1
«	337	**Catalogue** des livres de la bibliothèque de Clavier. — Paris, Debure, 1818, 1 vol. in 8, dem. rel. bas. f.	1
«	338	**Catalogue** des livres rares et précieux de la bibliothèque de M. Coulon. — Paris, Debure, 1829, 1 vol. in-8, dem. rel. v. br.	1
«	339	**Catalogues.** — Notice des livres composant la bibliothèque de M. Duport (Paris, 1833). — Catalogue des livres imprimés et manuscrits de M. Gay, architecte (Lyon, 1833). — Catalogue des livres de M. G*** et Houil (Paris). — Catalogue des livres de M. le vicomte D. V. (1833). — Catalogue de très-beaux livres de M. l'abbé Thibault (Paris, 1833). — Catalogue des livres de feu M. le baron Dacier (1833). — 1 vol. in-8, dem. rel. bas. br.	1
«	340	**Catalogues.** — Catalogue des livres de feu M. P. F. J. Gosselin (Paris, 1830). — Catalogue des livres de M. A. M. L. D. de Nantes (Paris, 1830). — Notice de la bibliothèque de feu Paulin Crassons (Paris, 1830). — Catalogue des livres de M. le baron de M*** (1831). — Catalogue des livres de feu de la Mésangère. — Catalogue d'un choix de livres et de pièces sur la Révolution, provenant de M. Lomont (Paris, 1831). — 1 vol. in-8, dem. rel. bas. br.	1
«	341	**Catalogues.** — Notice du cabinet de feu Hédoin (1826). — Catalogue des livres de M. Boucher de la Richarderie (Paris, 1826). — Catalogue des livres de M*** (1826), — de feu le baron de Panpenheim, — de feu le comte de Belderbuch, — de M*** (1826), — de feu M. Liénard (1827), — de M*** (1827). — 1 vol. in-8, dem. bas. br.	1
«	343	**Catalogue** des livres de la bibliothèque de M. Millin. — Paris, Debure, 1819, 1 vol. in-8, dem. rel. bas. f.	1
«	344	**Caatalogue** des livres rares et précieux, des manuscrits, etc..... de la bibliothèque de M. Paignon-Dijonval. — Paris, Debure, 1822, 1 vol. in-8, bas. br.	1
«	345	**Catalogues.** — Catalogue des livres composant le cabinet de M. Revoil (1834). — Notice de bons livres de feu Jean de Bray (1834). — Catalogue des livres de feu le baron Marchand (1834). — Catalogue des livres de M*** (1834). — Catalogue des livres de J. J. et M. J. de Bière (1834). — Catalogue des livres de feu M. Thurst (1832). — Catalogue des livres de M. R*** (1834). — 1 vol. in-8, dem. rel. bas. br.	1

Lettre du genre de l'ouvrage	Numéros des volumes	OUVRAGES SANS NOMS D'AUTEURS (suite).	Nombre total des volumes
U	346	**Catalogues.** — Catalogue des livres de feu M. de Verdun (1822). — Deuxième supplément au catalogue de feu M. Barbier de Neuville. — Catalogue des livres de feu M. Quentin (1823). — Catalogue des livres de Ch. Webb, — de M. Boulouvert, (1823), — de M. Albert Goujon (1823), — de M. Dussault (1824), — de M*** (1825). — 1 vol. in-8, dem. rel. bas. br.	1
«	348	**Catalogue** des livres de la bibliothèque de feu M***. — Paris, Debure, 1820, 1 vol. in-8, dem. rel. bas. f.	1
«	349	**Catalogue** des livres rares et précieux, des manuscrits et ouvrages imprimés sur vélin de la bibliothèque de M***. — Paris, Debure, 1821, 1 vol. in-8, dem. rel. bas f.	1
«	350	**Catalogue** des livres de feu M*** (1832), — de M. le comte D*** F***, — de M. A*** B***, de Lyon, — de M. Leclerc (1832), — des vieux livres de M. de B*** (1832), — de feu M. Martin (1832). — 1 vol. in-8, dem. bas. f.	1
O	1078	**Catalogue** raisonné des coquilles et autres curiosités naturelles (Paris, 1736). — Projet d'une histoire de la ville de Paris sur un plan nouveau (Harlem, 1739). — Nouvelle astronomie du Parnasse français ou l'apothéose des écrivains vivants (Au Parnasse, 1740). — Addition à la dissertation critique sur l'Iliade d'Homère, par l'abbé Terrasson (Paris, 1716). — Lettre de l'abbé d'Olivet au président Bouhier (Paris, 1739). — 1 vol. in-12, v. f.	1
E	1	**Code** civil des Français. — Paris, imp. de la République, 1804, 1 vol. in-4, bas. f. racin.	1
U	47	**Collection** du *Bulletin de Lyon*. — Lyon, Ballanche, 1802-1809, 7 vol. in-4, dem. rel. bas. br.	7
«	225	**Collection** de chroniques nationales françaises, écrites en langue vulgaire, du XIIIe au XVIe siècle, avec notes et éclaircissements par J. A. Buchon. — Paris, Verdière, 1825-1829, 48 vol. in-8, dem. rel. bas. br. N. B. — Cette collection contient les auteurs et les ouvrages suivants : Chastelain, 3 vol. — Conquête de Constantinople (Joinville), 1 vol. — Ducange, 2 vol. — Froissart, 16 vol. — Godefroy de Paris, 1 vol. — G. Guiart, 2 vol. — Molinet, 5 vol. — Monstrelet, 15 vol. — Mantaner, 2 vol. — Villehardouin, 1 vol.	48
«	226	**Collection** de mémoires relatifs à la révolution d'Angleterre. — Paris, Pichon, 1827, 25 vol. in-8, dem. rel. v. br.	25
O	447	**Comparaison** des poëmes d'Homère et de Virgile, (troisième édition). — Paris, Claude Barbin, 1664, 1 vol. in-12, bas br.	1
E	2	**Compte** général de l'administration de la justice criminelle en France pendant l'année 1831. — Paris, imp. roy. 1832, 1 vol. in-4, broché.	1
«	«	— Id. — 1830-31. — 1 vol. in-4, broché.	1
U	14	**Compte moral** des hôpitaux civils de Lyon pour l'année 1829. Lyon, Brunet, 1831, 1 vol. in-folio, cartonné.	1
«	231	**Compte-rendu** des travaux de la Société d'agriculture de Lyon. (1814-15, 1825-27, 1831). 1 vol. in-8, dem. rel. bas. f.	1
A	11	**Concordantiæ** sacrorum bibliorum vulgatæ editionis ad recognitionem, jussu Sixti V, bibliis adhibitam recensitæ atque emendatæ a Francisco Luca, nunc verò secundum Huberto Phalesio, etc..... — Coloniæ Agrippinæ, apud Balthasarum ab Egmond, 1684, 1 vol. in-8, v. br.	1

Lettre du genre de l'ouvrage	Numéros des volumes	OUVRAGES SANS NOMS D'AUTEURS (suite).	Nombre total des volumes
U	232	**Consolations** (les) de la France par M. F. — Lyon, Ballanche, 1818, 1 vol. in-8, dem. rel. v. br.	1
O	22	**Corpus** omnium veterum poetarum latinorum tàm prophanorum quàm ecclesiasticorum cum eorum, quotquot reperiuntur, fragmentis. — Londini, Prostant verò Hagæ comitum apud Isaacum Vaillant, 1721, 2 vol. in-folio, bas. f.	2
«	1089	**Courrier** (le) des Salons ou l'ami des beaux-arts. — Paris, 1818, n° I à XX (complet), 1 vol. in-8, dem rel. bas. f.	1
«	1011	**Critica** miscellanea curiosa in duos animadversionum sexagenarios divisa, in quibus varia, scriptorum ævi hujus aliquorum, loca observantur, tanguntur et elucidantur ; pandit liber hic variam eruditionis ac curiositatis segetem et multa tàm philologica quàm historica evolvit, non minùs jucunditate quàm utilitate dotatus, in publicam lucem prodiit, accurante J. H. K. P. E. M. D. — Francofurti, Philippus Fievetus, 1692, 1 vol. in-8, v. br. fil.	1
«	2	**Dictionnaire** de l'Académie française, revu, corrigé et augmenté (cinquième édition). — Paris, Smits, an VII, 2 vol. in-folio, dem. rel. bas. f.	2
«	69	**Dictionnaire** (nouveau) français, composé sur le dictionnaire de l'Académie française. — Lyon, Delamollière, 1793, 2 vol. in-4, dem. rel. bas. f. non rogne. N. B. — Cet exemplaire contient des notes mss. de Dugas-Montbel.	2
«	221	**Dictionnaire** (nouveau) français-italien, d'après les meilleures éditions d'Alberti, etc..... — Venise, Pierre Bernardi, 1811, 2 forts vol. in-8, cart. non rognés.	2
«	70	**Dictionnaire** (nouveau) français-allemand et allemand-français à l'usage des deux nations. — Strasbourg, Aman Kœnig, 1810, 2 vol. in-4, bas. racin. fil.	2
I	146	**Dictionnaire** (nouveau) d'histoire naturelle appliquée aux arts, à l'agriculture, à l'économie rurale et domestique, à la médecine par une société de naturalistes et d'agriculteurs. — Paris, Deterville, 1816-1819, 36 vol. in-8, dem. rel. bas. f.	36
O	608	**Doctrinal** des nouveaulx mariez (réimp. à Chartres, 1832).	
«	«	**Doctrinal** des nouvelles mariéez, (réimp. à Chartres, 1832). — (N° à double emploi, voy. Maximien).	
«	672	**Doctrinal** (le) des nouveaulx mariez, (pièce de vers du XVIe siècle), réimprimée à Chartres par Garnier en 1832. — 1 vol. petit in-8, dem. rel. v. bleu.	1
«	673	**Doctrinal** (le) des nouvelles mariéez, (pièce de poésie du XVIe siècle, réimp. à Chartres en 1832 par Garnier. — 1 vol. petit in-8, dem. rel. v. br.	1
«	677	**Elégies** par M***. — Paris, Delaunay, 1816, 1 vol. in-12, bas. vert. fil.	1
I	14	**Enquête** sur les sucres. — 1829, 1 vol. in-4, broché.	1
«	13	**Enquête** sur les fers. — 1829, 1 vol. in-4, broché.	1

Lettre du genre de l'ouvrage	Numéros des volumes	OUVRAGES SANS NOMS D'AUTEURS (suite).	Nombre total des volumes
O	102	**Errores** Ulyssis adumbrati à S. Martino ut in Regiâ fontisbellaquæ spectantur, a Nicolao depicti et in æs incisi à Theodoro Van-Tulden unà cum argumento et interpretatione morali cujuslibet fabulæ. — Parisiis, apud Melchiorem Tavernier, 1634, 1 vol. in-4, cartonné.	1
«	948	**Esprit** de Sophie Arnould ou choix de ses bons mots. — Paris, Louis, 1820.	
I	15	**Etat** des pensions de la marine, accordées depuis le 1er janvier 1832, jusqu'au 31 décembre de la même année. — Paris, imp. roy. 1833, 1 vol. in-4, broché.	1
E	4	**Examen** de la procédure criminelle, instruite à Saint-Leu, à Pontoise et devant la Cour royale de Paris, sur la cause et les circonstances de la mort de S. A. R. le duc de Bourbon, prince de Condé. — Paris, Plassan, 1832, 1 vol. in-8, dem. rel. v. violet.	1
U	134	**Examen** impartial du jésuitisme ancien et moderne. — Lyon, 1828, 1 vol. in-8, dem. rel. v. br. (Manque.)	0
O	680	**Fables**, en vers, du XIIIe siècle, publiées pour la première fois d'après un manuscrit de la bibliothèque de Chartres, (publ. par Duplessis). — Chartres, Garnier, 1834.	
«	«	— Le dit de droit, pièce en vers du XIIIe siècle (publ. par Duplessis). — Chartres, Garnier, 1834.	
«	«	— Ode sacrée de l'Eglise françoise sur les misères de ces troubles huictièmes depuis vingt-cinq ans en çà. — 1586. (Réimp. moderne de 183?)	
«	«	— La complainte de France. — 1568, (imprimé nouvellement, 183?).	
«	«	— S'ensuyt le testament de taste vin, roy des pieus. — Orléans, P. Guyot, 1829, (réimp. gothique.)	
		En tout : 1 vol. in-8, dem. rel. maroq. violet non rogné.	1
«	683	**Fagot** (le) d'épines ou recueil de couplets mordans, piquans, galans, etc..... volés à droite et à gauche. — Paris, chez le Receleur, 1801, 1 vol. petit in-12, dem. rel. v. br.	1
«	684	**Farce** (la) des théologastres à six personnages. — Lyon, nouvellement imprimé, jouxte la copie, 1830, 1 vol. in-8, papier vélin, cart.	1
«	685	**Farce** (la) joyeuse de Martin Baton qui rabbat le caquet des femmes et est à cinq personnages. — Rouen, Jean Oursel, (réimp. de 18??) 1 vol. in-8, dem. rel. v. f. papier vélin.	1
«	685 bis	**Farce** (la) joyeuse de Martin Baton qui rabbat le caquet des femmes et est à cinq personnages. — Rouen, Jean Oursel, (réimp. de 18??) 1 vol. in-8, dem. rel. v. bl. papier bleu.	1
«	687	**Folies** (les) d'un homme sérieux ou petits vers d'un inconnu. — Paris, Colas, 1820, 1 vol. in-18, bas. f. racin.	1
«	1103	**Fragments**. — Paris, A Renouard, 1819, 1 vol. in-18, cuir de Russie, fil. tr. dor.	1
«	1104	**France** (la) littéraire, revue périodique. — Paris, 1832-1834, 15 vol. in-8, dem. rel. v. vert.	15

Lettre du genre de l'ouvrage	Numéros des volumes	OUVRAGES SANS NOMS D'AUTEURS (suite).	Nombre total des volumes
U	61	**Francisci I,** imperatoris augusti, patriæ parentis, festum natalitium in instituto theologico Augustanæ nec non Helveticæ confessioni addictorum Vindobonensi piis devot sque animis celebrandum indicunt ejusdem instituti director et professores. Inest commentatio historico-critica de rhapsodis. — Vindobonæ, Ant. Strauss, 1824, 1 vol. in-4, dem. rel. v. br.	1
I	158	**Galerie** impériale et royale de Florence; édition ornée de planches de la Vénus des Médicis, de celle de Canova et de l'Apollon. — Florence, Albizzi, 1823, 1 vol. in-12, dem. rel. v. br.	1
O	464	**Galleria** Omerica o raccolta di monumenti antichi esibita del cav. Fr. Inghirami per servire allo studio dell'Iliade et dell'Odyssea. — 1827-1831, 2 vol. in-8, en livraisons.	2
U	89	**Geographiæ** veteris scriptores græci minores cum interpretatione latinà, dissertationibus ac annotationibus. — Oxoniæ, 1698, 4 vol. in-8, maroq. rouge, fil. tr. dor.	4
O	145	**Globe** (le), journal philosophique et littéraire. — Paris, 1824-1829, 7 vol. in-4, dem. rel. v. br.	7
«	9	**Glossaria** duo, è situ vetustatis eruta: ad utriusque linguæ cognitionem et locupletationem perutilia, item de atticæ linguæ seu dialecti idiomatis, comment. Henr. Stephani utraque nunc primùm in publicum prodeunt. — 1573, excudebat Henr. Stephanus, 1 vol. in-4, rel. vélin.	1
«	234	**Grammatici** prisciani Cæsariensis libri omnes. — Venetiis, in ædibus Aldi et Asulani, 1527, 1 vol. grand in-8, dem. rel. maroq. noir.	1
U	62	**Histoire et Mémoires** de l'Académie royale des Inscriptions et Belles-Lettres depuis son établissement. — Paris, Imp. roy. 1717 à 1808, 50 vol. bas. br. in-4. (N° à double emploi, voy. Delaverdy.)	50
«	63	**Histoire et Mémoires** de l'Académie des Inscriptions et Belles-Lettres, (classe d'histoire et de littérature ancienne de l'Institut). — Paris, Imp. roy. 1815-1831, 9 vol. in-4, broch. et cart.	9
«	73	**Histoire littéraire** de la France, où l'on traite de l'origine et du progrès, de la décadence et du rétablissement des sciences parmi les Gaulois et parmi les François; du goût et du génie des uns et des autres pour les lettres en chaque siècle; de leurs anciennes écoles, etc.....; avec des éloges historiques, par des religieux bénédictins de la congrégation de Saint-Maur. — Paris, 1733-1832, 17 vol. in-4, v. f. racin fil. (le 17e broché).	17
O	560	**Iliade** (l') ou l'embrasement de Troye, tragédie. — Saint-Pétersbourg, 1724, 1 vol. in-8, bas. br.	1
«	559	**Iliade** (l') travestie par une société de gens de lettres, de savants, de magistrats, etc..... — Paris, Ledoyen, 1831, 1 vol. in-32, dem. rel. v. br.	1
A	25	**Imitatione** (de) Christi, editio nova. — Aureliæ, Chevillon, 1784, 1 vol. in-16, v. f. écail. fil. tr. dor.	1

Lettre du genre de l'ouvrage	Numéros des volumes	OUVRAGES SANS NOMS D'AUTEURS (suite).	Nombre total des volumes
A	26	**Imitatione** (de) Christi libri quatuor ad germanam lectionem reducti, juxtâ editionem Rosweydianam ad fidem autographi anni 1441 recensitam. — Parisiis, Barbou, 1789, 1 vol. v. f. fil. tr. dor.	1
U	93	**Itinéraire** classique de l'Italie contenant des instructions sur la manière de voyager, l'indication des relais de poste, la topographie ou description des vues, sites, etc..... — Paris, H. Langlois, 1823, 1 vol. in-12, dem. rel. v. br.	1
O	1110	**Journal de lecture.** — Stasbourg, 1783, 1er vol. v. f. racin. N. B. — Ce volume contient le commencement du tome 2 et entr'autres pièces le poème des jardins, de J. Delille.	1
U	246	**Journal** d'un déporté non jugé ou déportation en violation des lois, décrétée le 18 fructidor (an v) 1797. — Paris, Firmin Didot, 1834, 2 vol. in-8, broché.	2
O	151	**Journal des savants.** — Paris, Imp. roy., 1816-1856, 44 vol. in-4, dem. rel. bas. f. — 1 en livraisons.	44
«	199	**Langue** (la) latine mise à la portée de tout le monde par la version mot à mot ou recueil d'auteurs classiques en vers et en prose, avec double traduction : littérale et française ; (vol. contenant Cornélius Nepos). — Lyon, Périsse, 1790, 1 vol. in-12, bas. f.	1
U	252	**Lettre** à Ch. Emmanuel Saltel, (en grec moderne). — Paris, 1818, Firmin Didot, 1 vol. in-12, dem. rel. v. bl.	1
O	567	**Lettre** au sujet du spectacle des avantures d'Ulysse, à son retour du siège de Troye, jusqu'à son arrivée en Itaque, tiré de l'Odissée d'Homère, ouvert au palais des Tuileries, dans la salle des machines, au mois de mars 1741, inventé par le chevalier Servandoni. — Paris, Prault fils, 1741, 1 vol. in-8, dem. rel. v. br.	1
U	15	**Lettre** (manuscrite autographe) à Dugas-Montbel par les auteurs de la requête au conseil municipal de Lyon sur un entrepôt général des liquides. — Lyon, 1833, 1 broch. in-folio.	1
«	253	**Lettres** et documents officiels relatifs aux derniers événements de la Grèce qui ont précédé et suivi la mort du comte Capodistrias, jusqu'au 31 octobre 1831. — Paris, Didot, 1831, 1 vol. in-8, dem. rel. v. f.	1
O	203	**Linguæ græcæ** institutiones grammaticæ. — Edinburgi, Ruddimannix, 1725, 1 vol. in-8, bas. f.	1
U	166	**Manuel** pour la concordance des calendriers républicain et Grégorien ou recueil complet de tous les annuaires depuis la première année républicaine. — Paris, A. Renouard, 1806, 1 vol. in-12, dem. rel. v. br.	1
«	319	**Marmorum** Oxoniensium inscriptiones græcæ ad Chandleri exemplar editæ, curante Gulielmo Roberts A. M. è collegio corporis Christi. — Oxonii, Clarendon, 1791, 1 vol. petit in-8, dem. rel. v. f.	1
«	53	**Mémoires** anciens du XIVe siècle, depuis peu découverts, où l'on apprendra les avantures les plus suprenantes, et les circonstances les plus curieuses de la vie du fameux Bertrand du Guesclin, connétable de France, qui, par sa valeur, a rétabli	

Lettre du genre de l'ouvrage	Numéros des volumes	OUVRAGES SANS NOMS D'AUTEURS (suite).	Nombre total des volumes
		dans ses Etats un prince catholique ; nouvellement traduits par le sr Lefebvre. — Douay, veuve Balthazar Bellère, 1692, 1 vol. in-4, bas. br.	1
U	270	**Mémoires** (nouveaux) secrets, pour servir à l'histoire de notre temps. — Paris, Brissot-Thivars, 1829, 1 vol. in-8, dem. rel. v. br.	1
O	1128	**Mercure galant,** (novembre 1684). — Paris, 1 vol. petit in-12, bas. br.	1
«	223	**Méthode** (nouvelle) pour apprendre facilement la langue grecque. — Lyon, Périsse, 1765, 1 brochure in-8.	1
A	12	**Morale** de Jésus-Christ et des apôtres ou la vie et les instructions de J.-C. tirées du nouveau testament. — Paris, Plassan, 1797, 1 vol. in-4, dem. rel. maroq. rouge.	1
O	722	**Mosaïque poétique.** — Paris et Lyon, Bohaire, 1834, 1 vol. grand in-18, dem. rel. v. br.	1
«	77	**Mulierum** græcarum quæ oratione prosâ usæ sunt fragmenta et elogia, græcè et latinè, cum virorum doctorum notis et indicibus, accedit catalogus fæminarum sapientiâ, artibus scriptisve apud Græcos, Romanos aliasque gentes olim illustrium, curante Jo. Christiano Wolfio. — Londini, apud Joannem Nourse, 1739, 1 vol. in-4, rel. vélin.	1
I	159	**Musée royal** (du Louvre). — S. d. 1 vol. in-12, rel. vélin.	1
O	154	**Notices** et extraits des manuscrits de la bibliothèque du roi. — Paris, Imp. roy. 1787-1831, 12 vol. in-4, bas. f. racin.	12
U	103	**Notices** sur la ville et le canton de Basle, pour l'instruction des voyageurs. — Basle, Samuel Flick, 18??, 1 vol. petit in-8, dem. rel. v. br.	1
A	38	**Novi testamenti** omnia, græcè. — Amsterdami, apud Blaeu, 1623, 1 vol. petit in-12, bas. br. fil. (en mauvais état).	1
«	47	**Novi Testamenti** manuale græco-latinum, indice anomalorum et difficiliorum vocabulorum, nec non libello de accentibus auctum ; atque ità scriptum, ut quibusvis christianis scholis inservire possit, a Georgio Pasore editum. — Tiguri, typis Jacobi Bodmeri, 1662, 1 vol. in-12, bas. br.	1
«	39	**Novum Testamentum** Domini nostri Jesu Christi, editio novissima. — Amstelædami, typis Joannis Keltony, 1682, 1 vol. petit in-12, bas. br.	1
«	40	**Novum Testamentum** post priores Curcellæi, tùm et Oxoniensium labores, quibus parallela Scripturæ loca, nec non variantes lectiones ex plùs C. mss. codd. et antiquis versionibus collectæ, exhibentur ; editio Milliana variantes prætereà ex ms. Vindobonensi, ac tandem crisis perpetua qua singulas variantes, etc..... examinat G. D. T. M. D., cum ejusdem prolegomenis et notis in fine adjectis — Amstelædami, apud Wetstenium et G. Smith, 1735, 1 vol. in-12, dem. rel. v. br.	1
«	41	**Novum Testamentum,** curante Jo. Fr. Boissonade. — Parisiis, apud Lefèvre, 1824, 2 vol. petit in-12, dem. rel. maroq. violet.	2
«	42	**Office** de la quinzaine de Pâques, suivant le nouveau bréviaire de Paris et de Rome (en latin et en français). — Paris, Dehausy, 1808, 1 vol. in-12, bas. f.	1

Lettre du genre de l'ouvrage	Numéros des volumes	OUVRAGES SANS NOMS D'AUTEURS (suite).	Nombre total des volumes
U	169	**Opuscula** mythologica, physica et ethica, græcè et latinè, edidit Th. Gale. — Amstelædami, apud Henricum Wetstenium, 1688, 1 vol. in-8, rel. vélin.	1
O	292	**Panegyrici** veteres, ex editione Scharzii et Arntzeniorum, cum notis variorum. — Londini, Valpy, 1828, 5 vol. in-8, dem. rel. maroq. rouge, non rogné.	5
«	954	**Parisiana** ou recueil d'anecdotes, bons mots, etc..... des Parisiens, par un gobe-mouches. — Paris, Tiger.	
«	978	**Parisiana** ou recueil d'anecdotes, bons mots, plaisanteries, quolibets et badauderies des Parisiens, entremêlé de quelques notes sur la capitale, par un gobe-mouches. — Paris, Tiger, (1800), 1 vol. in-18, dem. rel. bas. f.	1
«	226	**Particules latines** pour servir de suite à la méthode latine de Wandelincourt. — Paris, Durand, 1786, 1 vol. in-12, cartonné.	1
«	293	**Pièces d'éloquence** qui ont remporté le prix de l'Académie française depuis 1671 jusqu'en 1748. — Paris, Regnard, 1766-1795, 5 vol. in-12, bas. f.	5
«	1134	**Pièces** intéressantes et peu connues pour servir à l'histoire ou mémorial de M. Duclos. — Maestrich, J. S. Dufour et Roux, 1781, 1 vol. in-12, v. f. racin.	1
«	582	**Pleureurs** (les) d'Homère (34me proverbe). — 17??, 1 vol. in-8, dem. rel. v. bl.	1
«	90	**Poetæ latini** minores, sive Gratii Falisci cynegeticon, M. Aurelii Olympii nemesiani cynegeticon et ejusdem eclogæ IV, T. Calpurnii Siculi eclogæ VII, Claudii Rutilii Numatiani iter, Q. Serenus Samonicus de medicinâ, Vindicianus sive Marcellus de medicinâ, Q. Rhemnius Faunius Palæmon de ponderibus et mensuris et Sulpiciæ satyra, curante Petro Burmanno. — Leidæ, Wishoff et Goedval, 1731, 2 vol. in-4, rel. vélin.	2
«	389	**Poetæ græci** minores, præcipuâ lectionis varietate, et indicibus locupletissimis instruxit Thomas Gaisford, A. M. — Oxonii, Clarendon, 1814-1820, 4 vol. reliés en 3, dem. rel. maroq. rouge, non rogné.	3
«	1140	**Précis** des travaux de la Société royale des sciences, lettres et arts de Nancy de 1819 à 1823, et de 1824 à 1828. — Nancy, Hissette, 2 vol. in-8, dem. rel. v. f.	2
«	1140 bis	— Id. — 1819-23. — 1 vol.	1
U	275	**Prinse** de Lyon et de Montbrison par les protestans en 1562, publié par A. Péricaud. — Lyon, Barret, 1831, 1 vol. in-8, cartonné.	1
I	98	**Procès-verbaux** des séances de la Chambre des députés. — Paris, Imp. roy. 1830-1834, 18 vol. in-8, dem. rel. v. olive.	18
O	1043	**Recueil** de bons mots des anciens et des modernes. — Paris, 1705, 1 vol. in-12, bas. br.	1
«	1143	**Recueil** de pièces choisies tant en prose qu'en vers. — La Haye, Gosse, 1714, 2 vol. in-12, bas. br.	2
E	3	**Recueil.** — Consultation pour M. de Corbineau, receveur général du département de Seine-Inférieure (1812). — Mémoire sur	

Lettre du genre de l'ouvrage	Numéros des volumes	OUVRAGES SANS NOMS D'AUTEURS (suite).	Nombre total des volumes
		une question d'adultère, de séduction et de diffamation pour le sieur Kornmann contre la dame Kornmann, son épouse, etc..... (1787). — 1 vol. in-4, dem. rel. bas. br.	1
E	8	**Recueil** des lois composant le code civil. — Paris, Rodonneau, 1804, 9 vol. in-8, bas. f. racin.	9
«	9	**Recueil.** — Procès des ministres (1830). — 1 vol. in-8, dem rel. bas. f. (voy. pages 33, 93).	1
«	10	**Recueil.** — Consultation ni jésuitique, ni gallicane, ni féodale, en réponse à la consultation rédigée par M. Dupin (1826). — Mémoire à consulter pour S. A. le duc Charles de Brunswick (1832). — Mémoire pour F. Audouard accusé du crime de meurtre en duel (1824). — Procès instruit par la Cour d'assises de Paris, contre la veuve Morin, etc..... accusée de tentation d'extorsion de signatures et de tentative d'assassinat (1812). — 1 vol. in-8, dem. rel. bas. f. (voy. pages 107, 129).	1
«	11	**Recueil.** — Dissertation sur la peine de mort, Paris, 1830. — 1 vol. in-8, (voy. pages 129, 143).	1
«	12	**Recueil.** — Mémoire pour la dame Kornmann contre le sieur G. Kornmann, son époux (1787). — Mémoire pour le sieur Bergasse dans la cause sur le sieur Kornmann (1788). — Observations du sieur Kornmann sur un écrit signé Seguin et Dubois (1787). — Préservatif tout puissant contre les assertions futures de M. Bricogne aîné (1822). — 1 vol. in-8, dem. rel. bas. f. (voy. pages 55, 85, 92).	1
I	18	**Recueil.** — Mort du duc de Berry, élégie (Paris, 1820). — Principaux détails sur l'établissement de la manufacture générale des apprentis pauvres et orphelins. — Prospectus de la Société de la morale chrétienne (Paris, 1821). — Société de charité maternelle, Paris, 1823, id., 1834. — 1 vol. in-4, (voy. pages 37, 41, 51, 55, 58, 60, 91, 121, 134).	1
«	19	**Recueil.** — Affaire du Creusot, pièces justificatives (1833). — Atelier commercial (Paris, 1832). — Consultation pour M. Colin, adjudicataire du Pont des Saints-Pères. — Du canal des Ardennes (Paris). — Mémoire pour l'administration des postes contre le sieur Dailly (Paris, 1833). — Mémoire sur le tarif des sucres (Paris, 1828). — Mémoire sur le transit général (Paris, 1829). — Observations par les huissiers de l'arrondissement de Beauvais relativement aux ventes de récoltes. — Observations par les délégués des colonies françaises sur la tarification des sucres (Paris, 1833). — Précis pour les héritiers de Launay contre les héritiers d'Arlincourt (Paris, 1829). — Requête des actionnaires lyonnais des pont, gare et port de Grenelle (Paris, 1832). — Supériorité de l'emplacement de Grenelle pour l'entrepôt de la ville de Paris (1832). — 1 vol. in-8, (voy. page 5).	1
«	83	**Recueil.** — Opinions de députés sur diverses questions politiques, financières, etc..... (1802 à 1834). 1 vol. in-8, dem. rel. bas. f.	1
«	100	**Recueil.** — Compte-rendu de la Société auxiliaire des femmes (Paris, 1827). — Réflexions sur la philosophie de M. Cousin (Lyon, 1828). — De l'être, de l'homme (Lyon, 1824). — 1 vol. (voy. pages 31, 42, 43, 57, 138, 140).	1

Lettre du genre de l'ouvrage	Numéros des volumes	OUVRAGES SANS NOMS D'AUTEURS (suite).	Nombre total des volumes
I	101	**Recueil**. — Notice sur les procédés du Parlement d'Angleterre de 1814 à 1828 relativement à l'état de l'agriculture (1830). — Rapport sur l'essai comparatif de différentes charrues (1831). — Rapport sur la ferme de Grignon (1828). — 1 vol. in-8. dem. rel. bas. f. (voy. pages 11, 54, 57. 75, 135).	1
«	102	**Recueil**. — Observations sur le nouveau code forestier. (Besançon). — 1 vol. in-8, (voy. pages 33, 45, 51, 54, 123, 142).	1
«	103	**Recueil**. — Délibérations des Conseils généraux sur le rétablissement demandé des corps de marchands (1821). — Des canaux exécutés par le gouvernement (1828). — Du monopole et de l'impôt sur le sel (1833). — Impôts des Etats-Unis (1834). — Mémoire sur le système actuel des douanes (1829). — Note sur un impôt. — Pétition soumise aux Chambres par des propriétaires de vignes de l'Hermitage (1829). — Question des sucres (1828-1829-1833). — Résultats pécuniaires de l'annihilation des rentes rachetées, etc..... (1833). — 1 vol. in-8, (voy. pages 14, 45, 84).	1
«	104	**Recueil**. — *L'ami des hommes ou réflexions sur l'éducation commune* (Lyon, 1831). — Mémoire à consulter sur l'instruction primaire en France (Paris, 1831). — Un mot sur les Universités (Paris, 1828). — 1 vol. in-8, (voy. pages 7, 34, 75, 116, 120).	1
«	107	**Recueil**. — Des chemins de fer (Paris, 1831). — *Essai sur l'administration par le sous-préfet de Béthune* (Paris, 1830). — Nécessité et moyens d'occuper les ouvriers qui manquent d'ouvrage en France (Paris, 1831).— *Le Producteur*, journal de l'industrie, des sciences, des beaux-arts. (Numéros 1, 2, 3, Paris, 1825). — 1 vol. in-8, (voy. pages 33, 52, 106).	1
«	151	**Recueil**. — Lettres sur la médecine (7e lettre, 1826). — 1 vol. in-8, dem. rel. bas. f. (voy. pages 14, 19, 27, 40, 83, 140).	1
O	155	**Recueil**. — Académie française : Réception de M. Villemain (28 juin 1821), — de M. Dacier (28 novembre 1822), — de M. Royer-Collard (13 novembre 1827), — de M. Alph. de Lamartine (1er avril 1830), — de M. Cousin Victor (5 mai 1831), — de M. Viennet (5 mai 1831), — de M. Jay (19 juin 1832), — de M. Tissot (9 août 1833), — de M. Charles Nodier (26 décembre 1833). — Séance publique du 9 août 1831, — du 9 août 1832, — du 9 août 1834. — Funérailles du baron Cuvier (16 mai 1832), — d'Andrieux (12 mai 1832). — de Laya (27 août 1833). — Rapport sur ce sujet : De la charité considérée dans son principe (1832). — 1 vol. in-4, (voy. pages 14, 17, 18, 26, 84.)	1
«	156	**Recueil**. — Discours prononcé dans la séance publique tenue par la classe de la langue et de la littérature française de l'Institut (1807). — 1 vol. in-4, dem. rel. bas. f. (voy. pages 55, 82, 118, 123, 135).	1
«	157	**Recueil**. — Bersuch die poetische einheit der Odyssee zu bestimmen (extrait de l'*Allgemeine schulzeintung*, 6 mai 1827). — Ricerche sul templo di Sérapide in Rozzuoli, del canon D. Andr. de Josio (Napoli, 1820). — 1 vol. in-4, (voy. pages 8, 28, 34, 66, 86, 106, 120.)	1
«	186	**Recueil**. — Manuel de la langue grecque, (voy. page 55.)	
«	190	**Recueil**. — Principaux idiotismes de la langue grecque. — Paris, Nyon, 1784. — 1 vol. in-8, dem. rel. maroq. rouge.	1

Lettre du genre de l'ouvrage	Numéros des volumes	OUVRAGES SANS NOMS D'AUTEURS (suite).	Nombre total des volumes
O	746	**Recueil** de la chevauchée faicte en la ville de Lyon le 17 de novembre 1578. — A Lyon, par les trois suppôts. (Réimp. faite à Lyon en 183 ?) — 1 vol. in-8, cartonné.	1
«	747	**Recueil.** — Le loto (Genève, 1829). — Recueil de l'Académie des Jeux-Floraux (1821). — Tribulations d'un juge auditeur (1830). — 1 vol. in-8, dem. rel. bas. f. (voy. pages 16, 17, 19, 40, 77, 80, 83, 121, 128, 130, 141, 142, 148.)	1
«	749	**Recueil.** — Ma retraite à Honorine (Paris, 1818). — 1 vol. in-8, dem. rel. bas. verte, (voy. pages 15, 20, 98, 111, 135.)	1
«	750	**Recueil** de pièces choisies tant en prose qu'en vers, (contenant le poême de la Madeleine par le P. Pierre de Saint-Louis, etc.....) — La Haye, 1714, second vol. in-12, bas. br.	1
«	751	**Recueil** de plusieurs farces tant anciennes que modernes lesquelles ont été mises en meilleur ordre et langage qu'auparavant. — Paris, N. Rousset, 1612, (réimp de 18 ? ?), 1 vol, v. br. fil.	1
«	752	**Recueil** de poésies diverses. — Amsterdam, Humbert, 1715, 1 vol. petit in-8. v. f.	1
«	753	**Recueil.** — Douze épîtres suivies de stances par L. M. (1816). — 1 vol. in-8, dem. rel. bas. f. (voy. pages 15, 30, 121.)	1
«	829	**Recueil.** — Farce joyeuse et récréative du galant qui a fait le coup (Paris, 1610). — La Farce de la querelle de Gaultier Garguille et de Perrine, sa femme, à Vaugirard, par a e i o u. (Réimp. moderne de ....). — Moralité nouvelle d'une pauvre fille villageoise laquelle ayma mieux avoir la teste couppée par son père que d'estre violée par son seigneur, (Paris, Calvazin, s. d.). — Sottie à dix personnages, jouée à Genève, en la place de Molard, le dimanche des Bordes, l'an 1523 (Lyon, Rigaud, s. d.). — 1 vol. petit in-8, v. vert fil.	1
«	843	**Recueil.** — Deux petits mots sur les observations grammaticales de M. Deplace (Lyon, 1816). — La dama soldato, dramma giocoso per musica (Vicenza, 1812). — 1 vol. in-8, dem. rel. bas. br. (voy. pages 21, 33, 144).	1
«	844	**Recueil.** — Corinne, drame (1830). — La mère coupable, drame (1800). — Misanthropie et repentir, drame (1823). — 1 vol. in-8, dem. rel. bas. f. (voy. pages 25, 54, 58, 106).	1
«	846	**Recueil.** — Les trois aveugles, comédie-parodie (Beaucaire, 1792). — Spartacus, tragédie (Paris, 1793). — 1 vol. in-8, dem. rel. bas, f. (voy. pages 10, 29, 37, 50, 58, 77, 92, 93, 97, 104, 112, 135, 144).	1
«	847	**Recueil.** — Les Bayarderes, opéra (1810). — La Cénérentola, dramma giocoso per musica (1823 . — Tancredi, melodramma eroïco (1819). — 1 vol. in-8, dem. rel. bas. f. (voy. pages 13, 54, 98, 111, 128).	1
«	1144	**Recueil.** — Essais de quelques traductions qui feront partie de la bibliothèque grecque (s. l. n. d.) — Lettre à M. Ozanam contenant l'examen de plusieurs passages d'auteurs grecs (Paris, 1830). — 1 vol. in-8, dem. rel. bas. f. (voy. pages 13, 14, 20, 34, 41, 44, 54, 62, 86, 94, 126, 132).	1
«	1145	**Recueil.** — Agenda des auteurs ou calpin littéraire à l'usage de ceux qui veulent faire des livres (au Parnasse, 1755). — — Breloques ou recueil de pièces fugitives (Toulouse, 1778). — Callisthène, tragédie, par M*** (Genève, 1761). — 1 vol. in-12, bas. f. (voy. page 14).	1

Lettre du genre de l'ouvrage	Numéros des volumes	OUVRAGES SANS NOMS D'AUTEURS (suite).	Nombre total des volumes
O	1146	**Recueil.** — Examen de la critique des *Martyrs*, insérée dans le *Journal de l'Empire* (extrait du *Bulletin de Lyon*, 1809). — Examen de la nouvelle critique des *Martyrs*, (1810). — 1 vol. in-8, dem. rel. bas. f. (voy. pages 12, 127.)	1
«	1147	**Recueil.** — Des journaux et des théâtres (Paris, 1828). — Ecole gratuite des sciences appliquées aux arts et métiers et aux beaux-arts (Dôle, 1828). — Ecole spéciale de commerce à Charonne (1827). — Inauguration du portrait de Charles X (Dôle, 1828). — Installation du collège de plein exercice de la ville de Dôle (1828). — Lettres champenoises ou observations critiques sur quelques tragédies et comédies modernes (1re et 2me partie, 1809). — 1 vol. in-8, (voy. pages 25, 80).	1
«	1149	**Recueil.** — Article du *Journal des savants* sur l'histoire des poésies Homériques de Dugas-Montbel (1831). — Extraits de la *Revue germanique* (Strasbourg, s. d.). — Extrait des *Archives historiques* du Rhône sur la traduction d'Homère par Dugas-Montbel (Lyon, 1830). — 1 vol. in-8, dem. rel. bas. f. (voy. pages 37, 44, 71, 79).	1
«	1150	**Recueil.** — Compte-rendu de l'ouvrage intitulé : *Histoire des émigrés français* (1828). — De l'empire grec et du jeune Napoléon (1828). — Mémoire sur la Grèce (en grec moderne) Paris, Didot. — Règlements de la société hellénique (Paris, Didot). — Souscription en faveur des Grecs. — Souvenir mythologique ou argument de chaque livre des métamorphoses d'Ovide, etc..... 1788. — 1 vol. in-8, (voy. pages 10, 18, 27, 83).	1
«	1151	**Recueil.** — Etablissement d'un télégraphe commercial et public. (Paris, 1830). — Les Ruines (Paris, 1830). — Lettre à MM. Peronneau sur une édition des œuvres de Voltaire (1820-1821). — Société pour la publication des documents originaux de l'histoire de France (s. l. n. d.). — Souscription pour l'œuvre des bénédictins de Solèmes (Paris, s. d.). — Thesaurus græcæ linguæ (prospectus, 1830). — *Journal de la loterie* (prospectus, s. l. n. d.). — Œuvres inédites de Grosley (prospectus). — *Le Catholique* (prospectus). — 1 vol. in-8, dem. rel. bas. f. (voy. pages 56, 58, 77, 86).	1
«	1152	**Recueil.** — Une lettre sur l'éducation du Dauphin, attribuée à Louis XVI ; est-elle authentique ? (Paris, Nicolle, 1819). — 1 vol. in-8, dem. rel. bas. f. (voy. pages 32, 33, 37, 83, 119, 121, 134. 138)	1
«	1153	**Recueil.** — Antar, roman bédoin, imité de l'anglais (1830). — Observations sur le caractère et le talent de Geoffroy. — 1 vol. in-8, dem. rel. bas. f. (voy. pages 4, 21, 78, 81, 84, 97, 100, 123, 125).	1
«	1154	**Recueil.** — De l'universalité de la langue française (Paris, Prault, 1785). — Matinées du roi de Prusse, écrites par lui-même (1766). — 1 vol. in-12, bas. f. (voy. pages 9, 106).	1
«	1155	**Recueil.** — Coup d'œil sur l'édition d'un codex de Imitatione Christi supposé du XIIIe siècle (Paris, 1833). — Les pleurechante, prose morale et religieuse en roman du XIIIe siècle, publiée par H. Monin (Lyon, 1834). — Lettre à M. B*** sur un poëte du XVIe siècle qui a habité Lyon, (extrait du *Magasin encyclopédique*, décembre 1812). — 1 vol. in-8, dem. rel. bas. f. (voy. pages 13, 25, 35, 38, 44, 93, 120, 123).	1

Lettre du genre de l'ouvrage	Numéros des volumes	OUVRAGES SANS NOMS D'AUTEURS (suite).	Nombre total des volumes
O	1156	**Recueil.** — Article de la *Gazette universelle* de Lyon sur la traduction de l'Apologétique de Tertullien par A. Péricaud, — Commentarii de bello germanico, auctore J. C. S. (Paris, 1806). — Examen littéraire et grammatical des deux dernières traductions de Tacite (Paris, s. d.). — 1 vol, in-8, dem. rel. bas. f. (voy. pages 20, 21, 24, 28, 43, 54, 74, 82, 109, 143).	1
U	55	**Recueil.** — Exposé des motifs de la demande en réorganisation du département de Rhône et Loire, session du Conseil général de 1824. — Pétition des propriétaires de Bourgneuf (sur une indemnité). — Note à l'appui des réclamations de la ville de Lyon (Paris, 1834). — Exposé pour les propriétaires du théâtre des Variétés, dit des Célestins. — Enseignement mutuel (rapport). — Mémoire pour la commune de la Guillotière sur la question de la réunion des Brotteaux à la ville de Lyon (1832). — Notice sur l'hospice des vieillards de la Guillotière (1833). — Mémoires pour les fabricants d'étoffes de soie de la ville de Lyon (1829). — Requête des négociants en soie, etc..... de Lyon (1829). — Requête à la Chambre de commerce de Lyon (1829). — Du projet d'établir un entrepôt général des liquides à Lyon (1833). — Requête au maire de Lyon sur ce projet (1832). — Observations présentées par les avoués près la cour royale de Lyon sur les patentes. — Requête à la Chambre des députés par les mêmes. — Notice sur Claude Fournas (1828). — Funérailles de M. Jacquart (Lyon, 1834). — 1 vol. (voy. pages 25, 43, 44, 49, 111).	1
«	56	**Recueil.** — Mémoire sur le chemin de fer de Saint-Etienne à Lyon (1826). — Rapport à l'assemblée générale de la Compagnie du chemin de fer de Saint-Etienne à Lyon (1828). — Id. pour 1832. — Réponse des exploitants concessionnaires des mines de houille dans l'arrondissement de Saint-Etienne (1833). — 1 vol. in-4, dem. rel. bas. f.	1
«	78	**Recueil.** Académie des Inscriptions et Belles-Lettres. — Rapport fait par la commission des antiquités de la France (15 juillet 1831). — Funérailles d'Ab. Rémusat, (5 juin 1832), — de Saint-Martin (11 juillet 1832), — du baron Dacier (5 février 1833). — Rapport fait par la commission des antiquités nationales (2 août 1833), — 25 juillet 1834. — Académie des Sciences. — Funérailles de Legendre, s. d. — d'Aubert du Petit-Thouars (13 mai 1831). — Eloge historique d'Alexandre Volta par M. Arago (26 juillet 1831). — Funérailles de Sérullas (26 mai 1832), — du baron Portal (25 juillet 1832). — Rapport sur un mémoire de M. de Morogues, intitulé : De l'utilité des machines, etc..... (1832). — Funérailles de Latreille (8 février 1833), — de Desfontaines (18 novembre 1833). — Recueil des lectures faites dans la séance publique annuelle de l'Institut (30 avril 1831). — Séance publique de l'Académie des Beaux-Arts, (12 octobre 1833). — Séance publique annuelle des cinq académies, (2 mai 1834). — Sujet de prix, etc..... par l'Académie de Sciences morales et politiques (1835 et 1836). — 1 vol. in-4.	1
«	106	**Recueil.** — Notice sur l'ancienne université d'Aix (1826). — Considérations sur l'objet d'une collection spéciale consacrée aux cartes géographiques (1831). — Notice sur les Charmettes et les environs de Chambéry (1824). — Note archéologique recueillie dans un voyage en Allemagne (1833). — 1 vol. in-8, dem. rel. bas. f. (voy. pages 43, 46, 81).	1

Lettre du genre de l'ouvrage	Numéros des volumes	OUVRAGES SANS NOMS D'AUTEURS (suite).	Nombre total des volumes
U	107	**Recueil.** — Indicazione del piu remarcabile in Napoli e contorni del canonico A. de Jorio. Napoli, 1819 (avec traduction française). — Ricerche istoriche et fisiche sulla caduta della marmore ed osservazioni sulle adjacenze di Terni (Spoleto, 1818). — Viaggio di Enea all'inferno ed egli Elisii secondo Virgilio, del canonico A. de Jorio (Napolo, 1823). — 1 vol. in-8, dem. rel. bas. f.	1
«	108	**Recueil.** — Notice bibliographique sur le festin de Pierre, de Molière. — Voyage d'un étranger en France pendant le mois de novembre et de décembre 1816 (Paris, 1817). — 1 vol. in-8, dem. rel. bas. f. (voy. page 21).	1
«	278	**Recueil.** — Acte additionnel aux Constitutions de l'empire (22 avril 1815). — Des causes qui ont amené la chute des Bourbons par N. E. N. (Paris, 1815). — A Napoléon, sur le moyen d'accroître sa renommée (Paris, 1815). — Vices et défectuosités de l'acte additionnel aux Constitutions de l'empire (Paris, 1815). — 1 vol. in-8, dem. rel. bas. verte (voy. pages 58, 100, 106, 121, 123, 142).	1
«	279	**Recueil.** — Compte-rendu aux actionnaires du chemin de fer de Saint-Etienne à Lyon (1826). — De la nécessité d'établir à Saint-Etienne le chef-lieu du département de la Loire (1831). — Pétition adressée à la Chambre des députés par les maîtres des verreries de Rive-de-Gier et de Givors (1834). — 1 vol. in-8, dem. rel. bas. f. (voy. page 129).	1
«	280	**Recueil.** — Compte-rendu des travaux de l'Académie de Lyon en 1804, 1806, 1813, 1815, 1816, 1817, 1818, 1820, 1822, 1823, 1824, 1825, 1826. — Règlement du cercle littéraire (1822). — 1 vol. in-8, dem. rel. bas. f. (voy. page 130).	1
«	282	**Recueil.** — Compte-rendu des travaux de la société de médecine de Lyon (1824-1826). — Comptes-rendus du dispensaire (1828-1829-1830). — Procès-verbal de la séance publique annuelle tenue à l'école vétérinaire (1823). — 1 vol. in-8, dem. rel. bas. f. (voy. page 33).	1
«	283	**Recueil.** — Correspondance authentique de la cour de Rome avec la France (Paris, 1814). — Manifeste de la nation espagnole à l'Europe, suivi du mémoire de M. de Cévellos. — Essai sur la nécessité d'une régénération morale en France et sur quelques moyens de l'opérer (Paris, 1814). — 1 vol. in-8, dem. rel. bas. vert.	1
«	284	**Recueil.** — Lettre à M. le comte de B*** pendant son séjour aux eaux d'Aix-la-Chapelle (Paris, 1812). — Réponse aux attaques dirigées contre M. de Châteaubriand par M. Damaz de Ragemont (Paris, 1812). — 1 vol. in-18, dem. rel. bas. f. (voy. page 26).	1
«	285	**Recueil.** — Chronique française, par un Anglais (1820). — Du *Journal des Débats* et de la déclaration du 23 juin 1789. — Guide des électeurs (1817). — Sur les électeurs de 1827. — 1 vol. in-8, dem. rel. bas. f. (voy. pages 15, 31, 32, 83, 127).	1
«	286	**Recueil.** — La Charte constitutionnelle donnée par S. M. le 4 juin 1814. — 1 vol. in-8, dem. rel. bas. f. (voy. pages 27, 31, 33, 38, 45, 80, 114, 138).	1
«	287	**Recueil.** — Polémique entre le rédacteur de la partie politique de l'*Album de la Creuse* et M. le comte de Saint-Roman, relativement à plusieurs principes de droit social (1833). —	

Lettre du genre de l'ouvrage	Numéros des volumes	OUVRAGES SANS NOMS D'AUTEURS (suite).	Nombre total des volumes
		Principes d'une alliance politique (183?) — Les sociétés secrètes jugées par Washington. — 1 vol. in-8, dem. rel. bas. f. (voy. pages 57, 80, 84, 137).	1
U	290	**Recueil.** — De l'impossibilité d'établir un gouvernement constitutionnel sous un chef militaire. — Apologie de Louis XVIII, extraite du *Spectateur*. — Réflexions adressées à M. Lanjuinais sur le bon sens politique (Paris, 1815). — Histoire des quinze semaines ou le dernier règne de Bonaparte (Paris, 1815). — 1 vol. in-8, dem. rel. bas. verte (voy. pages 16, 23, 82).	1
«	291	**Recueil.** — Mémoire justificatif du duc de Raguse (Paris, 1815). — Cri de réunion par M. F*** (Paris, 1815). — Détails sur le voyage de S. M. Louis XVIII depuis son départ de Stanmore jusqu'à son arrivée à Paris. — Réflexions d'un bon Français. — L'homme rouge, les adieux de Bonaparte, etc..... (Paris, 1814). — Andreæ Corcyrensis delectatio puerilis (sur la succession des empereurs d'Orient) Paris, 1813. — Triomphe de la miséricorde de Dieu ou la France sauvée. — Itinéraire de Bonaparte depuis son départ de Doulevent (Paris, 1814). — La régence à Blois (1814). — 1 vol. in-8, dem. rel. bas. verte (voy. pages 40, 132).	1
«	292	**Recueil.** — Notice topographique sur la ville de Lyon (1832). — Notice sur la rue Bellecordière à Lyon (1828). — Notice sur la bibliothèque de la ville de Lyon (1833). — Extrait des *Annales de la littérature et des arts* sur les œuvres de Louise Labé (1825). — Couplets chantés dans une réunion de Pères et d'élèves de l'Oratoire de Lyon, le 6 juin 1816. — Notice des tableaux et objets d'art réunis en exposition publique à Lyon (1826). — Notice sur Mayeuvre de Champvieux (1813), — sur Delandine (1820), — sur Camille Jordan (1821). — 1 vol. in-8, dem. rel. bas. f. (voy. pages 10, 2., 57, 107, 109, 120).	1
«	294	**Recueil.** — Notice sur le mode de gouvernement provisoirement établi dans le royaume d'Alger (Paris, 1831). — 1 vol. in-8, (voy. pages 30, 39, 51, 98).	1
«	295	**Recueil.** — Adresse au roi par un grenadier de la vieille armée (Paris, 1818). — De la conquête et du démembrement d'une grande nation (Paris, 1815). — Opinion d'un habitant des Landes sur le Concordat (Paris, 1818). — 1 vol. in-8, dem. rel. bas. verte (voy. pages 27, 77, 89, 123).	1
«	296	**Recueil.** — De l'état de la France au mois de mars et d'octobre 1814. — 1 vol. in-8, dem. rel. bas. verte (voy. pages 16, 18, 91, 99, 115, 127).	1
«	297	**Recueil.** — Sentiments d'un Français sur le projet d'une constitution (Lyon, 1814). — Sur le système continental et sur ses rapports avec la Suède (Hambourg, 1813). — 1 vol. in-8, dem. rel. bas. verte (voy. pages 56, 98, 107, 141, 145).	1
«	298	**Recueil.** — Fragment historique (1793). — Lettre d'un jeune Lyonnais sur le passage du pape Pie VII à Lyon (1805). — Une visite aux prisons de Lyon (1826). — Lettre au rédacteur de la *Gazette de Lyon* (1829). — 1 vol. in-8, dem. rel. bas. f. (voy. pages 102, 107, 108, 117).	1

Lettre du genre de l'ouvrage	Numéros des volumes	OUVRAGES SANS NOMS D'AUTEURS (suite).	Nombre total des volumes
U	322	**Recueil.** — Archéologie égyptienne, scarabées, système numérique. — Notice sur une momie égyptienne du temps d'Adrien. — Annales de l'Institut de correspondance archéologique (ann. 1829, cah. 3me). — 1 vol. in-8, dem. rel. bas. f. (voy. pages 7, 25, 27, 38, 44, 81, 85).	1
«	323	**Recueil.** — Quelques mots sur une diatribe anonyme intitulée : De quelques ouvrages récents dans la Grèce (Paris, 1829). — Sur la marche des Carthaginois du Rhône en Italie. — Catalogue des statues en bronze du musée de Naples (1800). — Caroli Boncheroni de Josepho Vernozza Albensi (Turin, 1822). — 1 vol. (voy. pages 29, 51, 57, 81, 85, 86, 97, 120).	1
«	359	**Recueil.** — Nouvelle petite guerre en lettres sur une traduction en vers de l'art poétique d'Horace (Lyon, 1829). — Affaire Poupart (1828). — Calendrier des Muses. — Dissertation sur les étrennes. — Recueil fait au vray de la chevauchée de l'asne, faicte en la ville de Lyon le 1er septembre 1566 (réimp. à Lyon, en 1829). — 1 vol. in-8 (voy. pages 4, 41, 43, 61, 87).	1
«	370	**Recueil.** — Rapport présenté à l'académie de Lyon sur l'organisation de l'école de la Martinière (Lyon, 1832). — Ecole de la Martinière (1828). — Mémoire de l'Académie de Lyon sur le mode d'exécution des dispositions testamentaires du major général Martin (Lyon, 1827). — Statuts de la société d'instruction élémentaire du département du Rhône. — Académie de Lyon, Ecole de la Martinière. — Réponse du maire de Lyon au mémoire des propriétaires de la salle des Célestins. — 1 vol. in-8, dem. rel. bas. br. (voy. pages 15, 18, 57, 96, 101, 117, 119, 134).	1
«	403	**Recueil.** — Eloge de Bonaparte, — de J. B. J. de Boscary de Villeplaine, — de Ducerceau, — de Gay (J. J. P.). — Champollion le jeune, nécrologie. — 1 vol. (voy. pages 16, 33, 37, 41, 44, 84, 101, 107, 108, 111, 112, 125).	1
«	404	**Recueil.** — Nouveau nécrologe français ou liste alphabétique des auteurs morts depuis le 1er janvier 1800 (Paris, Guitel, 1812). — Notice biographique des princes et princesses de la maison d'Orléans (Paris, 1824). — Eloge de Wolf. — 1 vol. in-8 (voy. pages 16, 18, 20, 25, 31, 44, 57, 86, 107, 108, 111, 116, 125, 132, 138).	1
«	408	**Recueil.** — Discours prononcé à l'Institut pour la réception de Lanjon, Raynouard, Picard (Paris, 1807). — 1 vol. in-8, bas. f. (voy. pages 10, 38, 42, 47, 61, 116).	1
«	57	**Révolution française** ou analyse complette et impartiale du *Moniteur*. — Paris, Girardin. 1801, 3 vol. in-4, cartonnés.	3
«	58	**Révolution française.** Table alphabétique du *Moniteur* depuis 1787 jusqu'en 1799. — Paris, Girardin, 1802, 4 vol. in-4, cartonnés.	4
«	1157	**Revue** encyclopédique ou analyse raisonnée des productions les plus remarquables dans les sciences, les arts industriels, la littérature et les beaux-arts, par une réunion de membres de l'Institut. — Paris, 1819-1831, 52 vol. in-8, dem. rel. bas. rouge marbr.	52
«	1158	**Revue** française. — Paris, Sautelet, 1828 à mai 1830, 8 vol. in-8, dem. rel. v. br.	8
«	934	**Roman** (li) de Berte aus grans piés, précédé d'une dissertation sur les rommans des douze pairs, par Paulin Pâris. — Paris, Techener, 1832, 1 vol. grand in-12, papier vélin, broché.	1

Lettre du genre de l'ouvrage	Numéros des volumes	OUVRAGES SANS NOMS D'AUTEURS (suite).	Nombre total des volumes
O	933	**Romancero** e historia del muy valeroso caballero el Cid Ruy Diaz de Vibar, en language antiguo, recopilado por Juan de Escobar; edicion completa enadida y adornada com una version castellana de la historia de la vida del Cid, por el famoso historiador aleman Jean de Muller. — Paris, Baudry, 1829, 1 vol. in-12, dem. rel. v. br.	1
«	757	**Romancero** (le) françois. Histoire de quelques anciens trouvères et choix de leurs chansons, le tout nouvellement recueilli par Paulin Pâris. — Paris, Techener, 1833, 1 vol. in-8, broché.	1
«	127	**Scholia** in Homeri Iliadem ex recensione Immanuelis Bekkeri. — Berolini, G. Reimer, 1825, 1 vol. in-4, dem. rel. v. br.	1
«	105	**Scholia** (græca) scriptoris anonymi in Homeri Iliados librum I, Antoninus Bongiovanni ex vet. codice Bibl. Venetæ D. Marci eruit, latinè interpretatus est notisque illustravit. — Venetiis, 1740, 1 vol. in-4, dem. rel. v. br.	1
«	128	**Scholiorum** in Homeri Iliadem appendix, addidit Immanuel Bekkerus. — Berolini, G. Reimer, 1827, 1 vol. in-4, dem. rel. v. br	1
«	936	**Scriptores erotici** græci, græcè et latinè, edidit Ch. G. Mitcherlich. — Biponti, 1792-1794, 3 tomes en 4 vol. in-8, dem. rel. v. br. non rogné.	4
«	1166	**Semaine** (la), gazette littéraire, par un comité secret de rédaction. — Paris, Firmin Didot, 1824-1825, 4 vol. in-8, cartonnés.	4
«	1167	**Semaine** (la) politique ou extraits de tous les journaux (28 novembre 1819 à février 1820). — 1 vol. in-8, dem. rel. bas. f.	1
«	769	**Sermon** du cordelier aux soldats ensemble la response des soldats au cordelier, recueillis de plusieurs bons auteurs catholiques. — Paris, Nic. Lefranc, 1612 (réimp. faite à Chartres en 1833 par Garnier, à 30 exemplaires), 1 vol. in-12, dem. rel. v. bl.	1
«	397	**Sibyllæ** liber XIV, editore et interprete Angelo Maio. — Médiolami, regiis typis, 1817, 1 vol. in-8, dem. rel. v. f.	1
«	396	**Sibyllina** oracula ex vetteribus codicibus aucta, renovata et notis illustrata a Johanne Opsopæo Brettano, cum interpretatione latinâ Sebastianis Castalionis et indice. — Parisiis, 1599, 1 vol. in-8, v. br. fil.	1
«	1169	**Soirées** de Neuilly, esquisses dramatiques et historiques, publiées par M. de Fongeray, ornées du portrait de l'éditeur et d'un fac-simile de son écriture. — Paris, Moutardier, 1827-1828, 2 vol. in-8, dem. rel. v. br.	2
«	871	**Supplément** à la dernière édition du théâtre des grecs par le P. Brumoy ou lettres critiques d'un professeur de l'Université sur la traduction des fragmens de Ménandre et de Philémon par M. Raoul-Rochette. — Paris, Bobée et Hingray, 1828, 1 vol. in-8, dem. rel. v. br.	1
U	71	**Tableaux** des anciens grecs, des romains et des nations contemporaines, où l'on trouve le cérémonial, la vie privée, l'état politique, civil et militaire, les sciences et les arts de l'antiquité; avec figures dessinées d'après des statues et des monuments authentiques. — Paris, Remy et Musier, 1785, 1 vol. in-4, dem. rel. v. f.	1

Lettre du genre de l'ouvrage	Numéros des volumes	OUVRAGES SANS NOMS D'AUTEURS (suite).	Nombre total des volumes
U	415	**Tablettes** historiques et chronologiques où l'on voit d'un coup d'œil le lieu, l'époque de la naissance ou de la mort de tous les hommes célèbres en tous genres que la France a produits, savants, littérateurs, politiques, artistes, etc..... — Paris, 1779, 1 vol. petit in-12, v. f.	1
O	36	**Ulisse** che giunto nella Sicilia si studia d'Imbriacar Polifemo, giusta il racconto ch'egli stesso un di ne faceva nella reggia di Alcinoo. Illustrazione di un basso rilievo in marmo del museo regale Borbonico distesa dal Cav. Michele Arditi, etc..... — In Napoli, l'anno 1816, Nella typografia chianese, 1 brochure in-folio, 20 pages.	1
A	6	**Vetus testamentum** græcum cum variis lectionibus, edidit R. Holmes. — Oxonii, Clarendon, 1798, tome 1er, dem. rel. maroq. rouge.	1
«	7	**Vetus testamentum** græcum ex versione septuaginta interpretum. — Londini, R. Daniel, 1653, 2 vol. in-8, v. f.	2
U	422	**Vie** privée, politique et littéraire de Beaumarchais, suivie d'anecdotes, etc..... — Paris, 1802, 1 vol. in-12, cartonné.	1

FIN DU CATALOGUE

Dressé en 1885, par GUSTAVE LEFEBVRE, *bibliothécaire de la ville de Saint-Chamond.*

NOTES [1]

1. ACHILLIS TATII... Cette édition est celle qu'on préfère ; elle a été vendue jusqu'à 50 francs.

2. ADAM (menuisier de Nevers)... Il est à supposer que Adam était ou avocat ou jurisconsulte quelconque, le nom de *maître* qui lui est donné semble le prouver. De plus, Adam n'est pas son nom réel, il s'appelle Billaut. Cette édition vaut de 6 à 10 francs.

3. Le même. — Il y a deux éditions de cet ouvrage, 1662 et 1663. Elles ont la même valeur, un exemplaire a été vendu 14 fr. 50 chez Caillard.

4. ÆLIANI... Bonne édition vendue jusqu'à 100 francs chez M. de Cotte.

— Id. — Bonne édition, vendue jusqu'à 96 fr. 50.

5. ÆSCHYLI... 1663, in-folio. — Belle édition, rare et recherchée, elle contient le texte de Canter, les scholies d'Estienne, la version latine et les notes de Stanley, les fragments d'Eschyle, les variantes des premières éditions et de deux manuscrits, les préfaces, les dédicaces et les notes des premiers éditeurs ; de plus, quelques nouvelles scholies sur les trois premières pièces y sont données d'après le manuscrit d'Arundel ou de Selden, et les anciennes scholies y sont corrigées d'après un autre manuscrit de la bibliothèque de Barocci. Les exemplaires sont datés de 1663 ou de 1664, quoique d'une même édition. Les deux feuillets qui contiennent l'épître dédicatoire et le privilège ne manquent pas. Valeur moyenne 80 à 100 francs, vendu jusqu'à 150 francs.

6. ÆSCHYLI, SOPHOCLIS, etc... Il n'est pas facile de trouver de beaux exemplaires de ce recueil. 9 à 15 francs, vendu jusqu'à 30 francs.

7. ANACRÉON... Cet exemplaire est imprimé sur papier vélin, 24 francs.

8. ANDRONICI... Les exemplaires en papier fin sont rares, 10 francs.

9. APOLLONII DYSCOLI... Cette édition est recherchée et peu commune, 15 à 18 francs.

10. APOLLONII RHODII... Cette édition a été vendue jusqu'à 40 francs.

11. APOLLONII SOPHISTÆ... édition plus recherchée que celle de 1773, 20 francs. Si les savants prolégomènes de Villoison y avaient été insérés, elle aurait beaucoup plus de valeur.

12. APPIANI... 1785. — Edition la plus complète de toutes, elle a été vendue, reliée en 6 vol., 100 francs.

13. APULÉE... 1787. — La traduction de cet ouvrage a été retouchée par Bastien. Ce livre est devenu peu commun, 18 à 21 francs.

14. ARATI... 1559. — Belle édition dont le texte grec ne se trouve pas toujours, comme ici, séparément, 18 à 25 francs.

15. ARISTOTELIS... 1619. — Edition estimée et que l'on trouve rarement bien conditionnée, vendue jusqu'à 200 francs.

16. ARRIANI... 1757. — Bonne édition, 12 à 15 francs.

17. ATHENÆI... 1801-07. — Cette édition est regardée comme la meilleure que l'on ait de cet auteur, cependant elle ne dispense pas entièrement d'avoir celle de 1664. Vendue 350 et 378 francs.

18. AULI GELLII... 1666. — Edition recherchée pour la collection *Variorum*, 18 francs, 25 francs (exempl. en peau de truie.)

---

(1) Les prix indiqués dans ces notes sont ceux de l'époque de Dugas-Montbel.

19. BAIF... Ces poésies sont encore recherchées et ne se trouvent pas facilement complètes. Edition vendue jusqu'à 44 francs. Les numéros 614 et 615 forment les œuvres complètes de Baïf, éditées en 1572-73.

20. BALLANCHE... Cette édition vaut 40 francs.

21. BIONIS... Edition estimée et peu commune, vendue jusqu'à 36 francs, prix moyen 17 à 19 francs.

22. BOILEAU-DESPRÉAUX... Cette édition, dans laquelle on a suivi l'orthographe de Boileau, n'a pas été faite avec tout le soin que demandait une pareille entreprise. Prix moyen 84 francs, elle a été vendue 391 francs, maroq. rouge, F. Didot.

23. — Id. — Cette édition offre le texte le meilleur de ce grand poête qui ait encore paru; on y a inséré les lettres de Brossette qui manquent dans toutes les éditions d'avant cette époque.

24. BOLÆANA... Cet ouvrage est de Losme de Montchesnay, peu exact.

25. BOREL... Cet ouvrage est peu commun, mais comme il a été réimprimé dans la troisième édition du Dictionnaire étymologique de Ménage, il n'est pas cher.

26. BOS... Cette édition a été vendue pap. vél. 30 francs.

27. BOSSUET... Edition originale et bien exécutée dont les beaux exemplaires sont recherchés, prix 30 francs.

28. BOUCHET... Ce volume vaut 9 francs. Ces triumphes sont un ouvrage mystique, en vers et en prose, où il s'agit de l'amour de Dieu, l'amoureuse dame est notre âme. On voit donc qu'il n'y a là rien de bien érotique.

29. BOUCHET (G.)... Les Sérées sont un de ces livres remplis d'obscénités grossières et de quolibets qu'on est convenu d'appeler facétieux, quoiqu'ils ne soient rien moins que plaisants. On les recherche beaucoup et il est difficile d'en trouver des exemplaires bien conservés.

30. BRANTOME... Jolie édition, 60 francs et plus cher selon les reliures.

31. CALLIMACHI... Cette édition est bonne; elle a été vendue jusqu'à 116 francs. Larcher.

32. CATULLUS... Cette édition, dont le travail n'est pas fort estimé, fait partie de la collection des *Variorum ;* elle est rare, 48 francs.

33. CHAPELAIN... Les éditions de format in-8, sont plus recherchées que celles in-folio ; cet exemplaire vaut 9 francs.

34. CHARDON DE LA ROCHETTE... Chardon n'est que l'éditeur de ce volume assez intéressant et assez recherché, 5 à 6 francs.

35. CHARITONIS... Bonne édition dans laquelle se trouve un bon commentaire, 24 à 27 francs.

36. CHARTIER... Cette édition est faite sur celle de 1526, les amateurs la recherchent beaucoup parce qu'elle est en lettres rondes, et qu'on n'en trouve que très-difficilement des exemplaires bien conservés. Le vol. commence par 12 f. préliminaires qui contiennent le titre, la table du contenu, le préambule et la table des matières, ensuite vient le texte sur 366 f. chiffrés ; on lit à la fin : Imprimé à Paris, par Pierre Vidoue, l'an 1529, pour Galliot du Pré ; 60 francs.

37. CICERONIS... 25 francs.

38. CLAUDIANI... Bonne édition pour l'ancienne collection des *Variorum ;* 30 francs.

39. COLUTHI... Bonne édition, vendue 20 francs. Caillard.

40. DAMM... Ouvrage estimé ; 91 francs.

41. DEMOSTHENIS... Bonne édition ; 9 francs.

42. DESMARESTS... Ce volume vaut à peu près 15 francs. L'édition de Paris, de la même année, est moins recherchée et d'un prix moins élevé.

43. DIODORI... Bonne édition, nos deux volumes valent 400 francs.

44. DIOGENIS... Édition très estimée et peu commune, ordinaire 45 à 50 francs, nos deux volumes valent de 190 à 195 francs.

45. DIONIS CHRYSOSTOMI... Édition la plus estimée; 30 à 40 francs, on en recherche surtout les exemplaires en gros papier.

46. DIONYSII HAL... Édition très estimée parce qu'une partie des fautes de celle de 1704 y ont été corrigées, 100 francs.

47. DUCANGE... Livre devenu peu commun ; 60 francs.

48. EPICTETI... Jolie petite édition ; 8 francs.

49. ERASMI... Belle édition, beaucoup plus complète que celle de 1546, mais moins ample que celle de Paris en 1579, 150 francs.

50. ESTIENE (H.)... Volume peu commun ; 9 francs.

En tête du livre, on lit cette note manuscrite : « Ce livre a été fait sous le règne de Henri III, voy. pages 244 et suivantes. » En effet cette partie de l'ouvrage donne des détails sur ce prince, sa famille et sa cour. Estienne avait fait paraître le volume sans se signer; sur la tranche, on lit : « Singularitez courtisanesques par un anonyme. »

51. — Id. — Ce traité peu commun est fort recherché, 16 francs. Il se trouve quelquefois réuni avec le traité de la conformité du langage françois.

52. — Id.— Ce volume vaut de 13 à 14 francs. Henri Estienne avait d'abord publié, vers 1566, une édition in-8 de cet ouvrage sans indication de lieu, ni date, et cette première édition est celle que les amateurs recherchent le plus, parce qu'elle contient différents passages qui ont été supprimés dans la seconde; le plus remarquable de ces morceaux imprimés est celui qui est dirigé contre le pape, il se trouve au verso du 14e f. préliminaire. Dans l'édition de 1569, que nous possédons, il est fait seulement allusion au pape qui est indirectement flagellé sous la dénomination générale d'étrangers.

53. EURIPIDIS... Edition très recherchée, 20 francs.

54. — Id. — Édition la plus estimée ; 120 francs.

55. EUSEBII... Bonne édition dont les beaux exemplaires se trouvent difficilement; 100 francs.

56. — Id. — Même édition et même valeur.

57. — Id. — Édition originale recherchée, comme étant le premier livre exécuté avec les beaux caractères grecs de Garamont, vendue jusqu'à 40 francs.

58. EUSTATHII... Édition belle et très rare de cet ouvrage estimé des savants ; vendue jusqu'à 640 francs.

Le 1er volume commence par 5 feuillets séparés qui contiennent le titre en grec, les privilèges, etc... Ensuite on trouve l'Iliade, p. 1-600. Les 5. f. préliminaires de ce vol. n'ayant probablement été imprimés qu'en 1550 (date du privilège de Jules III et de l'intitulé), sont ordinairement placés soit en tête de l'Odyssée, soit au commencement du vol. d'index ; dans ce dernier cas le second volume de l'Iliade n'a point de frontispice et l'avis *Studiosis* est au premier volume, commé içi.

Le 2me vol. contient, outre l'intitulé grec et un avis latin, la suite de l'Iliade, p. 621-1376.

Le 3me vol. renferme l'Odyssée p. 1377-1970. Il faut observer que dans ce 3me vol. le feuillet du titre compte pour les pages 1377-1378.

Le 4me vol. contient l'index dont les feuillets ne sont pas chiffrés.

59. EUSTATHII... Ces volumes ont la même valeur que les précédents, puisqu'ils sont de la même époque ; sur le verso de la feuille de titre est cette note de Dugas-Montbel :

Eustathe. — Tome 1er complet.
Tome 2me id.
Tome 4me id.

Il manque le tome 3me faisant les pages 1379-1970 plus un titre sur un feuillet sans date.

N.-B. — Nous avons dans nos volumes séparés une partie du tome 3 qui contient les pages 1689 à 1970, fin du volume. Mais cette partie n'est pas belle ; elle est couverte de notes manuscrites.

Ce 20 novembre 1829.

60. FÉNELON... Belle édition, 110 francs.

61. GREGORII CORINTHII... Excellente édition, 30 francs.

62. GUÉNEBAULD... Cet ouvrage est assez curieux, mais on ne recherche que les exemplaires où se trouve la planche qui représente le tombeau et l'urne, dans le volume de notre bibliothèque, cette planche est faite à la main; de plus il y a dans le cours du livre quelques notes manuscrites et des ratures, vendu jusqu'à 15 francs.

63. GUI BAROZAI... Bonne édition de ces Noëls, 8 francs.

64. HARPOCRATIONIS... Cette édition vaut environ 15 francs. Sur la feuille de titre de notre volume se trouve la note suivante autographe de Nic. Blancardus :

Generoso et verè prudenti et magnifico viro Danieli Bloz de Sceltinga, Scoterlandiæ justissimo prætori, variis eximiisque in patriâ honoribus defuncto, illustrissimi fœderatæ Belgiæ ordinum generalium consilii assessori, de me optume merito, animi benevolentissimi tesseram Nicolaus Blancardus.

65. HERACLIDIS... Ce livre (le 1er) est attribué à Héraclides, auteur des allégories homériques (voy. Anti-Baillet, tom. I, p. 42). — Il paraît qu'il a été aussi attribué à Porphyre et à Nicéphore Grégoras (voy. Biog. univ. tome 35, p. 428, 2me col.) — Schœll dit qu'il est de Nicéphore Grégoras (hist. de la litt. grecque, tome I, p. 201).

66. HESIODI... Très bonne édition imprimée sur assez beau papier, 18 francs.

67. HESYCHII... Bonne édition, bien imprimée, le second vol. a été publié par D. Ruhnkenius après la mort d'Alberti, 130 à 140 francs.

68. HIEROCLIS... Edition très estimée, 20 francs.

69. HOMÈRE... Quoique ce volume n'ait pas de nom d'auteur, nous le classons sous le nom d'Homère, parce que, en somme, le poème burlesque dont il s'agit ici n'est qu'une altération du réel poème fait par Homère, de plus, cette œuvre a l'avantage d'être jointe aux autres ouvrages d'Homère.

70. HOMÈRE... Ce vol. est peu commun, 6 francs.

71. HOMÈRE... Même valeur. Il existe des exemplaires de cette édition (voy. le précédent), qui, après ces mots : *à Paris,* portent : *Pour la vefve Lucas Breyer, au second pilier de la grand'salle du palais.* Le reste du titre et du volume ne diffère en rien de celui-ci. C'est la même édition, comme on peut s'en convaincre par les erreurs typographiques qui sont dans les uns et les autres volumes (voy. p. 93, le second *d* de l'avant-dernière ligne, au mot *d'orcsnavant ;* voy. le mot Diomède, à la première ligne de la table ; voy. les feuilles Pp et Qq numérotées de même.

De plus, on trouve, en effet, à la fin de l'Iliade deux privilèges, l'un donné à Lucas Breyer, l'autre à Abel l'Angelier, ce qui peut faire supposer que Breyer étant mort pendant l'impression de l'Iliade, sa veuve s'arrangea avec l'Angelier qui avait privilège pour l'Odyssée et qui même en avait donné une édition en 1582; à condition que son nom resterait sur quelques exemplaires dont elle conserverait la vente, de cette manière on put joindre les trois premiers chapitres de l'Odyssée aux vingt-quatre de l'Iliade.

72. HOMÈRE... volume peu commun, 9 francs.

73. HOMERI... Valeur, 10 francs.

74. HOMERI... Cette édition a été vendue jusqu'à 140 francs, sa valeur moyenne est 60 francs.

75. HOMERI... Il est difficile de trouver ces deux volumes réunis, de plus, ils sont assez rares, 30 à 35 francs.

76. HOMERI... 17 francs.

77. HOMERI... Belle édition, les exemplaires bien conservés sont rares et recherchés.

78. HOMERI... Edition assez estimée, 24 francs.

79. HOMERI... Cette édition est la réimpression de l'édition de 1526 par Stefano de Sabio, elle ne se trouve pas facilement, 24 francs.

80. HOMERI... Cette édition, dont l'exécution est fort belle, est estimée et recherchée des savants et des curieux. Ses scholies sont excellentes, mais on prétend que le nom de Didyme, sous lequel elles ont été annoncées, n'est qu'un nom emprunté. Pourtant le texte de l'Iliade et de l'Odyssée ne passe pas pour correct. 100 francs.

81. HOMERI... Même édition, même valeur.

82. HOMERI... Jolie édition, 15 francs ; un exemplaire sur vélin a été vendu avec l'Odyssée 220 francs.

83. HOMERI... 40 à 50 francs.

84. HOMERI... Edition soignée qui coûtait 48 francs en Angleterre ; elle n'a presque point de marge, ce qui lui donne une apparence fort mesquine. Les deux volumes que la Bibliothèque possède proviennent de la vente de F. Didot, 280 francs.

85. HOMERI... La finesse et la netteté de cette édition la rendent des plus curieuses ; il va sans dire que son format microscopique est très commode, 5 à 6 francs.

86. HOMERI... Première et très belle édition d'Homère, vendue jusqu'à 3,601 francs, On connait deux exemplaires imprimés sur vélin.

Nous joignons ici une note manuscrite, laissée par Dugas-Montbel, sur cet ouvrage :

Homeri (poetarum principis) opera ; scilicet Ilias, Odyssea, Batrachomyomachia et Hymni, græcè ; ad mss. codices et Eustathii ineditos tùnc commentarios ; labore et industriâ Demetrii Chalcondylæ Atheniensis et Demetrii Cretensis ; cum præfatione latinâ Bernardi Nerlii typographi ad Petrum Medices ; et græcâ Chalcondylæ ; præmissis Herodoto ac Plutarcho de vitâ Homeri, et Dionis Chrysostomi dissertatione. — Florentiæ, typis Bernardi et Nerii Tanaïdis Nerlii Florentinorum, nono mensis decembris, anno 1488, 2 vol. in-folio.

Tel est le titre composé pour la première édition d'Homère par Guill. Fr. Debure dans sa bibliographie instructive (n° 2493). Car cette édition ne porte point de titre en tête, comme la plupart des éditions de cette époque. Le premier volume, après un feuillet blanc, contient, au recto du second feuillet, une épître dédicatoire de Bernard Nerlius à Pierre de Médicis, avec cet intitulé imprimé en lettres capitales :

Bernardus Nerlius Petro Medicæ Laurentii filio. S.

L'épître dédicatoire se termine ainsi : *Florentiæ, Idibus Januariis MCCCCLXXXVIII.*

Le premier volume se compose d'abord de cinq cahiers portant les signatures A, B, C, D, E, les quatre premiers cahiers ont huit feuillets, le cinquième en a neuf, ce qui fait en tout 41 feuillets. Au recto du premier feuillet, se trouve l'épître dédicatoire de Bernard Nerlius, l'un des imprimeurs, à Pierre de Médicis, fils de Laurent. Elle est écrite en latin avec cet intitulé imprimé en lettres capitales :

Bernardus Nerlius Petro Medicæ Laurentii filio. S.

L'épître se termine ainsi : *Florentiæ, etc...*

Au verso de ce premier feuillet commence la préface, écrite en grec, de Démétrius Chalcondyle, qui se termine au verso du 3me feuillet. Six feuillets suivent, et, jusqu'au recto du 7me, contiennent la vie d'Homère par Hérodote. Après le quart, depuis le recto du 7me cahier jusqu'au verso du 38me, est comprise la vie d'Homère par Plutarque ; enfin la dissertation de Dion Chrysostôme comprend depuis le verso du 38me cahier jusqu'au verso du 40me. Vient ensuite un feuillet blanc après lequel commence l'Iliade qui comprend 26 cahiers distingués aussi par signatures, depuis la lettre A jusques et y compris la lettre.... figurée par ET ; les deux cahiers suivants sont marqués par ces signes ɔ et R/.

Le second volume comprend l'Odyssée, la Batrachomyomachie et les hymnes et se compose de 24 cahiers, depuis le signe AA jusqu'à ET, ET. Chaque cahier est de huit feuillets et le dernier de cinq seulement, en tout 189 feuillets. Après ces mots : *Tékoss tònn tou Omérou umnònn*, la souscription porte en substance que les poëmes d'Homère ont été imprimés à Florence, aux frais de Bernard et Nérius Tanaïs Nerlius, par les soins de Démétrius de Crète, le 9 décembre de l'an de J.-C. 1488, de sorte que si l'on rapproche cette date de celle qui se trouve à la fin de l'épître dédicatoire et qui porte le 13 janvier (*idibus januariis*) 1488, il en résulte que ce grand ouvrage a été achevé en moins d'un an, ce qui suppose un prodigieux travail.

Qu'il me soit permis de faire une autre remarque. Le dernier hymne de l'édition de Florence, qui n'a que cinq vers, est adressée aux hôtes (*eïs Xénouss*). Cette pièce tirée de la vie d'Homère par Hérodote, dans toutes les éditions modernes, n'est point placée au rang des hymnes. En effet, les hymnes sont adressées aux dieux et non point à des hôtes. J'avais pensé d'abord que cette insertion avait été faite à dessein par Démétrius Chalcondyle qui par là voulait faire allusion à sa propre situation ; lui aussi pouvait dire aux habitants de Florence:

Respectez celui qui réclame un asile et les dons de l'hospitalité.

mais en y réfléchissant, il faut admettre que cette petite pièce se trouvait à la suite des hymnes dans le manuscrit suivi par Chalcondyle, parce qu'ici on y trouve des leçons vicieuses et toutes différentes de celles qui sont dans la vie d'Homère. Or, comme cette même édition de Florence porte ces vers avec les véritables leçons dans la vie d'Homère qui se trouve en tête du premier volume, il est clair que ce n'est point de là que Chalcondyle les a tirés. Sur ces différences, voyez mes notes sur ce petit poëme à la suite des hymnes.

87. HOMERI... Belle édition rare et fort recherchée, 70 à 80 francs.

88. HOMERI... Edition dont on fait beaucoup de cas tant à cause de sa belle exécution typographique que par rapport aux scholies et aux remarques qu'elle contient, 200 francs.

89. HOMERI... Édition fort recherchée et qui est des meilleures de ce poête, vendue pap. vélin jusqu'à 950 francs.

90. HOMERI... Quoique fort belle et réputée correcte, cette édition n'étant pas d'un usage commode est peu recherchée, 160 francs.

91. HOMERI... Édition assez recherchée, 20 francs.

92. HOMERI... Édition très rare, 70 à 80 francs.

93. HOMERI... Recueil bien imprimé et fort recherché, vendu jusqu'à 1,000 francs. Il est en très bon état. Ce volume contient le titre et la préface, 20 pages, la vie d'Homère, etc... LXXII pages ; le texte, 781 pages ; Stephani notæ, LVII pages, autre partie du texte, 489 pages. Les exemplaires en bon état sont rares.

94. HORATIUS... Édition peu commune, 50 francs.

95. HUES DE TABARIES... 100 francs Il y a des exemplaires de cette édition en gros papier vélin et de Hollande, fig. avant et avec la lettre, auxquelles sont jointes les eaux-fortes. Ils sont devenus rares, 240 francs.

96. ISOCRATIS... Édition estimée pour sa correction, 25 francs.

97. ISOCRATIS... Très bonne édition faisant partie de la bibliothèque grecque de Coray, 30 francs.

98. JAMBLICHI... 30 francs.

99. JODELLE... Jolie édition assez rare ; elle finit ordinairement au 288me feuillet, mais notre exemplaire est au nom de Robert le Fizelier et non de Patisson. Il a 298 feuillets, non compris les préliminaires, 15 à 20 francs.

100. JOSEPHI FLAVII... Quoique cette édition ne soit pas très bonne, elle a une certaine valeur, 100 francs.

101. LABOUREUR (Cl. le)... Ouvrage recherché par rapport aux anciens titres qu'il renferme. Les exemplaires en sont peu communs, 20 francs.

102. LAFITAU... Cet ouvrage est très estimé et peu commun, 25 francs.

103. LIBERALIS... Cette édition est celle qu'on préfère, 12 à 15 francs.

104. LIVII (Titi)... Edition estimée et rare, vendue jusqu'à 190 francs.

105. LONGI.... 25 à 30 francs.

106. LORRIS (Guil. de)... Cette édition bien imprimée est la plus préférable de toutes. 40 à 50 francs.

107. LOUIS XI... On distingue deux sortes d'exemplaires de ces nouvelles, sous la même date et avec les mêmes planches ; les uns (comme celui que nous possédons), ont les vignettes tirées au-dessus du texte, au commencement de chaque nouvelle, les autres ont ces mêmes vignettes tirées à part. Il ne paraît pas qu'on soit d'accord sur la préférence que méritent les exemplaires de l'une et de l'autre espèce ; car, si beaucoup de personnes croient que les figures détachées ont été tirées les premières, d'autres sont d'un avis contraire, et je partage leur opinion à cet égard. Il n'est donc pas étonnant, d'après cela, qu'un exemplaire en maroq. rouge et avec figures non détachées ait été porté à 78 francs chez M. Caillard, tandis qu'un autre, non moins beau, mais avec figures détachées, s'est vendu 80 francs, chez d'O... — *Brunet*.

La valeur des exemplaires ordinaires varie de 30 à 40 francs.

108. LUCIANI... Édition réputée correcte, 18 francs.

109. LUCIANI... Édition la plus estimée de cet auteur ; vendue jusqu'à 250 francs. mar. r. de Cotte.

110. MAITTAIRE... Édition estimée, 10 francs.

111. MAITTAIRE... On doit regarder cette édition comme la meilleure, 20 francs.

112. MALFILATRE... 5 francs et sur papier vélin 140 francs.

113. MALHERBE... Belle édition, la plus recherchée, 20 francs.

114. MASSILLON... Belle édition, dont les exemplaires bien conservés sont fort recherchés, 130 francs.

115. MAXIMI TYRII... 40 francs.

116. MAXIMIEN.. C'est à tort que ce petit poème a quelquefois été attribué à Coquillard, car les premières lettres réunies de l'acrostiche aux lecteurs qui se lit à la fin de l'ouvrage donnent le mot Maximien, nom de l'auteur.

117. MÉNESTRIER... Cet ouvrage, dont les exemplaires ne sont pas communs, est, parmi les histoires particulières des villes de France, un des plus recherchés, 30 à 50 francs.

118. MICHAULT... 14 à 15 francs. Quoique le nom de l'auteur ne soit pas indiqué sur la feuille de titre, on le trouve dans la préface de l'éditeur. De plus, la danse aux aveugles finit par cette stance qui indique le nom et le surnom de l'auteur :

Pierre ne peut humeur de bas prétendre,
Ni dure teste entendre à bien haut estile ;
Pour ce, soubmets le sens qu'on y peut prendre,
A tous lisans, à qui pourra l'entendre,

Par élever entendement habile,
Les priant tous que par voye utile
Il leur plaise corriger bas et haut
Leur escolier et disciple Michault.

(Voy. Bibliothèque française de Goujet, tome IX.)

119. MICHAULT... Le nom de l'auteur ne s'accorde pas avec les initiales de l'épître dédicatoire, (voy. Barbier, tome II, p. 394, 2me col.)

120. MŒRIDIS... Bonne édition, 12 francs.

121. MOLIÈRE... Pour la pureté du texte, le mérite du commentaire, la beauté de l'impression et le fini des gravures, cette édition nous paraît devoir effacer toutes celles qui ont paru jusqu'à ce jour (1820) ; elle renferme deux pièces nouvellement publiées, 162 francs.

122. OPPIANI... Belle édition rare et assez estimée, 15 francs.

123. OPPIANI... Cette édition est surtout recommandable par rapport aux scholies qui l'accompagnent.

124. OPPIANI... Édition dont on fait beaucoup de cas, vendue jusqu'à 200 francs.

125. ORPHEI... Bonne édition, 20 francs.

126. PAUSANIÆ... Édition assez jolie, et regardée comme la meilleure que l'on ait de cet ouvrage, vendue jusqu'à 80 francs.

127. PHOTII... Édition la plus recherchée de cet ouvrage intéressant. L'éditeur anonyme qui a signé la préface des lettres Th. M. a suivi l'édition de Genève 1611, en y ajoutant quelques notes marginales; mais malheureusement il a si peu soigné la correction du texte, qu'on y trouve presque à chaque page les fautes les plus grossières. 50 francs, vendue en gros papier 200 francs.

128. PINDARI... Bonne édition faite sur celle de 1616, mais avec plus d'exactitude dans le texte, 40 francs.

129. POLYBII.... Cette édition est regardée comme la meilleure de cet auteur, 130 francs, vendue en pap. de Hollande, 378 francs.

130. PROPERTII... Édition assez recherchée par rapport aux notes, 40 francs.

131. QUINTI CALABRI... Bonne édition pour la collection *Variorum*, 40 francs.

132. RACAN... Ce volume, qui fait suite à la collection des poëtes français de Coustelier, se trouve difficilement, 30 francs.

133. RACINE... Quoique le commentaire de Luneau, fait en société avec Blain de Saint-Maur, soit très médiocre, cette édition conserve toujours de la valeur, parce qu'elle est encore une des plus belles que nous ayons dans ce format, 60 francs, vendue jusqu'à 500 francs pap. Hollandé.

134. RACINE (Louis)... Cette belle édition ne porte pas le nom de l'auteur dans tous les exemplaires, la nôtre est de ce nombre, 40 francs pap. vélin.

135. REGNARD... Les tomes 5 et 6 de cette édition, qui contiennent les pièces que Regnard a composées pour le théâtre italien, ayant été tirés à moins grand nombre que les autres, on trouve souvent les quatre premiers volumes séparément. On n'a tiré que deux exemplaires des tomes 1 à 4 sur papier vélin, 60 à 70 francs.

136. RICAUD... 12 à 15 francs.

137. SALLE (de la)... Cette édition avec des notes et une préface par Gueulette, est recherchée, 12 à 15 francs.

138. SENAULT... Cette édition est de 1643 (voy. Brunet, Man. du libr.) vendue jusqu'à 70 francs.

139. SMIDS... Ouvrage recherché à cause des gravures dont il est orné, 10 francs vendu gr. pap. jusqu'à 50 francs.

140. SOPHOCLIS... Belle édition dont les exemplaires bien conservés et avec le commentaire ont de la valeur, 30 à 35 francs.

141. STATII... Édition estimée, 50 francs.

142. STEPHANI (Henrici)... Ouvrage fort estimé, auquel on ajoute le volume dont voici le titre :

Glossaria duo è situ vetustatis eruta, ad utriusque linguæ cognitionem et locupletationem perutilia. Item de Atticæ linguæ seu dialecti idiomatis, etc...

Il est assez difficile de trouver ce volume réuni aux quatre autres. Les quatre volumes du *Thesaurus* valent 200 francs environ.

143. SUIDÆ... Édition la meilleure de cet ouvrage, 170 francs.

144. TATIANI... Édition recherchée et peu commune. On y trouve une dissertation sur Tatien, pièce de 27 pages, dont l'auteur anonyme est Louis du Four de Longuerue, vendue jusqu'à 130 francs.

145. TERENTII... Bonne édition pour l'ancienne collection *Variorum*, 24 francs et 30 francs.

146. THÉOCRITE... 30 francs.

147. THEOCRITI... Bonne édition pour la collection *Variorum*.

Il y a des exemplaires dont le titre ne porte pas *Notis et indicibus*, et, en effet, on ne trouve pas dans ces exemplaires les notes de Scaliger, d'Isaac Casaubon, et de Daniel Heinsius qui occupent 142 pages, ni l'index qui doit terminer le volume, 72 francs.

148. THUCYDIDIS... Dans cettte édition, le deuxième volume est plus estimé que le premier, 72 francs.

149. TRIPPAULT... 16 à 20 francs.

150. VILLON... Cette édition est imprimée en lettres rondes. Elle est aussi bien imprimée et de même valeur que celle de 1532. Cependant notre édition (1533) est fort différente, quant au contenu, de l'autre. Celle de 1832 renferme un plus grand nombre de pièces et dans ce nombre les *Repues franches* ; mais elle est fautive et mal ordonnée. Celle de 1833 a été revue par Clément Marot qui a rétabli les vers défigurés, rempli les lacunes et écarté du recueil les pièces étrangères à Villon.

A la fin du volume que nous possédons, se trouvent deux dystiques latins manuscrits autographes de Marot, si nous sommes bien renseignés.

151. VIRGILII... Très bonne édition, 72 à 80 francs, et en gr. pap. 240 francs.

152. VOITURE... Jolie édition qui se joint à la collection des Elseviers, 20 francs.

FIN DES NOTES

Imp. et Lith. A. Poméon. — St-Chamond.

www.ingramcontent.com/pod-product-compliance
Lightning Source LLC
Chambersburg PA
CBHW072234270326
41930CB00010B/2118

* 9 7 8 2 0 1 9 5 7 6 8 0 6 *